享栄高等学校

〈収録内容〉

■ 総合：特進飛翔コース以外のコース

2024 年度……………一般（数・英・国）

2023 年度……………一般（数・英・国）

2022 年度……………一般（数・英・国）

2021 年度……………一般（数・英・国）

2020 年度……………一般（数・英・国）

DL 2019 年度……………特進飛翔コース　一般（数・英・理・社）
総　合　一般（数・英）

DL 平成 30 年度……………特進飛翔コース　一般（数・英・理・社）
総　合　一般（数・英）

便利な DL コンテンツは右の QR コードから ⇒

解答用紙　過去年度

※データのダウンロードは 2025 年 3 月末日まで。
※データへのアクセスには、右記のパスワードの入力が必要となります。 ⇒ 141857

〈合格最低点〉

※学校からの合格最低点の発表はありません。

本書の特長

実戦力がつく入試過去問題集

- ▶ 問題 …………… 実際の入試問題を見やすく再編集。
- ▶ 解答用紙 …… 実戦対応仕様で収録。
- ▶ 解答解説 …… 詳しくわかりやすい解説には、難易度の目安がわかる「基本・重要・やや難」の分類マークつき（下記参照）。各科末尾には合格へと導く「ワンポイントアドバイス」を配置。採点に便利な配点つき。

入試に役立つ分類マーク

基本 確実な得点源！
受験生の 90%以上が正解できるような基礎的、かつ平易な問題。
何度もくり返して学習し、ケアレスミスも防げるようにしておこう。

重要 受験生なら何としても正解したい！
入試では典型的な問題で、長年にわたり、多くの学校でよく出題される問題。
各単元の内容理解を深めるのにも役立てよう。

やや難 これが解ければ合格に近づく！
受験生にとっては、かなり手ごたえのある問題。
合格者の正解率が低い場合もあるので、あきらめずにじっくりと取り組んでみよう。

合格への対策、実力錬成のための内容が充実

- ▶ 各科目の出題傾向の分析、合否を分けた問題の確認で、入試対策を強化！
- ▶ その他、学校紹介、過去問の効果的な使い方など、学習意欲を高める要素が満載！

解答用紙ダウンロード 解答用紙はプリントアウトしてご利用いただけます。弊社ＨＰの商品詳細ページよりダウンロードしてください。トビラのＱＲコードからアクセス可。

UD FONT 見やすく読みまちがえにくいユニバーサルデザインフォントを採用しています。

享栄高等学校

▶交通　地下鉄桜通線「桜山」駅下車，徒歩５分
市バス「菊園町一丁目」下車，徒歩３分

〒467-8626　名古屋市瑞穂区汐路町1-26
☎052-841-8151

沿　革

1913年，英習字簿記学会を創立。1925年に享栄商業学校，そして1948年には享栄商業高等学校と校名を変更した。1954年享栄幼稚園開園，1963年三重県に鈴鹿高等学校開校，1966年鈴鹿短期大学(現・鈴鹿大学短期大学部)が開学した。翌年享栄商業高等学校を享栄高等学校と校名を変更した。1983年栄徳高校が，1986年鈴鹿中学校が開校した。1994年には，鈴鹿国際大学(現・鈴鹿大学)が開学した。2014年愛知享栄学園(享栄高等学校，栄徳高等学校，享栄幼稚園)として，分離独立した。2023年学園創立110周年を迎えた。

建学の精神

「誠実で信頼される人に」

教育目標

1．あてになる人物になろう
2．働くことの喜びを知ろう
3．全力をふるってことにあたる体験をもとう
4．常に前向きな向上心をもとう
5．生命を大切にしよう

教育課程

●普通科

○CP(コアプロ)コース

難関大学への進学を目指す。30名定員の少人数制のため，一人ひとりの目標や実力に合った受験指導を受けることができる。通称0限と呼ばれる朝学習から始まり，土曜日や長期休暇中にも補習がある。CPコース専用校舎で勉強に専念できる環境が整っている。

○C(コア)コース

大学や短期大学，専門学校への進学を目指す。授業をはじめ，朝学習，進学補習，模擬試験などを活用して進学に必要な学力を広く学べる。ICT教育やアクティブラーニングを通して，社会で活躍するための思考力・判断力・表現力を養う。英検や漢検，数検などの取得も目標の一つである。

●商業科

○IA(アイエィ)コース

IP専攻…IT（情報技術)習得に興味があり，将来IT関係の進路や仕事に進みたい人を対象とする。情報処理の国家試験(ITパスポート試験)取得を目指す。

CG専攻…メディア技術，CGデザイン，Web作成に必要なFlashを使ったアニメーション，Photoshopを使ったWeb素材の作成など，マ

ルチメディア実習を通しCGクリエーター検定取得を目指す。

○BZ(ビズ)コース

CD専攻…情報処理とデザインについての知識・技術を重点的に学習。さまざまな資格取得もサポートしている。デザイン実習を通じて，ポスター，パッケージの編集などの技法を幅広く学習する。

PB専攻…「簿記」「情報処理」のほか，ビジネスの基本マナーを身につけるための「秘書検定」の3つの資格取得を重視し，即戦力となりうる人材の育成を行う。

●機械科

○**MS(マイスタ)コース**…こだわりの技術力を身につけた職人・達人を育てる。指定された講習機関や工場に通うことで，高等学校の枠を超えた，高度な資格にも挑戦する。

○**IT(アイティ)コース**…コンピュータにも熟達した，情報技術力のある達人を育てる。日常的にパソコンに触れる機会を設け，操作能力を短期間で身につける。また，パソコン製作実習なども行っている。

〈総合制〉(普通科Cコース，商業科，機械科)

1年次は基礎学力をしっかり学習し，2年進級時に，今までの科にとらわれず自分にあったコースを3科7コースから選択する。

クラブ活動

ボクシング部，ソフトテニス部は，インターハイ出場校として有名である。

●運動部　硬式野球，軟式野球，卓球，ソフトテニス，柔道，バスケットボール，バレーボール，ハンドボール，ボクシング，サッカー，チアリーディング，陸上競技，剣道，アーチェリー

●文化部　ワープロ，理科，茶華道，美術，吹奏楽，写真，漫画研究

●同好会　合唱，図書，ダンス，簿記，情報処理，情報技術

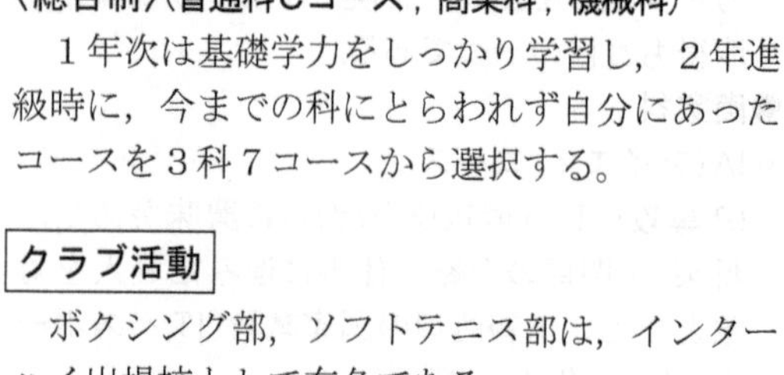

ミスダンスドリルチーム

年間行事

4月／野外合宿(乗鞍青少年交流の家)
5月／映画鑑賞会
6月／創立記念日，清掃ボランティア活動，スポーツテスト
7月／学習合宿(CPコース)，球技大会
8月／進学補習，大学研修＋修学旅行(商業科IAコース)
9月／文化祭，修学旅行(普通科CP・Cコース，商業科BZコース，機械科MS・ITコース)
10月／体育祭
11月／演劇鑑賞会，修学旅行(普通科Cコース A クラス)
12月／進学補習
2月／予餞会

進　路

●主な進学先(過去3年間)

愛知県立大，群馬大，愛知大，中京大，名城大，名古屋外国語大，愛知淑徳大，愛知学院大，椙山女学園大，金城学院大，名古屋学芸大，愛知工業大，中部大，立命館大，帝京大，東洋大，駒澤大，同志社大　など

●主な就職先(過去3年間)

トヨタ自動車，トヨタ車体，豊田合成，アドヴィックス，愛三工業，愛知機械工業，住友理工，住友ゴム工業，パロマ，名古屋鉄道，ユニチカ，九電工，デンソーエレクトロニクス，東海旅客鉄道，トーエネック，豊田自動織機，日本郵便，熱田神宮宮庁，トヨタ紡織，大王製紙，LEGO LAND Japan　など

◎2024年度入試状況◎

学　科	C　P	C	商　業	機　械
募集数	約30	約210	約170	約110
応募者数	712		474	290
受験者数	1,476			
合格者数	非公表			

過去問の効果的な使い方

① **はじめに**　入学試験対策に的を絞った学習をする場合に効果的に活用したいのが「過去問」です。なぜならば，志望校別の出題傾向や出題構成，出題数などを知ることによって学習計画が立てやすくなるからです。入学試験に合格するという目的を達成するためには，各教科ともに「何を」「いつまでに」やるかを決めて計画的に学習することが必要です。目標を定めて効率よく学習を進めるために過去問を大いに活用してください。また，塾に通われていたり，家庭教師のもとで学習されていたりする場合は，それぞれのカリキュラムによって，どの段階で，どのように過去問を活用するのかが異なるので，その先生方の指示にしたがって「過去問」を活用してください。

② **目的**　過去問学習の目的は，言うまでもなく，志望校に合格することです。どのような分野の問題が出題されているか，どのレベルか，出題の数は多めか，といった概要をまず把握し，それを基に学習計画を立ててください。また，近年の出題傾向を把握することによって，入学試験に対する自分なりの感触をつかむこともできます。

過去問に取り組むことで，実際の試験をイメージすることもできます。制限時間内にどの程度までできるか，今の段階でどのくらいの得点を得られるかということも確かめられます。それによって必要な学習量も見えてきますし，過去問に取り組む体験は試験当日の緊張を和らげることにも役立つでしょう。

③ **開始時期**　過去問への取り組みは，全分野の学習に目安のつく時期，つまり，9月以降に始めるのが一般的です。しかし，全体的な傾向をつかみたい場合や，学習進度が早くて，夏前におおよその学習を終えている場合には，7月，8月頃から始めてもかまいません。もちろん，受験間際に模擬テストのつもりでやってみるのもよいでしょう。ただ，どの時期に行うにせよ，取り組むときには，集中的に徹底して取り組むようにしましょう。

④ **活用法**　各年度の入試問題を全問マスターしようと思う必要はありません。できる限り多くの問題にあたって自信をつけることは必要ですが，重要なのは，志望校に合格するためには，どの問題が解けなければいけないのかを知ることです。問題を制限時間内にやってみる。解答で答え合わせをしてみる。間違えたりできなかったりしたところについては，解説をじっくり読んでみる。そうすることによって，本校の入試問題に取り組むことが今の自分にとって適当かどうかが，はっきりします。出題傾向を研究し，合否のポイントとなる重要な部分を見極めて，入学試験に必要な力を効率よく身につけてください。

数学

各都道府県の公立高校の入学試験問題は，中学数学のすべての分野から幅広く出題されます。内容的にも，基本的・典型的なものから思考力・応用力を必要とするものまでバランスよく構成されています。私立・国立高校では，中学数学のすべての分野から出題されることには変わりはありませんが，出題形式，難易度などに差があり，また，年度によっての出題分野の偏りもあります。公立高校を含め，ほとんどの学校で，前半は広い範囲からの基本的な小問群，後半はあるテーマに沿っての数問の小問を集めた大問という形での出題となっています。

まずは，単年度の問題を制限時間内にやってみてください。その後で，解答の答え合わせ，解説での研究に時間をかけて取り組んでください。前半の小問群，後半の大問の一部を合わせて50％以上の正解が得られそうなら多年度のものにも順次挑戦してみるとよいでしょう。

英語

英語の志望校対策としては，まず志望校の出題形式をしっかり把握しておくことが重要です。英語の問題は，大きく分けて，リスニング，発音・アクセント，文法，読解，英作文の5種類に分けられます。リスニング問題の有無(出題されるならば，どのような形式で出題されるか)，発音・アクセント問題の形式，文法問題の形式(語句補充，語句整序，正誤問題など)，英作文の有無(出題されるならば，和文英訳か，条件作文か，自由作文か）など，細かく具体的につかみましょう。読解問題では，物語文，エッセイ，論理的な文章，会話文などのジャンルのほかに，文章の長さも知っておきましょう。また，読解問題でも，文法を問う問題が多いか，内容を問う問題が多く出題されるか，といった傾向をおさえておくことも重要です。志望校で出題される問題の形式に慣れておけば，本番ですんなり問題に対応することができますし，読解問題で出題される文章の内容や量をつかんでおけば，読解問題対策の勉強として，どのような読解問題を多くこなせばよいかの指針になります。

最後に，英語の入試問題では，なんと言っても読解問題でどれだけ得点できるかが最大のポイントとなります。初めて見る長い文章をすらすらと読み解くのはたいへんなことですが，そのような力を身につけるには，リスニングも含めて，総合的に英語に慣れていくことが必要です。「急がば回れ」ということわざの通り，志望校対策を進める一方で，英語という言語の基本的な学習を地道に続けることも忘れないでください。

国語

国語は，出題文の種類，解答形式をまず確認しましょう。論理的な文章と文学的な文章のどちらが中心となっているか，あるいは，どちらも同じ比重で出題されているか，韻文(和歌・短歌・俳句・詩・漢詩)は出題されているか，独立問題として古文の出題はあるか，といった，文章の種類を確認し，学習の方向性を決めましょう。また，解答形式は，記号選択のみか，記述解答はどの程度あるか，記述は書き抜き程度か，要約や説明はあるか，といった点を確認し，記述力重視の傾向にある場合は，文章力に磨きをかけることを意識するとよいでしょう。さらに，知識問題はどの程度出題されているか，語句(ことわざ・慣用句など)，文法，文学史など，特に出題頻度の高い分野はないか，といったことを確認しましょう。出題頻度の高い分野については，集中的に学習することが必要です。読解問題の出題傾向については，脱語補充問題が多い，書き抜きで解答する言い換えの問題が多い，自分の言葉で説明する問題が多い，選択肢がよく練られている，といった傾向を把握したうえで，これらを意識して取り組むと解答力を高めることができます。「漢字」「語句・文法」「文学史」「現代文の読解問題」「古文」「韻文」と，出題ジャンルを分類して取り組むとよいでしょう。毎年出題されているジャンルがあるとわかった場合は，必ず正解できる力をつけられるよう意識して取り組み，得点力を高めましょう。

数学

出題傾向の分析と合格への対策

●出題傾向と内容

本年度の出題数は，大問が13題，小問数にして20題であった。

出題内容は，1.が5題の基本的な計算，2.が平方根の性質，3.が相似の利用，4.が確率，5.が2次方程式の文章題，6.が2次関数のグラフと図形，7.が1次方程式の文章題，8.が連立方程式の文章題，9.が立方体の切断，10.が平均の利用，11.が図形と角，12.が規則性，13.が図形の面積の応用であった。

出題形式は全てマークシート形式で，中でも1.は選択肢を選ぶ形式であった。

中学数学の広い範囲からバランスよく出題され，応用力や思考力が必要なものも混じる。

✔学習のポイント

基本～標準の内容を網羅するために，教科書の例題の解法や基本公式などの習得に丁寧に取り組み，しっかりと身につけよう。

●2025年度の予想と対策

来年度も，出題内容の質・量ともに，これまで同様の傾向が続くだろう。広い範囲から小問数にして20題程度が出題されると思われる。

計算問題では，数・式の計算，平方根の計算，展開・因数分解，方程式などが小問群として出題される。まずは，それらを迅速かつ正確に解く力を身につけよう。また，方程式の文章題，関数・グラフと図形，確率，平面図形に関する問題，立体図形に関する問題，資料の整理，規則性の問題なども出題されるだろう。

対策としては，教科書の徹底的な復習が重要である。余裕ができたら標準レベルの問題集に取り組むのもよい。

▼年度別出題内容分類表 ……

出題内容			2020年	2021年	2022年	2023年	2024年
数と式		数の性質					
		数・式の計算	○	○	○	○	○
		因数分解		○			
		平方根	○	○	○	○	○
方程式・不等式		一次方程式	○	○	○	○	○
		二次方程式	○				○
		不等式					
		方程式・不等式の応用		○	○	○	○
関数		一次関数				○	○
		二乗に比例する関数	○	○	○	○	○
		比例関数					
		関数とグラフ	○		○		○
		グラフの作成					
図形	平面図形	角度	○	○	○	○	○
		合同・相似	○	○		○	○
		三平方の定理					
		円の性質	○				○
	空間図形	合同・相似					
		三平方の定理					
		切断				○	○
	計量	長さ		○		○	○
		面積	○	○		○	○
		体積	○			○	○
	証明		○	○	○		
	作図						
	動点						
統計		場合の数					
		確率	○	○	○	○	○
		統計・標本調査	○	○	○	○	○
融合問題		図形と関数・グラフ	○	○	○	○	○
		図形と確率			○		
		関数・グラフと確率	○				
		その他					
その他			○	○	○	○	○

享栄高等学校

英語 出題傾向の分析と合格への対策

●出題傾向と内容

本年度の出題数は，語句補充・選択問題3題，会話文完成問題2題，長文読解問題1題の計6題だった。

文法問題は，内容的に幅広く出題されたが，基本的な文法や語法の知識があれば答えられる。

長文読解問題は，本年度は論説文であった。文章量は多くないが，設問が本文の内容に合うよう英文を完成させる形式なので，細部まで正確に読む必要がある。

会話文完成問題は，短い会話文を完成させるものが2題出題され，1つは質問の答えを，もう1つは質問の方を答えさせるものである。

✔学習のポイント

基本問題が多く，確実な知識と内容の理解が求められる。構文や語彙，日常会話の基本的表現に十分留意したい。

●2025年度の予想と対策

長文読解問題の対策としては，なるべく多くの英文を読んで，内容を的確に把握する練習を行うことが大切である。英文は無理のない量から始めて，次第に語数を増やしていくとよい。

文法問題の対策としては，教科書に出てくる文法・語法の知識を確認すると同時に，基礎的な問題集を繰り返し練習しておくとよい。

出題レベルは基本～標準だが，速く正確に解けるように学習しておく必要がある。不定詞，受動態，現在完了など，特によく出題される文法・語法問題があるので，過去の問題を十分にやっておくとよい。

▼年度別出題内容分類表 ……

	出題内容	2020年	2021年	2022年	2023年	2024年
話し方・聞き方	単語の発音					
	アクセント					
	くぎり・強勢・抑揚					
	聞き取り・書き取り					
語い	単語・熟語・慣用句	○	○	○	○	○
	同意語・反意語					
	同音異義語					
読解	英文和訳(記述・選択)					
	内容吟味	○		○	○	○
	要旨把握					○
	語句解釈					
	語句補充・選択	○	○	○	○	○
	段落・文整序					
	指示語					
	会話文	○	○	○	○	○
文法・作文	和文英訳					
	語句補充・選択	○	○	○	○	○
	語句整序					
	正誤問題					
	言い換え・書き換え					
	英問英答					
	自由・条件英作文					
文法事項	間接疑問文					
	進行形	○	○	○	○	
	助動詞	○	○	○	○	○
	付加疑問文					
	感嘆文					
	不定詞	○	○	○	○	○
	分詞・動名詞	○			○	○
	比較		○		○	○
	受動態				○	○
	現在完了	○	○	○	○	○
	前置詞					○
	接続詞	○	○	○	○	
	関係代名詞	○			○	○

享栄高等学校

国語

出題傾向の分析と合格への対策

●出題傾向と内容

本年度も，論理的文章の読解問題が2題と，知識に関する独立問題が1題という計3題の大問構成であった。

現代文の読解問題では，2題とも論説文が採用されており，接続語や指示語を通した文脈把握や傍線部の理由を問うものを中心に，内容吟味や表題など，筆者の主張を正確に捉えさせることを意図した出題であった。

知識問題では，本年度も昨年度に続き，ことわざが出題されており，正確な知識が試されるものとなっている。

解答形式はすべて記号選択式となっている。

学習のポイント

新聞や新書など論理的な内容の文章に積極的に触れよう。その際には，意味のわからない言葉を調べて語彙を増やしておこう。

●2025年度の予想と対策

来年度も，現代文からの出題が予想される。しかし，文章中に古文や韻文を含む場合も考えられるので，なるべくジャンルに偏りなく学習し，長い文章にも読み慣れておきたい。

論理的文章では，表現の意味を正確にとらえることに始まって，文章全体の構造を把握することが要求されている。指示語，接続語，言い換え表現などに注意して文脈を把握し，筆者の考えを読み取ることが大切である。また，文学的文章が出題される可能性もあるので，問題集を活用して多様な文章に接し，情景や登場人物の心情を読み取る練習をしておこう。

漢字，熟語，慣用句，文法，文学史などの知識問題も必ず出題される。教科書レベルの力を確実に身につけておきたい。基本事項を反復学習しておこう。

▼年度別出題内容分類表 ……

出題内容			2020年	2021年	2022年	2023年	2024年
内容の分類	読解	主題・表題	○	○			○
		大意・要旨		○	○	○	○
		情景・心情					
		内容吟味	○	○	○	○	○
		文脈把握		○		○	○
		段落・文章構成					
		指示語の問題		○	○	○	○
		接続語の問題		○		○	○
		脱文・脱語補充	○	○	○	○	○
	漢字・語句	漢字の読み書き	○	○	○	○	○
		筆順・画数・部首					
		語句の意味	○		○		
		同義語・対義語	○		○		
		熟語	○	○		○	○
		ことわざ・慣用句	○	○	○	○	○
	表現	短文作成					
		作文(自由・課題)					
		その他					
	文法	文と文節	○	○			
		品詞・用法					
		仮名遣い					
		敬語・その他					
	古文の口語訳						
	表現技法			○			
	文学史		○	○	○		
問題文の種類	散文	論説文・説明文	○	○	○	○	○
		記録文・報告文					
		小説・物語・伝記					
		随筆・紀行・日記					
	韻文	詩					
		和歌(短歌)					
		俳句・川柳					
	古文						
	漢文・漢詩						

享栄高等学校

2024年度 合否の鍵はこの問題だ!!

数学　6., 9.

6. は，2次関数のグラフ上の3点(1つは原点)でグラフに接する三角形について，それと一辺を共有し，かつ面積が等しいもう1つの三角形の頂点を求める問題である。三角形の等積変形の知識を用いて等しい面積の三角形をつくるには，底辺と平行な直線上に頂点があればよいと発想できればよい。さらに，平行な直線どうしは傾きが同じという1次関数の知識も活用できれば，計算等の難度はそれほど高く設定されていないので，短い時間で解くことができるだろう。

9. は，立方体内部に含まれる三角錐の体積を求める問題である。この三角錐は，各辺が立方体をつくる正方形の対角線となっている正四面体でもあるので，立方体の一辺の長さから正四面体の各辺の長さを容易に求めることができる。ただし，底面積はともかく高さを求めるのが容易ではないので，その流れで体積を求めるのはできれば避けて通りたい。では，どうしたらよいか。

知識があれば，体積を求めたい三角錐(正四面体)は，立方体から4つの合同な三角錐を切り取った残りの図形であるとすぐに気付くことができる。(もちろん，与えられた図から気付くこともできる。)さらに，立方体の体積も4つの三角錐の体積も，立方体の一辺の長さからすぐに計算できるので，かなり手早く求めることができる。

限られた時間の中で少しでも多くの正答を得るためには，有効な解法を知っているだけでなく，きちんと使いこなせるようにしておかなければならない。6. も9. も各分野の代表的な解法の知識を使う問題であり，使うべき解法に気付くことさえできれば，決して難しすぎない問題である。そういった意味での「合否の鍵」となる問題として，これらを取り上げておきたい。

英語　Ⅰ. 問17

Ⅰ. の語句補充問題はしっかりと文法が理解できていないと解けない問題ばかりである。問17は比較の問題である。

原級を用いた as ～ as「同じくらい～だ」の形では，「～」の部分に形容詞・副詞以外の語も入れることができるので注意が必要だ。ここでは語順の考え方を，Ⅰ. 問17を例にして示しておく。

「ローズはチカが持っているのと同じくらいたくさんのCDを持っている」という文である。「ローズはたくさんのCDを持っている」が比較を用いない基本的な形である。

Rose has many CDs.　…　①

次に，「チカが持っているのと同じくらい」を as を用いて①の後ろにつける。

Rose has many CDs as Chika does.　…　②

最後に，強調のas を形容詞である many の前に置く。
Rose has as many CDs as Chika does.　…　③

↓　　　　　　↓

③で加えた部分　　②で加えた部分

語句補充問題でも選択肢ばかりを見るのではなく，文の構造にも目を向けることが合格のカギだ。

国語 【二】問11

★合否を分けるポイント

本文の要約をすることで，適切な見出しを選ぶことができる。要約のためには，序論である冒頭の段落の話題の提示，本論の内容，さらに結論である最終段落の筆者の主張に着目することが基本となる。本文で何度も提示されるキーワードに注意しながら読み進めていくことがポイントだ。要約や見出しの問題は筆者の主張をとらえる重要な問題なので，この問題に答えられるかどうかが合否を分けることになる。

★こう答えると「合格」できない！

筆者の主張は最終段落に書かれているからと，最終段落の「西洋の『唯一の神』」などの語句に反応して③を選んだり，日本の平等をもとにした教育と対照的に挙げられている欧米の「個性」と「能力」をもとにした教育の良さを述べる文章だと考えて②を選んだりしては，「合格」できない。本文全体の内容をとらえた上で，最も適切な見出しを選ぼう。

★これで「合格」！

冒頭の段落で「最近になって急に個性教育ということが強調されるようになった」とあるので，「個性教育」に関して述べる文章だと推察できる。続く「このような状キョウ」で始まる段落以降で，日本人には個性がないために誤解されるからと，「個性教育」が認識されるようになった根拠を述べている。さらに，「個性」を大切と考える欧米の教育と，「天性」に基づいた荻生徂徠の教育について述べ，最終段落では，欧米の「個性教育」ではなく，日本はこの日本の「天性」に基づいた教育を考えるべきだと筆者は主張している。一貫して述べられているのは，日本人と「個性」なので，①を選べば「合格」だ！「〔　Ⅱ　〕」で始まる段落で，日本は欧米の強い影響を受けて「没個性的な絶対平等感ができあがった」とあるが，④の「平等な社会」は本文の中心話題ではないことも確認しておこう。

MEMO

大切なことはメモしておこうネ！

2024年度

入　試　問　題

2024年度

享栄高等学校入試問題

【数　学】（45分）　＜満点：100点＞

【注意】　解答の際は，１つの $\boxed{}$ に対して１けたの数字をマークしてください。

例えば　4×6＝ $\boxed{1}$ $\boxed{2}$ であれば，答えは24なので

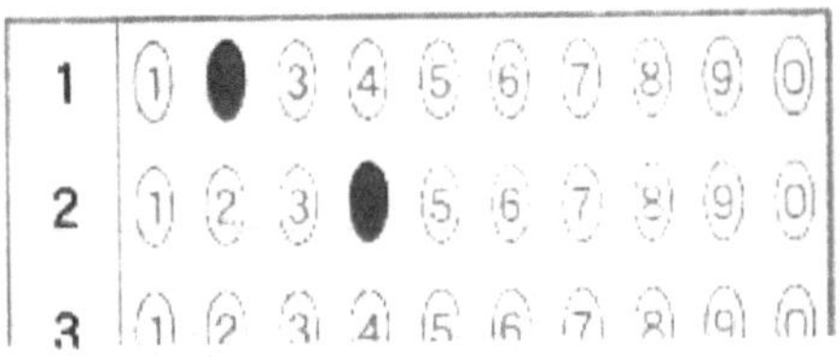

という具合にマークしてください。

選択肢のある問題は，選択肢の番号をマークします。

例えば　4×6＝ $\boxed{1}$ 　選択肢　① 22　② 23　③ 24　④ 25　⑤ 26　であれば

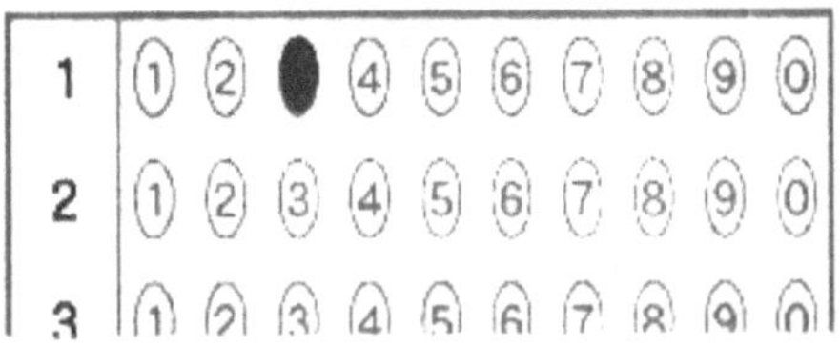

という具合にマークしてください。

答えが分数となる問題の解答方法も同様です。

例えば　ある事柄の起こる確率 $\dfrac{\boxed{1}}{\boxed{2}\ \boxed{3}}$ の答えが $\dfrac{5}{14}$ であったとすると

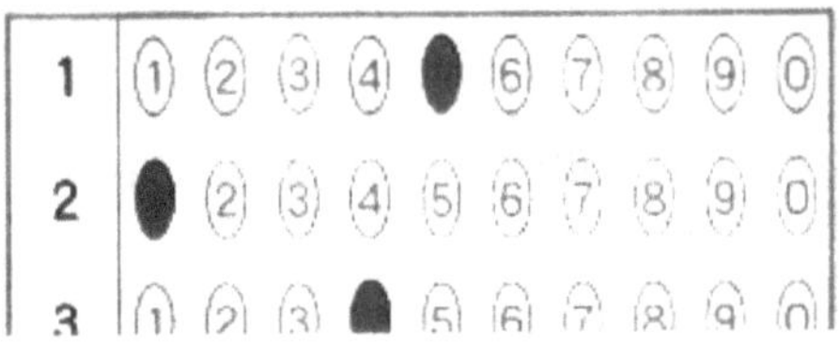

となります。

また，答えは既約分数（それ以上約分できない分数）の形にしてください。

１．次の計算をし，①～⑤の中から正答を選びなさい。

(1)　$12-(-6)\div(-3)=$ $\boxed{1}$

①　-2　　②　-6　　③　6　　④　10　　⑤　14

(2)　$\dfrac{1}{2}-\dfrac{1}{3}\times\left(\dfrac{1}{4}+\dfrac{1}{5}\right)\div\dfrac{1}{6}=$ $\boxed{2}$

①　$-\dfrac{3}{7}$　　②　$-\dfrac{2}{5}$　　③　$\dfrac{9}{20}$　　④　$\dfrac{19}{40}$　　⑤　$\dfrac{97}{60}$

(3)　$\dfrac{2x+y}{2}-\dfrac{2x-3y}{3}=$ $\boxed{3}$

①　$-4y$　　②　$-x+2y$　　③　$\dfrac{1}{3}x-\dfrac{1}{2}y$　　④　$\dfrac{5}{3}x-\dfrac{1}{2}y$　　⑤　$\dfrac{1}{3}x+\dfrac{3}{2}y$

(4) $2\sqrt{24}-\sqrt{3}(\sqrt{2}-\sqrt{3})=$ [4]

① $8-4\sqrt{6}$　② $3\sqrt{6}-\sqrt{3}$　③ $3+\sqrt{6}$　④ 7　⑤ $3+3\sqrt{6}$

(5) $45\times11+45\times31-55\times42=$ [5]

① -4200　② -420　③ 0　④ 420　⑤ 4200

2．$\sqrt{\dfrac{2024}{n}}$ の値が整数になるような自然数 n のうち，最も小さいものは [6][7][8] である。

以下の問いの [　] にあてはまる数を答えなさい。

3．右の図の平行四辺形 $ABCD$ で，点 E は辺 AD 上の点で，$AE:ED=2:3$ である。点 F は線分 BD と線分 CE の交点とすると，$CF=10$ cmのとき，$EF=$ [9] cmである。

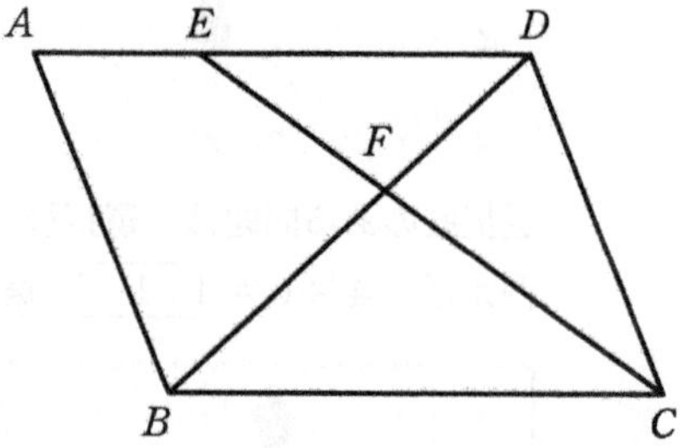

4．1から5までの数字を1つずつ書いた5枚のカードが箱の中にある。この箱から2回続けて取り出し，1回目に取り出したカードに書いてある数字を十の位，2回目に取り出したカードに書いてある数字を一の位として，2けたの整数を作る。
このとき，できた整数が
偶数になる確率は $\dfrac{[10]}{[11]}$ である。

5．連続した2つの自然数がある。それぞれを2乗した数の和が113になるとき，これらの2つの自然数は小さい順に [12] と [13] である。

6．右の図のように，関数 $y=2x^2$ のグラフ上に点 A，点 B をとる。点 A の x 座標は1で，点 B の x 座標は－2である。このとき，x 軸上に x 座標が負となる点 P をとり，$\triangle OAB$ と $\triangle OAP$ の面積が等しくなるとき，点 P の座標は（－ [14]，[15] ）である。

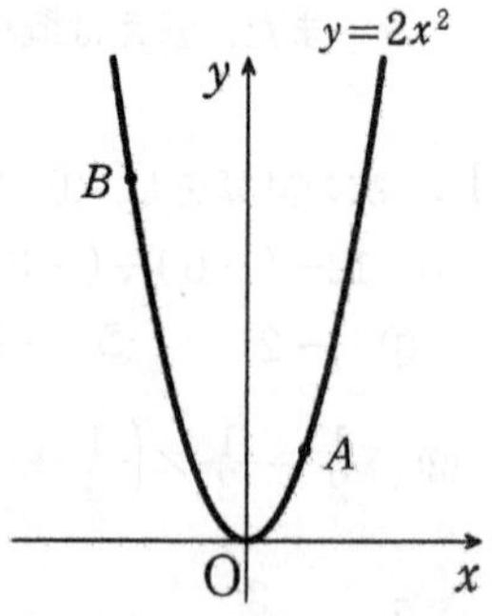

7．ある工場で，製品を製造したが，2％が不良品だったため，それらを除外して出荷した。しかし，出荷後の製品の1％にあたる49個が不良品として新たに見つかった。このとき，ある工場が出荷前に除外した不良品は [16][17][18] 個である。

8．バスケットボールの試合で，勝利チームは，２点シュートと３点シュートをあわせて28本入れた。
また，それによってあげた得点の合計は68点だった。このとき，勝利チームは，
２点シュートを [19][20] 本，３点シュートを [21][22] 本入れた。

9．右の図は１辺の長さが３㎝の立方体$ABCD-EFGH$である。
このとき，三角錐$ACFH$の体積は [23] cm^3である。

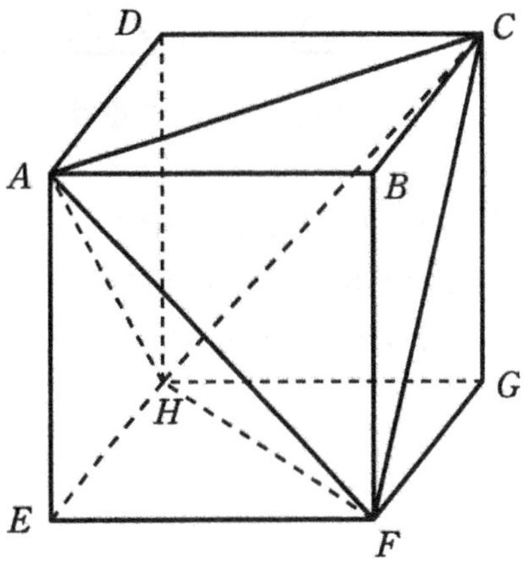

10．ある陸上部員の過去５回の1500m走の記録は次のようである。
６分20秒　５分22秒　７分１秒　５分58秒　６分19秒
(1)　過去５回の1500m走の記録の平均値は [24] 分 [25][26] 秒である。
(2)　ある陸上部員がもう１回走ったとき，６回分の1500m走の記録の平均値は６分２秒になった。
このとき，ある陸上部員の６回目の1500m走の記録は [27] 分 [28][29] 秒である。

11．次の図１，２において$\angle x$，$\angle y$の大きさを答えなさい。

図１

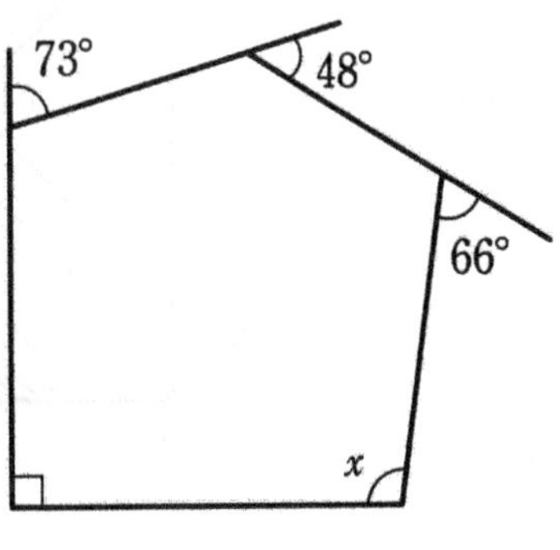

$\angle x=$ [30][31] °

図２　点A, B, C, Dは円周上にあり，点Oは円の中心である。また，$BC=CD$である。

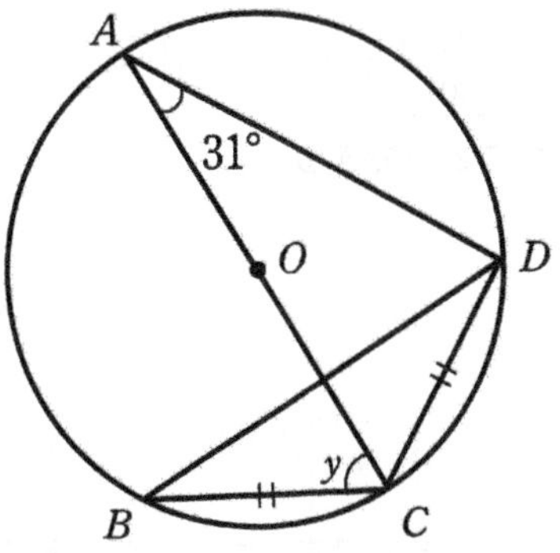

$\angle y=$ [32][33] °

12. 下の図のように１辺の長さが１の正三角形を規則性をもって並べていく。図形を構成する正三角形の個数を n，周りの長さを m とする。例えば，２番目では，個数を４，周りの長さを６と考えるものとする。このとき，$n：m＝10：1$ になるのは $\boxed{34}\ \boxed{35}$ 番目である。

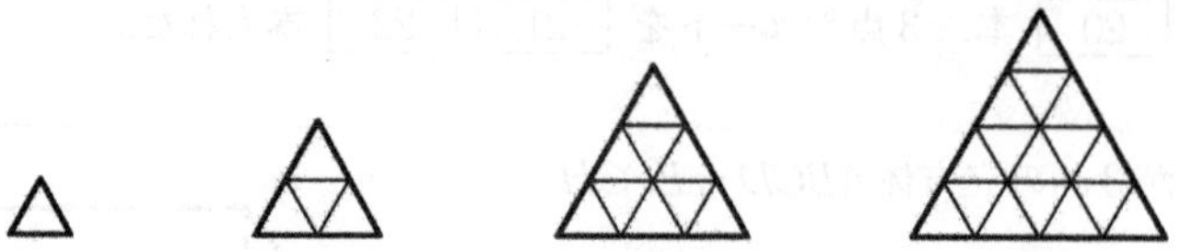

１番目　　２番目　　３番目　　４番目　　…

13. 図１のように１辺の長さが10㎝の正方形 $ABCD$ と長方形 $EFGH$ がある。点 A と点 E，点 C と点Fはそれぞれ同一点上にあり，点 D は線分 GH 上にある。

⑴　長方形 $EFGH$ の面積は $\boxed{36}\ \boxed{37}\ \boxed{38}$ ㎠である。

図１

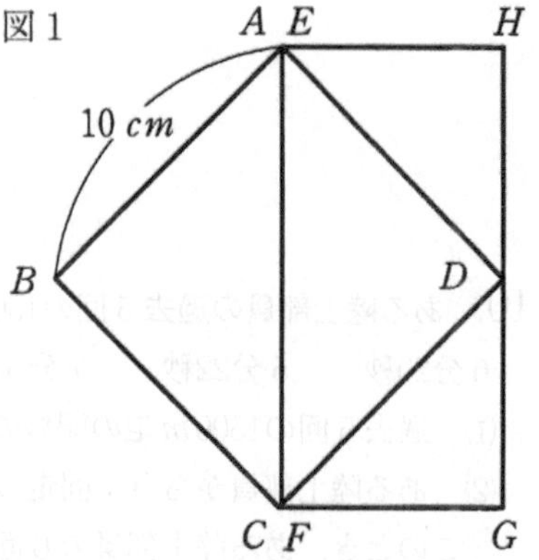

⑵　図２のように長方形 $EFGH$ の点 E を線分 AD にそって矢印の方向へ平行移動させ，移動した距離を x ㎝とし，斜線部分の面積を y ㎠とすると，$0 \leqq x \leqq 10$ の範囲で

$$y=-\frac{\boxed{39}}{\boxed{40}}x^2+\boxed{41}\ \boxed{42}\,x+\boxed{43}\ \boxed{44}$$

と表すことができる。

図２

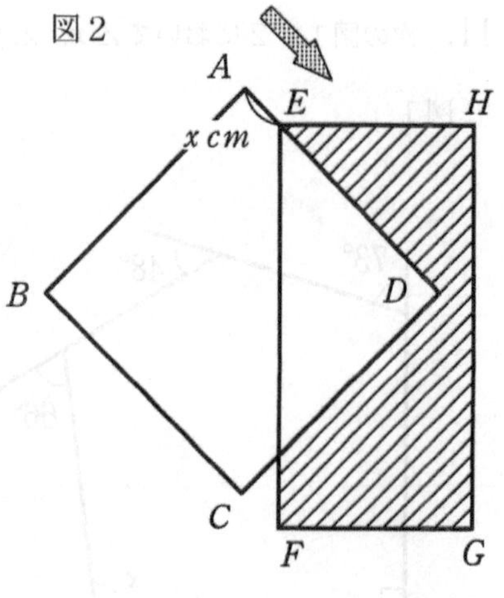

問題はここまでです。マークシートは $\boxed{44}$ までです。

【英　語】（45分）　＜満点：100点＞

Ⅰ．問1～問20の空欄に入れるのに最も適切なものを①～④の中から一つ選びなさい。

問1　Tom [1] up at six every day.
①　get　②　getting　③　got　④　gets

問2　Mike and Daniel [2] high school students.
①　is　②　was　③　are　④　am

問3　I [3] have a bike.
①　not　②　do not　③　am not　④　was not

問4　My mother is [4] Hokkaido.
①　of　②　from　③　by　④　to

問5　I am [5] visit my grandparents' house next week.
①　going to　②　will　③　go to　④　not to

問6　I am hungry.　I want [6].
①　eat something　②　to something　③　eat　④　something to eat

問7　"[7] you ever been to Canada?"—"Yes, I have."
①　Have　②　Had　③　Do　④　Did

問8　This temple [8] 300 years ago.
①　is built　②　was built　③　build　④　built

問9　I want everyone [9] the new movie.
①　watches　②　watch　③　to watch　④　watching

問10　"Thank you for [10] me."—"No problem."
①　help　②　helped　③　helps　④　helping

問11　"Let's go to the [11] to catch some fish!"—"Sure!"
①　river　②　farm　③　mountain　④　library

問12　I woke up late this morning, so I did not have any [12].
①　bridge　②　desk　③　breakfast　④　mayor

問13　We will have an evacuation [13] in the afternoon.
①　drum　②　drill　③　danger　④　dish

問14　"I am very tired."—"You should take a [14]."
①　rest　②　walk　③　picture　④　look

問15　Nick broke his leg. He was taken to a [15].
①　hotel　②　hospital　③　country　④　class

問16　This is the book [16] I have to read.
①　which　②　why　③　who　④　when

問17　Rose has [17] Chika does.
①　CDs　②　as CDs as　③　many CDs　④　as many CDs as

問18　Jessi [18] play the piano because she learned it when she was a child.
①　should　②　can　③　will　④　may

問19 "[19] food do you like?"—"I like Italian food."
① How ② Where ③ What ④ When

問20 "[20] long does it take to walk to the station?"—"About 20 minutes."
① How ② Where ③ Who ④ When

Ⅱ．問１～問10の対話を完成させるのに最も適切な返答を①～④の中から一つ選びなさい。

問１ X：What do you have in your bag?
Y：[21]
① I want a bag. ② I bought this bag at the store.
③ I don't like this bag. ④ I have some textbooks in the bag.

問２ X：Who is that man?
Y：[22]
① I can see that man. ② He doesn't know me.
③ I like him very much. ④ He is our new English teacher.

問３ X：Do you have a pet, Miki?
Y：[23]
① I like pets. ② No, I'm not.
③ Yes. I have two cats. ④ Miki is my sister.

問４ X：What time did you go to bed last night?
Y：[24]
① I went to bed at ten. ② I don't have a bed.
③ I usually go to bed at nine. ④ I like to go to bed.

問５ X：What are you doing now?
Y：[25]
① I eat breakfast every day. ② I'm eating breakfast now.
③ I don't eat breakfast. ④ My mother made me breakfast.

問６ X：Where did you get those shoes?
Y：[26]
① I got these shoes last week.
② I got these shoes with my sister.
③ I got these shoes at AB Store.
④ My brother bought you these shoes.

問７ X：These flowers are very beautiful! I want to take some home.
Y：[27]
① You must not take them.
② Your home is beautiful.
③ They are cherry blossoms.
④ You will go home.

問8　X：Which is taller, Mt. Fuji or Mt. Everest?　　※ Mt. Everest…エベレスト

Y：[28]

① Mt. Fuji is.　　② Mt. Everest is.

③ Mt. Fuji does.　　④ Mt. Everest does.

問9　X：May I speak to Sally, please?

Y：[29]

① She is out now.　　② She speaks English well.

③ She speaks slowly.　　④ She is my sister.

問10　X：Would you pass me the salt?

Y：[30]

① No, thank you.　　② I have some salt.

③ Here you are.　　④ I would love it.

Ⅲ. 問1～問5の対話を完成させるのに最も適切な質問を①～④の中から一つ選びなさい。

問1　X：[31]

Y：I have a stomachache.

① What's the matter?　　② How is the weather?

③ What would you like?　　④ How much is it?

問2　X：[32]

Y：No, thanks.　I'm just looking.

① Would it be expensive?　　② Could you put it down?

③ Could you take it?　　④ Would you like to try it on?

問3　X：[33]

Y：It's 3,000 yen.

① How long will it take?　　② How much is it?

③ How tall is it?　　④ How big is it?

問4　X：[34]

Y：Turn left at the corner, and you'll see it on your right.

① Could you show me your passport?

② Would you like to go with me?

③ Would you like some more?

④ Could you tell me the way to the station?

問5　X：[35]

Y：I am going to go to Hawaii.

① Which country do you like?

② What is your plan for your vacation?

③ Where were you born?

④ When will you arrive at Hawaii?

Ⅳ．次の文を読み，話者がこの後何をするかを選んで答えなさい。

問1 [36]

Amy：“It's my mother's birthday today. I'm going to buy her a birthday present. She loves roses. She also likes pink. I have enough money to buy three roses.”

① She is going to buy three white roses.
② She is going to buy one yellow rose.
③ She is going to buy three red roses.
④ She is going to buy three pink roses.

問2 [37]

Kent：“I'm going to visit my grandparents' house this weekend. The train is faster, but it's more expensive. The bus takes longer, but it's cheaper. I can't visit them by bike. I don't want to use a lot of money.”

① He is going to take the train.
② He is going to take the bus.
③ He is going to use his bike.
④ He is going to take the bus and the train.

問3 [38]

Jane：“I want to buy a jacket. My favorite color is red, but the size is too big. This green jacket looks good. The size is fine. This yellow jacket is too expensive.”

① She is going to buy the yellow jacket.
② She is going to buy the red jacket.
③ She is going to buy the green jacket.
④ She is going to buy the blue jacket.

問4 [39]

Jack：“I want to see a movie. There are three movies at the theater：comedy, action, and musical. I want to laugh a lot today.” ※ laugh…笑う

① He is going to see an action movie.
② He is going to see a comedy movie.
③ He is going to see a musical movie.
④ He is going to see a movie at home.

問5 [40]

Katy：“One of my American friends will visit Japan next week. I want to have dinner with him. He likes fish, and he wants to try some Japanese food.”

① She is going to take him to a hamburger restaurant.
② She is going to take him to a sushi restaurant.
③ She is going to take him to a ramen restaurant.
④ She is going to take him to a soba restaurant.

Ⅴ．問１～問５の英文を読み，質問に対する最も適切な答えを①～④の中から一つ選びなさい。

問１　Q：The box is thirty centimeters long. You already have three five-centimeter -thick books in it. How many three-centimeter-thick books can you put in the box?

A：I can put [41] three-centimeter-thick books in the box.　　※ thick…厚さ

①　one　　②　three　　③　five　　④　seven

問２　Q：You are going to have a party. You have invited eight people to the party. There are only four glasses at your house. How many glasses do you need to buy for everyone to have their own glasses?

A：I need to buy [42] glasses.

①　one　　②　two　　③　three　　④　four

問３　Q：It takes Takashi fifteen minutes to go to school. He takes forty five minutes to prepare for school every morning. He arrives at school at eight thirty every day. What time does Takashi get up every morning?

A：He gets up at [43].

①　six thirty　　②　seven　　③　seven thirty　　④　eight

問４　Q：You have four bottles of drink. You can get a new bottle of drink *1**with every two empty bottles.** How many bottles of drink can you drink *2**in total**?　　*1空き瓶２本ごとに　　*2合計で

A：I can drink [44] of drink.

①　six bottles　　②　seven bottles　　③　eight bottles　　④　nine bottles

問５　Q：Amy is Yuka's best friend. They go to the same junior high school. They are in the same class, too. Yuka was born on the fifth of January. Amy was born nine days before Yuka. When is Amy's birthday?

A：Her birthday is [45].

①　twenty seventh of December　　②　twenty ninth of December

③　ninth of January　　④　nineteenth of January

Ⅵ．次の英文を読み，問１～問３の空欄に入れるのに最も適切なものを①～④の中から一つ選びなさい。

"You can eat the world's most delicious 'Spaghetti Neapolitan' in Naples, Italy. Is this true?" The answer is "No." "Spaghetti Neapolitan" is a Japanese dish. You may know that curry and rice in Japan is very different from curry in India. But did you know that *hiyashi chuka* is not a Chinese dish? [46] too.

About 150 years ago, when Western culture came into Japan at the beginning of the Meiji Period, people saw and ate Western food for the first time. At first, Western dishes were not very popular because they used a lot of meat. Most Japanese did not eat [47] before the Meiji Period. Western dishes were changed in Japan because they would be good to eat with rice.

Chefs put rice inside an omelet and made *omu-rice*. In Western countries, pork cutlet was cooked with a little oil in a frying pan, but *tonkatsu* was fried like tempura in a pot. *Tonkatsu* was cut before it was served. Japanese people could eat it with chopsticks instead of a knife and fork.

These dishes got very popular and they became everyday dishes in Japanese homes. These dishes are called *yoshoku*. That means Western food, but they are really Japanese dishes created from Western food.

（出典：M.Henault-Morrone. Watching News. 浜島書店）

（注） Neapolitan：ナポリタン　Naples：ナポリ　omelet：オムレツ　pork cutlet：ポークカツレツ
frying pan：フライパン　pot：鍋　serve：～を提供する　chopsticks：箸
knife and fork：ナイフとフォーク

問１ [46] と [47] に適するものを①～④の中から選びなさい。

[46]

① It is an Italian dish,　② It is a Chinese dish,
③ It is a Japanese dish,　④ It is an Indian dish,

[47]

① meat　② food　③ vegetables　④ rice

問２ 次の質問の答えとして適切なものを①～④の中から選びなさい。

Q：Why was *tonkatsu* cut before it was served?
A：Because [48]
① it was fried like tempura.
② it was cooked with a little oil.
③ Japanese people used a knife.
④ Japanese people used chopsticks to eat it.

Q：What does *yoshoku* really mean?
A：It means [49]
① Chinese food in Japan.
② Japanese dishes created from Western food.
③ everyday dishes in Japanese homes.
④ Western food created from Japanese dishes.

問３ この本文のタイトルとして最も適切なものを①～④の中から選びなさい。

[50]

① Japanese Food or Western Food?
② Japanese Culture in the Meiji Period.
③ How to Cook Curry and Rice
④ Japanese Food in Western Countries?

問題はここまでです。マークシートは [50] までです。

③　師から学び、個人で養った能力の定着率を問題とする。

④　親から与えられ、個人が汲み取った教育の質を問題とする。

問9　傍線部⑹「これ」の指す内容として最も適切なものを、次の①～④の中から一つ選びなさい。解答番号は[26]。

①　日本人的母性原理　②　民主主義

③　没個性的な絶対平等感　④　藩校の教育方針

問10　傍線部⑺「これ」の指す内容として最も適切なものを、次の①～④の中から一つ選びなさい。解答番号は[27]。

①　西欧流の教育制度と日本流の教育制度を、区別して考えること。

②　人間存在の本質にかかわる平等感と、能力差の肯定を区別して考えること。

③　戦前の日本の教育制度と戦後の日本の教育制度は背景が異なるため、参考にしないこと。

④　「平等」という考えを間違って捉えると、破滅的な終着点にたどりつくということ。

問11　本文の見出しとして最も適切なものを、次の①～④の中から一つ選びなさい。解答番号は[28]。

①　日本人と個性　②　欧米の教育力

③　キリスト教の教え　④　平等な社会

【三】　次の各問いに答えなさい。

問1　次のA～Dのことわざの意味を、あとの①～⑥の中からそれぞれ一つ選びなさい。解答番号は[29]～[32]。

A　井の中の蛙大海を知らず　[29]

B　棚からぼたもち　[30]

C　泣きっ面に蜂　[31]

D　喉元過ぎれば熱さを忘れる　[32]

①　小さなものにもそれ相応の意地や感情があること。

②　思いがけない幸運がめぐってくること。

③　無理に相手と争うよりも、勝ちをゆずる方が結果的には得になること。

④　つらいことや苦しいことや受けた恩などは苦しい時がすぎると忘れてしまうこと。

⑤　悪いことの上に、さらに悪いことが重なること。

⑥　自分の身の回りのことしか知らず、もっと広い世界があることを知らないこと。

問2　次の空欄にあてはまる漢字をあとの①～⑥の中からそれぞれ一つ選び、慣用句を完成させなさい。解答番号は[33]～[36]。

A　[33]も食わぬ　意味・・・誰も相手にしないこと。

B　[34]の甲より年の功　意味・・・年長者の経験は尊重すべきこと。

C　[35]の涙　意味・・・ほんのわずかなこと。

D　[36]の手も借りたい　意味・・・大変忙しく、人手不足である様子。

①　雀　②　鷹　③　犬　④　猫　⑤　蛙　⑥　亀

問題はここまでです。マークシートは[36]までです。

〔Ⅰ〕・・・17　〔Ⅱ〕・・・18

① つまり　② ところで　③ でも　④ だからといって

問4 空欄 X ・ Y に当てはまる語句として最も適切なものを、各語群の①～④の中からそれぞれ一つずつ選びなさい。解答番号は19・20。

X ・・・19

① 道徳心をはかる調査の実施　② 協調性を育む教育の推奨

③ 語学力を養う教育の計画　④ 個性を伸ばす教育の重要性

Y ・・・20

① 単独主義　② 資本主義　③ 能力主義　④ 効率主義

問5 傍線部⑵「欧米では常識になっていること」について、本文中でどのようなことを指しているか。最も適切なものを、次の①～④の中から一つ選びなさい。解答番号は21。

① 特に優秀な人物は、年齢に関係なく上級学校への進学ができること。

② 能力が伴っていなくても、個人が強く望めば、希望がかなうこと。

③ 一定の年齢に達したら、様々な活動に取り組むことができること。

④ 所定の手続きをとることによって、その国の永住権を得られること。

問6 傍線部⑶「創造的な才能をもった人の『足を引張る』こと」とは、どういうことか。最も適切なものを、次の①～④の中から一つ選びなさい。解答番号は22。

① 優秀な人材に対して、本人の希望する報酬を与えることができないということ。

② 早くから才能を発揮した優秀な人材が活躍する機会が失われるということ。

③ 各国の優秀な人材が交流する機会と場を用意できないということ。

④ 優秀な人材が成果を得られるだけの援助をすることができないということ。

問7 傍線部⑷「ここに示された『とび級』の思想について考えてみたい」とあるが、本文中で述べられている「『とび級』の思想」として、最も適切なものを、次の①～④の中から一つ選びなさい。解答番号は23。

① 人間にそなわっている「天性」は、その大きさによって将来が異なるということを、指導者が充分理解すべきだということ。

② 個人が持つ才能は天からの贈り物だと考え、それを才能を持たない人に還元する必要があるということ。

③ 指導者がどれほど手をかけて指導したとしても、才能を伸ばすのは個人であるため、個人のやる気に左右されるということ。

④ 一人一人に備わっている能力は、各家庭環境に依存して養われるため、教育機関では指導のしようがないということ。

問8 傍線部⑸「欧米において言われる個性と、荻生徂徠の言う天性とは、似てはいるが異なる、ということである」とあるが、ⅰ「欧米において言われる個性」とⅱ「荻生徂徠の言う天性」の内容として最も適切なものを各語群の①～④の中からそれぞれ一つずつ選びなさい。解答番号は24・25。

ⅰ・・・24　ⅱ・・・25

① 個人から発想し、個人の間での能力差を問題とする。

② 天からはじまっており、人間の持っている天性の差を問題とする。

の持っている天性の差が問題とされるのに対して、欧米では、個人から発想し、個人の間の能力差を問題とする。おそらく、ヨーロッパでもはじめは個人の能力を神から与えられたものとして受けとめていただろうが、既に述べたように、だんだんと人間の力が強くなるに従って、個人を中心とする発想に変化していったのだろう。

〔 Ⅱ 〕、日本は欧米の強い影響を受けて、「天性」などという非合理と思われることは棄ててしまった。そして、「民主主義」を取り入れるときに「個性」抜きにし、日本人的母性原理と結びつけてしまったので、まったく没個性的な絶対平等感ができあがってしまった。(6)これを日本の伝統的考えによるものと考えず、進歩的な外来思想のように思い込んだので、これは余計に日本に強固になったと思われる。

人間存在の本質にかかわる平等感と、能力差の肯定は区別して考えるべきことである。しかし、これは実際にはなかなか難しい。(7)これを行なうためには、次に述べるように、通常の「私」の背後に、何らかのそれを超えるものの存在を認めざるを得ない。ここで、西洋の「唯一の神」ではなく、「天」という存在を認める考え方が、わが国にあったのはまことに有難い。必ずしも借りものによらずに考えることが可能となるからである。

【『日本文化のゆくえ』 河合隼雄 岩波書店 】

問1 二重傍線部a「キョウ」b「タン」c「ゴ」d「カツ」を漢字に直したとき、同じ漢字を用いるものを、各語群の①～④の中からそれぞれ一つずつ選びなさい。解答番号は12～15。

a 状キョウ 12

① 仲間とキョウ力する。 ② 商品を提キョウする。
③ 実キョウ放送を見る。 ④ 陸上キョウ技の練習をする。

b タン的 13

① 極タンな言い方。 ② 冷タンな性格。
③ 簡タンな方法。 ④ タン究心をもつ。

c ゴ解 14

① 正しい敬ゴを使う。 ② ゴ字を訂正する。
③ ゴ楽の一種。 ④ 味方を援ゴする。

d カツ愛 15

① 生徒会カツ動にはげむ。 ② カツ舌がいい。
③ 神輿をカツぐ。 ④ 土地をカツ譲する。

問2 傍線部(1)「欧米諸国の日本人に対する厳しい批判がある」とあるが、どのような「批判」があったのか。その内容として最も適切なものを、次の①～④の中から一つ選びなさい。解答番号は16。

① 日本人は、他国の発明や発見によって成果を得るため、ずる賢く気が許せないという批判。
② 日本人は、各分野において様々な能力を発揮し、成功をおさめており、そのことに対しての嫉妬心を含む批判。
③ 日本人は、得手不得手がありながらも誠実に物事に取り組み、成功をおさめているので非効率的だという批判。
④ 日本人は、自国だけでなく世界各国で成功をおさめており、各国の経済活動を侵害しているという批判。

問3 空欄〔Ⅰ〕〔Ⅱ〕に当てはまる語句として最も適切なものを、各語群の①～④の中からそれぞれ一つずつ選びなさい。
解答番号は17・18。

入することについて論議された。欧米においては、特に優秀な人物は、年齢と関係なく大学や大学院へと進んでいる。そこで、日本においてもと考え、小中学校での「とび級」を見送るとしても、特に優秀な者はせめて大学入学のチャンスを一年くらい早くするという案が提示された。しかし、これに関する一般、あるいは大学の反応は否定的な方が多かったようだ。

(2)欧米では常識になっていることが、なぜ日本ではできないのだろう。それは、日本人のもつほとんど絶対と言えるほどの「平等感」による抵抗のためであると思われる。日本ではこのような平等感を盾にとって、(3)創造的な才能をもった人の「足を引張る」ことが多く、これまでも、優秀な学者が海外に流出することが多いという事実がそれを証明している。これが現在日本の問題なのだ。

ところで、興味深いことに、日本でも戦前はある程度の「とび級」を認めていた。旧制の中学は五年制だったが、四年修了で旧制の高校を受験することができた。つまり、よくできる者は四年修了で高校、大学と進むことができたのである。

あるとき、鶴岡市の史跡である庄内藩の藩校「致道館」を見学した。これは一八〇〇年初頭に設立された藩校であるが、その教育方針は徹底した［　Y　］に貫かれている。『史跡庄内藩校　致道館』（社団法人庄内文化財保存会）によれば、「入学当初以外は年齢による規制はなく、入学後は学力に応じて進級できる仕組み」になっていた。そして士分以下のものでも秀才については特別入学を許し、身分制度に対しても自由な道をひらいていた。この藩校の教育方針は、現在においても参考になることが他にもあるが、それはdカツ愛して、(4)ここに示された「とび級」の思想について考えてみたい。

致道館において完全な「とび級」が認められていたもとには、この館の教育に関する趣意書ともいうべき「被仰出書《おおせいだされしょ》」に次のような文が認められる。つまり、「天性得手不得手有之者候」とか、「天性可大者致大成、可小者致小成」などの文が認められる。ここでは、人間に性来《せいらい》にそなわっているものとしての「天性」が重視され、天性が大か小かによって将来が異なるので、指導者はその点を弁《わきま》えるべきだと述べられている。

このような考えは、もともと荻生徂徠の思想に基づくものである。荻生徂徠は朱子学を学びつつも彼独自の考えを発展させた人である。従って、おそらく当時の日本中の藩校の教育方針がすべてこのようだったとは思わないが、ともかくこのような思想に基づいて、「とび級」を徳川時代に行なっていた、という事実は注目に値する。

それではこのような考えや制度が存在したのに、戦後に一挙にそれがなくなり、現在においてなぜ一般の人々（インテリも含めて）が、「とび級」に対してアレルギーと言っていいほどの反撥《はんぱつ》を示すのだろうか。それは多くの人々は絶対平等感を「民主主義」の考えとして欧米から輸入したものと考えているからである。ところが、その欧米において「とび級」は普通にあるし、興味深いことに、日本の徳川時代にもあったのだ。これは重要な問題だと思われる。これにはいろいろなことがからみ合っているので、簡単には解明できないとも思うが、私なりに考えたことを述べてみよう。

まず言えることは、(5)欧米において言われる個性と、荻生徂徠の言う天性とは、似てはいるが異なる、ということである。結果的には個人差を認めているが、日本の場合の発想は「天」からはじまっており、人間次の①～⑤の中から一つ選びなさい。解答番号は11。

① 哲学などは全体を十分理解していないと決してそれぞれの箇所を理解できないため、読み通すことが必要だから。

② 理解するためには理解できなくても諦めずに最後まで読み切ることで根気を身につける必要があるから。

③ 全ての物事は全体像を捉えてからでないと一つ一つの内容を理解できないため、全てを読まなければならないから。

④ 理解できないままでも全文を読み切ることができるとその後の努力で細かなところまで理解できるようになるから。

⑤ ひとつひとつ順番に理解をしていこうとすると時間と労力がかかり、理解が困難になってしまうから。

【二】 次の文章を読んで、後の問いに答えなさい。

最近になって急に個性教育ということが強調されるようになった。筆者も参加している第十五、六期の中央教育審議会において、個性を重視する教育をいかに行なうべきかが極めて重要な課題として論議されている。

このような状aキョウが生じる要因のひとつとして、(1)欧米諸国の日本人に対する厳しい批判がある。日本人は全体的、平均的に知識のレベルを向上させることが上手であるが、特別に創造的な仕事をする人を育てることができない。全体の知的水準の高さを基礎にして、科学技術を発展させ、経済的には一流になったが、そのようなことを可能にした基礎としての科学研究の領域で大きい仕事を何もしていない。bタン的に言うと、上手な人真似で金を儲けるが、その基になる発明や発見は他人まかせにしていてズルイというのである。日本の外交官、近藤誠一は在米大使館が行なったアメリカ人の対日深層心理調査の結果にもとづいて「アメリカ人の間には、予想以上の否定的対日感情が、その心理の底流に流れている」ことを明らかにしている（近藤誠一『歪められる日本イメージ』サイマル出版会）。日本人は「ずる賢く」、「世界を征服しようと企んでいる」、「気の許せない」人間と思われているという。

［ Ｉ ］、他人のもっているものを上手に取り込んで、ずる賢く立ち回り、やがては世界を征服しようとしている、というイメージをもって日本人を見ている人が多い、ということである。そんなのまったくのcゴ解と日本人は言うだろうが、それはある程度仕方がない、と言うべきであり、その要因として、日本人の個性のなさということがある。うまく他人の考えを取り入れるのに、「あなたの考えは」と訊かれると、ほとんどの人が答えない。いつも、あいまいである。これは背後で何か企んでいるのだと思われてしまう。私自身もそのようなゴ解を受けることがあって、なるほどと思ったが、おそらく、日本の外交官やビジネスマンで外国人と交渉する機会をもった人は同様に感じたのに違いない。そこで、日本人の［ X ］がにわかに認識されてきたと思われる。

個性を大切と考える欧米においては、人間の能力差の存在ということは当然と思われている。しかし、この点について日本人は呆れるほどの「平等感」をもっている。十五期の中央教育審議会において、欧米の創造的な学問研究の流れに遅れないようにするひとつの方策として、あちらでは普通のことになっている、小中学校におけるいわゆる「とび級」など、要するに能力に応じて年齢と関係なく進級できる制度を日本に導

から。

⑤ 数学は理解する順番が決まっており、その通りにすればよいから。

問3 傍線部⑵「じっさいは、結構、暗記は役に立つ」とあるが、本文中で述べられている例として最も適当なものを、次の①～⑤の中から一つ選びなさい。解答番号は[4]。

① 数学をひとつずつ順番に理解していけるようになり、問題を解くことが楽しいと感じられるようになること。

② 中国の歴代の王朝名を覚えることで、歴史上の偉人の功績を頭のなかで思い浮かべられるようになること。

③ 漢文を音読することを通して漢字に慣れ、文字への抵抗がなくなり大人の書物を理解できるようになること。

④ 経典の全文を暗記して何も見ずに唱えられるようになることで、自然と内容が理解できるようになること。

⑤ 難解な哲学書全体の内容を完全に理解することで、各箇所の内容を順番に理解できるようになること。

問4 傍線部⑶「具体的な事象を整理し、一望する」とはどういうことか。その説明として最も適当なものを、次の①～⑤の中から一つ選びなさい。解答番号は[5]。

① 一つ一つの出来事の関係を捉え、その全体像を把握するということ。

② 一つの出来事に注目し、より深く歴史を理解するということ。

③ 重大なものだけに着目し、それらの関連性を見出すということ。

④ 一つの物事を見つめなおし、この先起こりそうな出来事を予測すること。

⑤ これまでの事柄から展開を想像し、将来に対して希望を抱くこと。

問5 傍線部⑷「爽快」について、この熟語の構成と、同じ構成のものを次の①～⑤の中から一つ選びなさい。解答番号は[6]。

① 進退　② 登山　③ 腹痛　④ 救助　⑤ 花束

問6 空欄［X］［Z］にあてはまる語句として最も適当なものを、次の①～⑤の中からそれぞれ一つずつ選びなさい。解答番号は[7]・[8]。

X…[7]　Z…[8]

① たとえば　② もちろん　③ なぜなら

④ あるいは　⑤ さて

問7 空欄［Y］に当てはまる語句として最も適当なものを、次の①～⑤の中から一つ選びなさい。解答番号は[9]。

① 存在感　② 違和感　③ 習熟度　④ 不信感

⑤ 好感度

問8 傍線部⑸「このようなこと」の説明として最も適当なものを、次の①～⑤の中から一つ選びなさい。解答番号は[10]。

① 途中で挫折して哲学書を読み切れなくなること。

② 理解ができていない状態で読み進めていくこと。

③ 幼いころから意味も分からず暗記の訓練をすること。

④ 初めから全体像の理解を諦めること。

⑤ 自らすすんで漢文や経典などを読むこと。

問9 傍線部⑹「理解できないまま全文を読み切ることが理解に至る必須の条件」とあるがそれはなぜか、その理由として最も適当なものを、のまま、さらにさきへ読み進めていく。すると、またしても理解しがたい箇所にぶつかる。(5)このようなことを繰り返していると、そのうちほとんど意味がわからなくなり、もう読み進めることができなくなる。こうして途中で挫折する。しかし、挫折したままでは、哲学書全体の理解は叶わぬ夢になってしまう。

大事なことは、理解しようなどと思わずに、とにかく全文を読み切ることだ。なまじ理解しようと思うから、理解できなくなると、挫折する。最初から理解を求めなければ、最後まで読み切ることができる。意味がわからなくても、文字面だけでも結構楽しいものがある。それを頼りにとにかく読む。そして繰り返し読む。もちろん、そうしたところで、わからない箇所が多すぎるから、「読書百遍意自ずから通ず」というわけにはいかない。それでも暗記するくらい繰り返し読んでおけば、そのあと必死の理解を試みることで、何とか理解できるようになってくる。(6)理解できないまま全文を読み切ることが理解に至る必須の条件なのである。

それにたいして、数学はひとつずつ順に理解していける。いやむしろ、そうやって理解を積み上げていかないと、全体が理解できない。このような場合には、意味もわからずに全体を暗記する必要はない。しかし、哲学のように、順に理解していくことができないものもある。各部分がわかって全体がわかるのではなく、全体がわかってはじめて各部分がわかる。このような場合は、意味もわからずに全体を暗記するくらい、何度も全体に接する必要がある。それが理解に向けての出発点なのだ。意味を気にせず、とにかく声を出して読む。文字を絵画のように楽しみ、音を音楽のように楽しむ。これが理解へと至る※要諦なのである。

【『「覚える」と「わかる」 知の仕組みとその可能性』 信原幸弘 ちくまプリマー新書】

(注) ※ 要諦…物事の最も大切なところ。

問1 二重傍線部a「コク」b「イ」を漢字に直したとき、同じ漢字を用いるものを、各語群の①～⑤の中からそれぞれ一つずつ選びなさい。解答番号は[1]・[2]。

a 広コク [1]

① 雑コク米を食べる。 ② コク道を走行する。
③ 渓コクを眺める。 ④ 時コク表を見る。
⑤ 不正をコク発する。

b 容イ [2]

① 相手をイ圧する。 ② 安イに考える。
③ イ識がなくなる。 ④ 席をイ動する。
⑤ 姿勢をイ持する。

問2 傍線部(1)「数学の問題を解くほうが、よほど楽しかった」とあるがそれはなぜか、その理由として最も適当なものを、次の①～⑤の中から一つ選びなさい。解答番号は[3]。

① 数学は得意科目なので、勉強をしなくても簡単に理解できてしまうから。
② 数学は内容ごとにつながりがなく、全てを理解する必要がないから。
③ 数学はひとつひとつ順番に理解していくことができ、暗記する必要がないから。
④ 数学は意味が理解できないのであれば無理に取り組む必要がない

【国語】（四五分）〈満点：一〇〇点〉

【一】 次の文章を読んで、後の問いに答えなさい。

中学や高校の勉強では、ずいぶん暗記をさせられた。歴史の年代や英単語、化学の元素記号など、暗記しなければならないものは、山ほどあった。正直言って、暗記は好きではなかった。⑴数学の問題を解くほうが、よほど楽しかった。暗記は、さして意味もわからずに、ただ繰り返し覚えるだけだから、そう楽しいものであるはずがない。どうしてこんなにもたくさん暗記しなければならないのか。そう思うことがたびたびあった。

意味もわからずに、ただ暗記しても、しようがないだろうと思われがちだが、⑵じっさいは、結構、暗記は役に立つ。中学のときの世界史で、中国の歴史を習うとき、まず、最初に歴代王朝の名称を丸暗記させられた。殷《いん》、周、秦、漢、随、唐、……。それぞれの王朝がいつごろなのか、どんな時代だったのか、いっさい知らずに、ただただ覚えた。そんなことをして何になるのだろうと思ったが、王朝の名称と時代順が頭に入っていると、そのあと学んだ⑶具体的な事象を整理し、一望するのにすごく役に立った。中国の壮大な歴史の全貌を頭のなかで一挙に思い浮かべてみるのは、なかなか⑷爽快なものである。何十年もまえのことなので、もうはっきりとは王朝名を思い出せないが、あのときの爽快感だけは、いまも明瞭に残っている。

日本人初のノーベル賞（物理学賞）の受賞者の湯川秀樹も、幼いころから漢文の素読を祖父にやらされたそうである。漢文の素読とは、意味がわからないまま、ただ漢文を声に出して読むことである。〔 X 〕、「北の冥に魚あり。其の名を鯤と為う。鯤の大いさ、その幾千里なるを知らず。化して鳥と為るとき、其の名を鵬《ほう》と為う。……」（『荘子』）と声に出して読む。意味もわからずに、ただただ読む。それは湯川少年にとってなかなかつらいことであったようだが、その後、大人の書物を読み始めるときに、おおいに役に立ったそうだ。漢字への慣れにより、文字への抵抗がまったくなかったのである。

このことに関連して、「単純提示効果」という面白い現象がある。同じものに何度も接していると、それを好ましく感じるようになるという現象だ。意味の分からないもの、たとえば無意味な綴《つづ》り（kmwjtxのようなもの）でさえ、とにかく何度も接していると、〔 Y 〕が増してくる。人間は馴染みのないものには不安を抱き、慣れ親しんだものには安心感を抱く傾向がある。広aコクを繰り返すのも、この人間の心理を利用している。

お坊さんになる人はよく経典の暗誦を行う。「……色即是空　空即是色　受想行識　亦復如是……」（『般若心経』）。漢文を書き下すこともなく、じかに音読みする。〔 Z 〕、意味はわからない。それでも、ひたすら繰り返し読み、おのずと暗誦していく。このような一見、無意味にみえることが、あとで経典の内容を学ぶうえで、すこぶる役に立つ。全文が頭に入っていることで、各部分の理解が容bイになるのだ。

これと似たようなことは、私の専門の哲学でも起こる。哲学を勉強しはじめたころ、哲学の本は難解なので、なかなか最初から順に理解していくことができなかった。理解しがたい箇所にぶつかると、とりあえずそれを読み飛ばしてつぎへ進んでいくしかない。そうすると、そのつぎの部分の理解が十分でなくなる。それでも、仕方ないから不十分な理解

2024年度

解　答　と　解　説

《2024年度の配点は解答欄に掲載してあります。》

＜数学解答＞《学校からの正答の発表はありません。》

1. (1) [1] ④　(2) [2] ②　(3) [3] ⑤　(4) [4] ⑤　(5) [5] ②
2. [6] 5　[7] 0　[8] 6　3. [9] 6　4. [10] 2　[11] 5
5. [12] 7　[13] 8　6. [14] 6　[15] 0　7. [16] 1　[17] 0　[18] 0
8. [19] 1　[20] 6　[21] 1　[22] 2　9. [23] 9
10. (1) [24] 6　[25] 1　[26] 2　(2) [27] 5　[28] 1　[29] 2
11. [30] 9　[31] 7　[32] 5　[33] 9　12. [34] 3　[35] 0
13. (1) [36] 1　[37] 0　[38] 0　(2) [39] 1　[40] 2　[41] 1　[42] 0　[43] 5　[44] 0

○推定配点○

13.(2)　10点　　他　各5点×18　　計100点

＜数学解説＞

本 1. (数と式の計算，平方根，計算のくふう)

(1)　$12-(-6)\div(-3)=12-6\div3=12-2=10$

(2)　$\frac{1}{2}-\frac{1}{3}\times\left(\frac{1}{4}+\frac{1}{5}\right)\div\frac{1}{6}=\frac{1}{2}-\frac{1}{3}\times\left(\frac{5}{20}+\frac{4}{20}\right)\times6=\frac{1}{2}-\frac{1}{3}\times\frac{9}{20}\times6=\frac{1}{2}-\frac{54}{60}=\frac{1}{2}-\frac{9}{10}=\frac{5}{10}-\frac{9}{10}=-\frac{4}{10}=-\frac{2}{5}$

(3)　$\frac{2x+y}{2}-\frac{2x-3y}{3}=\frac{3(2x+y)}{6}-\frac{2(2x-3y)}{6}=\frac{3(2x+y)-2(2x-3y)}{6}=\frac{6x+3y-4x+6y}{6}=\frac{2x+9y}{6}=\frac{2}{6}x+\frac{9}{6}y=\frac{1}{3}x+\frac{3}{2}y$

(4)　$2\sqrt{24}-\sqrt{3}(\sqrt{2}-\sqrt{3})=2\sqrt{24}-\sqrt{3}(\sqrt{2}-\sqrt{3})=2\times2\sqrt{6}-\sqrt{6}+3=4\sqrt{6}-\sqrt{6}+3=3\sqrt{6}+3=3+3\sqrt{6}$

(5)　$45\times11+45\times31-55\times42=45\times(11+31)-55\times42=45\times42-55\times42=(45-55)\times42=-10\times42=-420$

要 2. (平方根の性質)

$2024=2^3\times11\times23$より，$\sqrt{\frac{2024}{n}}=\sqrt{\frac{2^3\times11\times23}{n}}=2\sqrt{\frac{2\times11\times23}{n}}$　このとき，$\sqrt{\frac{2024}{n}}$の値が整数になるような自然数nは$n=2^3\times11\times23=2024$または$n=2\times11\times23=506$　よって，$\sqrt{\frac{2024}{n}}$の値が整数になるような自然数nのうち，最も小さいものは506

要 3. (三角形と相似の利用)

AE：ED＝2：3より，ED：CB＝ED：AD＝ED：(AE＋ED)＝3：(2＋3)＝3：5…①　また，△DEFと△BCFにおいて，AD∥BCより平行線の錯角は等しく∠FED＝∠FCB，∠FDE＝∠FBC　よって，2組の角がそれぞれ等しいので△DEF∽△BCFとなり，ED：CB＝EF：CF…②　①，②より，EF：CF＝3：5となり，CF＝10より，EF：10＝3：5　5EF＝30　EF＝6

4. （確率）

取り出した2枚のカードの数字でつくる2けたの整数が偶数になるのは，一の位が2または4のときなので，一の位の数字の選び方は2通り。さらに十の位の数字の選び方は残りの4つの数字から1つを選んで4通り。したがって，2けたの整数が偶数になる2つの数字の選び方は$2\times4=8$(通り)　また，2けたの整数をつくる数字の選び方は全部で$5\times4=20$(通り)　よって，2枚のカードの数字からつくる2けたの整数が偶数になる確率は$\frac{8}{20}=\frac{2}{5}$

重要 5. （2次方程式の応用）

連続した2つの自然数のうち，小さい方をxとすると，大きい方は$x+1$と表せる。それぞれを2乗した数の和が113になるとき，$x^2+(x+1)^2=113$　$x^2+x^2+2x+1-113=0$　$2x^2+2x-112=0$　$x^2+x-56=0$　$(x-7)(x+8)=0$　$x=7,\ -8$　このとき，xは自然数なので$x=7$となり，2つの自然数は小さい順に7と8となる。

重要 6. （2次関数のグラフと図形の面積）

△OABと△OAPを同じ底辺OAを持つ三角形どうしとみると，△OABと△OAPの面積が等しくなるのは高さが同じとき，すなわち△OABの頂点Bと△OAPの頂点Pを結ぶ直線BPが底辺OAと平行になるときである。点Aは関数$y=2x^2$のグラフ上の点なので，x座標の1を代入して$y=2\times1^2=2$より，点Aの座標はA(1，2)となる。このとき，原点Oと点Aを通る直線OAの傾きは$2\div1=2$となるので，直線OAと直線BPが平行ならば，直線BPの傾きも2となる。また，点Bは関数$y=2x^2$のグラフ上の点なので，x座標の-2を代入して$y=2\times(-2)^2=8$より，点Bの座標はB$(-2,\ 8)$となる。ここで，点Bを通り直線OAと平行な直線BPの方程式を$y=2x+k$(kは定数)とすると，$y=2x+k$に$x=-2$，$y=8$を代入して$8=2\times(-2)+k$より，$k=12$となり，直線BPの方程式は$y=2x+12$と表せる。さらに，点Pはx軸上の点なのでy座標は0であり，$y=2x+12$に$y=0$を代入して$0=2x+12$　$x=-6$　よって，点Pの座標はP$(-6,\ 0)$

7. （1次方程式の応用）

製品の製造数をx個$(x>0)$とすると，2%の不良品を除外した出荷数は$x\times\left(1-\frac{2}{100}\right)=\frac{98}{100}x=\frac{49}{50}x$と表せる。さらに，出荷後の製品の1%が不良品だったので，出荷した製品中の不良品の数は$\frac{49}{50}x\times\frac{1}{100}=\frac{49}{5000}x$と表せる。これが49個に等しいので，$\frac{49}{5000}x=49$　両辺を5000倍して，$49x=49\times5000$　$x=5000$　よって，製品の製造数は5000個となり，出荷前に除外した2%の不良品は$5000\times\frac{2}{100}=100$(個)

8. （連立方程式の利用）

勝利チームが入れた2点シュートの本数をx本，3点シュートの本数をy本(x，yはそれぞれ自然数)とする。入れた2点シュートと3点シュートはあわせて28本なので，$x+y=28$　$y=28-x$…①　また，得点の合計は68点なので，$2x+3y=68$…②　②に①を代入して，$2x+3(28-x)=68$　$2x+84-3x=68$　$x=16$　さらに，$x=16$を①に代入して，$y=28-16=12$　よって，勝利チームは2点シュートを16本，3点シュートを12本入れた。

やや難 9. （立体の体積，立方体の切断）

三角錐ACFHは，立方体ABCD－EFGHから合同な4つの三角錐BACF，DAHC，EAFH，GCHFを除いた図形となっている。ここで，立方体ABCD－EFGHの体積は$3\times3\times3=27$　さらに，合同な4つの三角錐の体積の合計は$3\times3\times\frac{1}{2}\times3\times\frac{1}{3}\times4=18$　よって，三角錐ACFHの体積は$27-18=9$(cm^3)

10. （平均の利用）

(1)　6分を基準として，それより多い場合を正の数，少ない場合を負の数で表すと，6分20秒は20秒，5分22秒は－38秒，7分1秒は61秒，5分58秒は－2秒，6分19秒は19秒と表せる。これらの平均は$(20-38+61-2+19)\div 5=60\div 5=12$　よって，過去5回の1500m走の記録の平均値は6分12秒となる。

(2)　6回分の1500m走の記録の平均値が6分2秒になので，6回分の記録の合計は36分12秒となる。また(1)より，5回分の記録の平均値が6分12秒なので，5回分の記録の合計は30分60秒すなわち31分となる。よって，6回目の1500m走の記録は36分12秒と31分の差に等しく，5分12秒となる。

要 **11.（多角形と角，円と角）**

図1において，多角形の外角の合計は360°なので，$73^\circ+48^\circ+66^\circ+(180^\circ-90^\circ)+(180^\circ-x)=360^\circ$　$457^\circ-x=360^\circ$　$x=97^\circ$　よって，$\angle x=97^\circ$　次に，図2において，$\overset{\frown}{\mathrm{CD}}$に対する円周角は等しいので$\angle\mathrm{CBD}=\angle\mathrm{CAD}=31^\circ$　このとき，△BCDはBC＝CDの二等辺三角形なので，底角は等しく$\angle\mathrm{CDB}=\angle\mathrm{CBD}=31^\circ$　また，半円の円周角は90°なので$\angle\mathrm{ADC}=90^\circ$となり，△ADCは$\angle\mathrm{ADC}=90^\circ$の直角三角形となる。このとき，$\angle\mathrm{ACD}=180^\circ-\angle\mathrm{CAD}-\angle\mathrm{ADC}=180^\circ-31^\circ-90^\circ=59^\circ$　よって，二等辺三角形BCDにおいて，$y=180^\circ-\angle\mathrm{CBD}-\angle\mathrm{CDB}-\angle\mathrm{ACD}=180^\circ-31^\circ-31^\circ-59^\circ=59^\circ$となり，$\angle y=59^\circ$

12.（規則性）

k番目(kは自然数)のとき，正三角形の個数は$n=k^2$，正三角形の周りの長さは$m=3k$と表せるので，$n:m=10:1$となるとき，$k^2:3k=10:1$　$k^2=30k$　$k^2-30k=0$　$k(k-30)=0$　$k=0,\ 30$　ここで，kは自然数なので，$k=30$　よって，$n:m=10:1$となるのは30番目。

要 **13.（正方形と長方形の重なり）**

(1)　線分ACと線分BDの交点を点Oとすると，正方形の対角線は垂直に交わり，さらにそれぞれの中点で交わるので，△AODは∠AOD＝90°，AO＝DOの直角二等辺三角形となる。このとき，$\mathrm{AD}:\mathrm{AO}=\sqrt{2}:1$となるので，AD＝10のとき，$10:\mathrm{AO}=\sqrt{2}:1$　$\sqrt{2}\mathrm{AO}=10$　$\mathrm{AO}=5\sqrt{2}$　このとき，$\mathrm{AC}=5\sqrt{2}\times 2=10\sqrt{2}$　さらに，長方形EFGHにおいて，$\mathrm{EH}=\mathrm{DO}=\mathrm{AO}=5\sqrt{2}$　よって，長方形EFGHの面積は$\mathrm{AC}\times\mathrm{AH}=10\sqrt{2}\times 5\sqrt{2}=100(\mathrm{cm}^2)$

(2)　図2において，線分EFと線分CDの交点を点Iとすると，AC∥EIとなるので，△DEIは∠EDI＝90°，DE＝DIの直角二等辺三角形となる。さらに，斜線部分は長方形EFGHから直角二等辺三角形DEIを除いた形となる。ここで，線分AEの長さをxとすると，線分DEと線分DIの長さはそれぞれ$10-x$と表せるので，斜線部分の面積yは，$y=100-(10-x)(10-x)\times\frac{1}{2}=100-(x^2-20x+100)\times\frac{1}{2}=100-\left(\frac{1}{2}x^2-10x+50\right)=100-\frac{1}{2}x^2+10x-50=-\frac{1}{2}x^2+10x+50$と表せる。

★ワンポイントアドバイス★

規則性の問題では触れてきた経験の多さがものを言う。パターンを数式で表す練習をきちんと積んでおこう。他の問題も同様で，幅広い知識があれば必ずどこかで活用できる。多くの解法を駆使することを意識して準備を行おう。

＜英語解答＞《学校からの正答の発表はありません。》

Ⅰ. 問1 ④　問2 ③　問3 ②　問4 ②　問5 ①　問6 ④　問7 ①
問8 ②　問9 ③　問10 ④　問11 ①　問12 ③　問13 ②　問14 ①
問15 ②　問16 ①　問17 ④　問18 ②　問19 ③　問20 ①

Ⅱ. 問1 ④　問2 ④　問3 ③　問4 ①　問5 ②　問6 ③　問7 ①
問8 ②　問9 ①　問10 ③

Ⅲ. 問1 ① 問2 ④ 問3 ② 問4 ④ 問5 ②
Ⅳ. 問1 ④ 問2 ② 問3 ③ 問4 ② 問5 ②
Ⅴ. 問1 ③ 問2 ④ 問3 ③ 問4 ② 問5 ①
Ⅵ. 問1 [46] ③ [47] ① 問2 [48] ④ [49] ② 問3 ①
○推定配点○
各2点×50 計100点

<英語解説>

Ⅰ. (語句補充：前置詞，助動詞，不定詞，現在完了，受動態，動名詞，語彙，関係代名詞，比較)

問1 主語が Tom と3人称単数であり，every day「毎日」と習慣を表しているから，3単現の s をつけた gets とするのが適切。

問2 主語が Mike and Daniel と複数形だから be 動詞は are を使う。

基本 問3 主語が1人称単数の I で，一般動詞 have「～を持っている」を否定するから，do not を用いるのが適切。

問4 <from +地名>「～出身の」

問5 <be going to +動詞の原形>は近い未来を示し，「～するだろう」の意味。

問6 —thing という代名詞を使った不定詞の形容詞的用法の文では<—thing(+形容詞)+ to +動詞の原形>の語順になる。

問7 have を使って答えているのだから，have を使って尋ねたと考えるのが適切。

問8 「～される」という意味なので<be 動詞+動詞の過去分詞形>の形の受動態の文にする。過去の一時点を示す 300 years ago「300年前」が用いられているから，be 動詞は過去形 was を使うのが適切。

問9 <want +A+ to +動詞の原形>で「Aに～してほしい」の意味。

問10 thank you for ～で「～してくれてありがとう」の意味。for は前置詞なので後には名詞か動名詞がくる。ここでは helping が help「手伝う」を動名詞にした形。

問11 「魚を捕まえに行こう」だから，場所は river「川」である。

問12 「今朝，遅く起きた」のだから，食べていないのは breakfast「朝食」である。

問13 evacuation drill「避難訓練」

問14 「とても疲れている」のだから，take a rest「ひと休みする」のである。

問15 「足を折った」のだから，hospital「病院」へ連れていかれたのである。

やや難 問16 I have to read が the book を修飾する，関係代名詞を使った文になる。先行詞が the book なので関係代名詞 which を使う。

重要 問17 <as many +名詞の複数形+ as ～>で<～と同じくらい(多くの)…」の意味。

問18 「子どもの時に習った」のだから，「ピアノを弾くことができる」のである。can「～することができる」

問19 <what +名詞>で「どんな～」という意味になる。

問20 How long ～?「どのくらい」は物や時間の長さを尋ねるときに用いる。

Ⅱ. (会話文：語句補充)

問1 X：君は君のカバンの中に何を持っているんだい。／Y：私はカバンの中に何冊かの教科書を持っているわ。 ①「私はカバンが欲しいわ」(×) ②「私はこのカバンをその店で買ったの」(×) ③「私はこのカバンを好きではないわ」(×) ④「私はカバンの中に何冊かの教科書を

持っているわ」(○)

問2　X：その男性は誰なの。／Y：彼は僕たちの新しい英語の先生だよ。　①「僕にはその男性が見えるよ」(×)　②「彼は僕を知らないよ」(×)　③「僕は彼が大好きだ」(×)　④「彼は僕たちの新しい英語の先生だよ」(○)

問3　X：君はペットを飼っているかい，ミキ。／Y：ええ。私は2匹のネコを飼っているわ。
①「私はペットが好きよ」(×)　②「いいえ，私は違うわ」(×)　③「ええ。私は2匹のネコを飼っているわ」(○)　④「ミキは私の姉妹よ」(×)

問4　X：あなたは昨夜，何時に寝に行ったの。／Y：私は10時に寝に行ったわ。　①「私は10時に寝に行ったわ」(○)　②「私はベッドを持っていないの」(×)　③「私はたいていは9時に寝に行くわ」(×)　④「私は寝に行くのが好きよ」(×)

問5　X：あなたは今，何をしているの。／Y：私は今，朝食を食べているの。　①「私は毎日，朝食を食べるわ」(×)　②「私は今，朝食を食べているの」(○)　③「私は朝食を食べないわ」(×)　④「私の母は私に朝食を作るわ」(×)

問6　X：君はどこでこれらのくつを手に入れたんだい。／Y：僕はABストアでこれらのくつを手に入れたんだ。　①「僕は先週，これらのくつを手に入れたんだ」(×)　②「僕は僕の姉妹と一緒にこれらのくつを手に入れたんだ」(×)　③「僕はABストアでこれらのくつを手に入れたんだ」(○)　④「僕の兄弟が君にこれらのくつを買ったんだ」(×)

問7　X：これらの花はとても美しいわ。私はいくらか家に持っていきたい。／Y：あなたはそれらを持っていってはいけないわ。　①「あなたはそれらを持っていってはいけないわ」(○)
②「あなたの家は美しいわ」(×)　③「それらは桜の花よ」(×)　④「あなたは家に帰る予定よ」(×)

問8　X：富士山とエベレストとではどちらがより高いんだい。／Y：エベレストだよ。　①「富士山だよ」(×)　②「エベレストだよ」　be 動詞 is を使って尋ねているのだから，be 動詞を使って答えるのが適切。(○)　③「富士山だよ」(×)　④「エベレストだよ」(×)

問9　X：サリーと話したいのですが。／Y：彼女は今，外出しています。　①「彼女は今，外出しています」(○)　②「彼女は英語を上手に話します」(×)　③「彼女はゆっくりと話します」(×)　④「彼女は私の姉妹です」(×)

問10　X：僕に塩を取ってくれるかい。／Y：はい，どうぞ。　「いいえ，結構よ」(×)　②「私はいくらかの塩を持っているわ」(×)　③「はい，どうぞ」(○)　④「私はそれが大好きよ」(×)

Ⅲ.（会話文：語句補充）

問1　X：どうしたの。／Y：私はお腹が痛いの。　①「どうしたの」(○)　②「天気はどうだい」(×)　③「君は何が欲しいんだい」(×)　④「それはいくらだい」(×)

問2　X：それを試着なさいますか。／Y：いいえ，結構です。私は見ているだけです。
①「それは高価なのですか」(×)　②「それを下ろしてくださいますか」(×)　③「それを持っていってくださいますか」(×)　④「それを試着なさいますか」(○)

問3　X：それはいくらですか。／Y：それは3,000円です。　①「どれくらい時間がかかりますか」(×)　②「それはいくらですか」(○)　③「それはどれくらいの高さがありますか」(×)　④「それはどのくらい大きいですか」(×)

問4　X：私に駅への道を教えてくださいますか。／Y：角を左に曲がってください，そうすればそれが右に見えます。　①「あなたのパスポートを私に見せてくださいますか」(×)　②「あなたは私と一緒に来たいですか」(×)　③「もう少しいかがですか」(×)　④「私に駅への道を教

えてくださいますか」(○)

問5　X：あなたの休暇の計画は何ですか。／Y：私はハワイへ行くつもりです。　①「あなたはどの国が好きですか」(×)　②「あなたの休暇の計画は何ですか」(○)　③「あなたはどこで生まれましたか」(×)　④「あなたはいつハワイに着く予定ですか」(×)

Ⅳ．（語句補充：内容吟味）

問1　エイミー：今日は私の母の誕生日だ。私は彼女に誕生日プレゼントを買うつもりだ。彼女はバラが大好きだ。彼女はピンクも好きだ。私は3本のバラを買うのに十分なお金を持っている。　①「彼女は3本の白いバラを買うつもりだ」(×)　②「彼女は1本の黄色いバラを買うつもりだ」(×)　③「彼女は3本の赤いバラを買うつもりだ」(×)　④「彼女は3本のピンクのバラを買うつもりだ」(○)

問2　ケント：私はこの週末に私の祖父母の家を訪ねるつもりだ。電車はより早いが，それはより高価だ。バスはより長くかかるが，それはより安価だ。私は自転車で彼らを訪ねることはできない。私はたくさんのお金は使いたくない。　①「彼は電車に乗るつもりだ」(×)　②「彼はバスに乗るつもりだ」(○)　③「彼は彼の自転車を使うつもりだ」(×)　④「彼はバスと電車に乗るつもりだ」(×)

問3　ジェーン：私は上着を買いたい。私のお気に入りの色は赤だが，そのサイズは大きすぎる。この緑の上着は良さそうに見える。サイズは申し分ない。この黄色い上着は高価過ぎる。　①「彼女は黄色い上着を買うつもりだ」(×)　②「彼女は赤い上着を買うつもりだ」(×)　③「彼女は緑の上着を買うつもりだ」(○)　④「彼女は青い上着を買うつもりだ」(×)

問4　ジャック：私は映画が見たい。劇場には3つの映画，コメディとアクション，ミュージカルがある。私は今日，たくさん笑いたい。　①「彼はアクション映画を見るつもりだ」(×)　②「彼はコメディ映画を見るつもりだ」(○)　③「彼はミュージカル映画を見るつもりだ」(×)　④「彼は家で映画を見るつもりだ」(×)

問5　ケイティ：私のアメリカ人の友だちの1人が来週，日本を訪れる予定だ。私は彼と夕食をとりたい。彼は魚が好きで，日本食を食べてみたい。　①「彼女は彼をハンバーガー屋へ連れていくつもりだ」(×)　②「彼女は彼を寿司屋へ連れていくつもりだ」(○)　③「彼女は彼をラーメン屋へ連れていくつもりだ」(×)　④「彼女は彼をそば屋へ連れていくつもりだ」(×)

Ⅴ．（語句補充：内容吟味）

問1　問：その箱は30cmの長さだ。あなたはその中にすでに5cmの厚さの本を3冊持っている。あなたはその箱の中に3cmの厚さの本を何冊入れることができるか。　答：私はその箱の中に3cmの厚さの本を5冊入れることができる。すでに持っている本の厚さの合計は5×3＝15(cm)だから，残りは30－15＝15(cm)である。あと15÷3＝5(冊)入れることができる。

問2　問：あなたはパーティーを催す予定だ。あなたはそのパーティーに8人の人を招待した。あなたの家には4つのコップしかない。みんなのために彼らそれぞれのコップを用意するために，あなたはいくつのコップを買う必要があるか。　答：私は4つのコップを買う必要がある。8－4＝4つ買う必要がある。

問3　問：タカシが学校へ行くのに15分かかる。彼は毎朝，学校の準備をするのに45分かかる。彼は毎日，8時30分に学校に着く。タカシは毎朝，何時に起きるか。　答：彼は7時30分に起きる。タカシが起きてから学校に着くまでに15＋45＝60分＝1時間かかる。起きる時間は8時30分－1時間＝7時30分である。

問4　問：あなたは飲み物のボトルを4本持っている。あなたは空き瓶2本ごとに新しいボトルを1本手に入れることができる。あなたは合計で何本の飲み物を飲むことができるか。　答：私は7本の飲み物を飲むことができる。すでに持っている4本を空き瓶にすれば4÷2＝2(本)手に入る。この2本を空き瓶にすれば2÷2＝1(本)手に入る。合計で4＋2＋1＝7(本)飲むことができる。

問5　問：エイミーはユカの親友だ。彼女らは同じ中学校へ行く。彼女らは同じクラスでもある。ユカは1月5日に生まれた。エイミーはユカの9日前に生まれた。エイミーの誕生日はいつか。答：彼女の誕生日は12月27日だ。1月5日の9日前だから，12月27日である。

Ⅵ.（長文読解・論説文：語句補充，内容吟味，要旨把握）

（大意）「あなたはイタリアのナポリで世界で最もおいしい『スパゲッティ・ナポリタン』を食べることができる。これは本当か」答えは「いいえ」だ。「スパゲッティ・ナポリタン」は日本の料理だ。日本のカレーライスはインドのカレーととても違っている，と知っているかもしれない。しかし，冷やし中華が中国の料理ではない，と知っていたか。[46]それも日本の料理だ。約150年前，明治時代の初めに西洋文化が日本に入ってきたとき，人々は初めて西洋の食べ物を見て食べた。最初は，西洋の料理はたくさんの肉を使ったので，あまり人気がなかった。明治時代の前にはほとんどの日本人は[47]肉を食べなかった。西洋の料理は日本で変えられた，というのは，ご飯と一緒に食べるのに良いのだ。シェフはオムレツの中にご飯を入れてオムライスを作った。西洋の国々では，ポークカツレツはフライパンで少しの油で調理されたが，トンカツは鍋で天ぷらのようにあげられた。トンカツは提供される前に切られた。日本の人々はナイフとフォークの代わりに箸でそれを食べることができた。これらの食べ物はとても人気になり，日本の家庭でのありふれた料理になった。これらの料理は洋食と呼ばれる。それは西洋の食べ物を意味するが，それらは本当は西洋の食べ物から作り出された日本の料理なのだ。

問1　[46]　①「それはイタリアの料理だ」(×)　②「それは中国の料理だ」(×)　③「それは日本の料理だ」 too「～も」は2つ以上の物事が同様であることを表す。ここでは，「それ」つまり「冷やし中華」が「スパゲティ・ナポリタン」と同様に「日本料理だ」(第1段落第4文)ということである。(○)　④「それはインドの料理だ」(×)　[47]　①「肉」「あまり人気がなかった」理由が「たくさんの肉を使った」ことだったのだから(空欄47の直前の1文)，日本人は「肉」を食べなかったのだ，と考えられる。(○)　②「食べ物」(×)　③「野菜」(×)　④「ご飯」(×)

問2「問：トンカツはなぜ提供される前に切られたのか。　答：[48]日本の人々はそれを食べるのに箸を使ったから」①「それは天ぷらのようにあげられた」(×)　②「それは少しの油で調理された」(×)　③「日本の人々はナイフを使った」(×)　④「日本の人々はそれを食べるのに箸を使った」 第3段落最後から2文目・最終文参照。(○)「問：洋食は本当は何を意味するか。答：それは[49]西洋の食べ物から作り出された日本の料理を意味する」①「日本での中国の食べ物」(×)　②「西洋の食べ物から作り出された日本の料理」 最終段落最終文参照。(○)　③「日本の家庭でのありふれた料理」(×)　④「日本の料理から作り出された西洋の食べ物」(×)

問3　①「日本の食べ物か西洋の食べ物か」 タイトルは筆者の最も言いたいことを表し，筆者の主張は文の始めや終わりの部分にかかれることが多い。最終段落最終文に「西洋の食べ物から作り出された日本の料理なのだ」とある。(○)　②「明治時代の日本文化」(×)　③「カレーライスの作り方」(×)　④「西洋の国々における日本の食べ物か」(×)

★ワンポイントアドバイス★

会話文問題でよく出題される会話表現はまとめて覚えるようにしよう。日本語に直訳すると意味のわからない特殊な表現は，特に気をつけよう。

＜国語解答＞《学校からの正答の発表はありません。》

【一】 問1 a ⑤ b ② 問2 ③ 問3 ③ 問4 ① 問5 ④ 問6 X ①
Z ② 問7 ⑤ 問8 ② 問9 ④

【二】 問1 a ③ b ① c ② d ④ 問2 ① 問3 Ⅰ ① Ⅱ ②
問4 X ④ Y ③ 問5 ① 問6 ② 問7 ① 問8 i ① ii ②
問9 ③ 問10 ② 問11 ①

【三】 問1 A ⑥ B ② C ⑤ D ④ 問2 A ③ B ⑥ C ①
D ④

○推定配点○

【一】 問1・問6 各2点×4 他 各4点×7 【二】 問1・問3・問4・問8 各2点×10
他 各4点×7 【三】 各2点×8 計100点

＜国語解説＞

【一】 （論説文―大意・要旨，内容吟味，文脈把握，指示語の問題，接続語の問題，脱文・脱語補充，漢字の読み書き，熟語）

問1 a 広告 ① 雑穀米 ② 国道 ③ 渓谷 ④ 時刻表 ⑤ 告発
b 容易 ① 威圧 ② 安易 ③ 意識 ④ 移動 ⑤ 維持

問2 直後の「暗記は，さして意味もわからずに，ただ繰り返し覚えるだけだから，そう楽しいものであるはずがない」から理由を読み取る。「暗記する必要がないから」とある③が最も適当。①の「簡単に理解できてしまう」，②の「全てを理解する必要がない」，④の「無理に取り組む必要がない」，⑤の「その通りにすればよい」と読み取れる内容は書かれていない。

問3 同じ段落で，筆者の「暗記は役に立つ」経験が述べられており，直後の段落で湯川秀樹の経験が述べられている。この湯川秀樹の経験を説明した「意味もわからずに，ただただ読む……大人の書物を読み始めるときに，おおいに役に立ったそうだ。漢字への慣れにより，文字への抵抗がまったくなかったのである」という例に，③が最も適当。①の「数学」は「暗記」にあてはまらない。同じ段落で，筆者は「中国の壮大な歴史の全貌」を一望できると述べているが，②「歴史上の偉人の功績」を思い浮かべられるようになるわけではない。④の「経典の全文を暗記」，⑤の「哲学書全体の内容を完全に理解」とは書かれていない。

問4 傍線部(3)の「一望する」は一目で見渡すという意味で，直後の文の「中国の壮大な歴史の全貌を頭の中で一挙に思い浮かべ」ることを意味している。「具体的な事象を整理」を，「一つ一つの出来事の関係を捉え」と言い換えている①が最も適当となる。「一望」という語句に，②の「より深く」，③の「重大なものだけ」は合わない。「具体的な事象を整理」とあるので，まだ起こっていない「この先起こりそうな出来事」とある④や「将来」とある⑤も適当ではない。

基本 問5 「爽快」は似た意味の漢字を重ねる構成で，同じ構成のものは④。

問6 X 「ただ漢文を声に出して読む」例を，後で「『北の冥に魚あり……意味もわからずに，ただただ読む」と挙げているので，例示の意味を表す語句があてはまる。 Z 「漢文を書き下すこともなく，じかに音読みする」に対して，当然予想される内容をあとで「意味はわからない」と述べているので，言うまでもなく，当然という意味を表す語句があてはまる。

基本 問7 空欄〔 Y 〕を含む部分は，直前の文の「同じものに何度も接していると，それを好ましく感じるようになる」と同様の内容を述べている。「好ましく感じる」に通じる語句が当てはまる。

問8　どのようなことを「繰り返していると……意味がわからなくなり，もう読み進めることができなくなるのか」を考える。同じ段落の「不十分な理解のまま，さらにさきへ読み進めていく。すると，またしても理解しがたい箇所にぶつかる」を言い換えている②を選ぶ。他の選択肢は，この前の内容に合わない。

重要　問9　直前の文の「暗記するくらい繰り返し読んでおけば，そのあと必死の理解を試みることで，何とか理解できるようになってくる」から理由を読み取る。「そのあと必死の理解を試みる」を，「その後の努力で細かなところまで理解できるようになる」と言い換えて説明している④が最も適当。筆者は，読み通すことによって，①の「全体を十分に理解」することや③の「全体像を捉え」ることができるとは言っていない。②の「根気」や⑤の「時間と労力」については書かれていない。

【二】（論説文一主題・表題，内容吟味，文脈把握，指示語の問題，接続語の問題，脱文・脱語補充，漢字の読み書き）

問1　a　状況　①　協力　②　提供　③　実況　④　競技
b　端的　①　極端　②　冷淡　③　簡単　④　探究心
c　誤解　①　敬語　②　誤字　③　娯楽　④　援護
d　割愛　①　活動　②　滑舌　③　担ぐ　④　割譲

問2　直後の文以降で「日本人は……基礎としての科学研究の領域で大きい仕事を何もしていない」と批判している。その後で「タン的に言うと，上手な人真似で金を儲けるが，その基になる発明や発見は他人まかせにしていてズルイ」と言い換えており，この内容に①が最も適切。②の「嫉妬心を含む」，③の「非効率的だ」，④「経済活動を侵害している」は「批判」の内容にあたらない。

やや難　問3　Ⅰ　直前の段落の「日本人は『ずる賢く』，『世界を征服しようと企んでいる』，『気の許せない』人間と思われている」を，後で「他人のもっているものを上手に取り込んで，ずる賢く立ち回り，やがては世界を征服しようとしている」と言い換えているので，説明の意味を表す語句が当てはまる。　Ⅱ　ヨーロッパにおける「個性」ついて述べる前に対して，後で日本は「天性」を棄ててしまったと別の内容を持ち出しているので，転換の意味を表す語句が当てはまる。

問4　X　「日本人の個性のなさ」によって「背後で何か企んでいる」と誤解されるので，日本人にとって何が重要なのかが「にわかに認識されてきた」のかを考える。冒頭の文に「最近になって急に個性教育ということが強調されるようになった」とあるのもヒントになる。　Y　「致道館」の教育方針について，直後の文で「入学当初以外は年齢による規制はなく，入学後は学力に応じて進級できる仕組み」と説明している。能力を重視するという意味の語句が当てはまる。

問5　傍線部(2)「欧米では常識になっていること」について述べている部分を探すと，直前の段落に「欧米においては，特に優秀な人物は，年齢と関係なく大学や大学院へと進んでいる」とある。この内容を述べている①が最も適切。他の選択肢の内容については書かれていない。

やや難　問6　「足を引張る」は，人の成功や前進のじゃまをするという意味であることから，早くに才能を発揮した人の邪魔をする，と述べているものを選ぶ。①の「報酬」や，③の「各国の優秀な人材が交流する機会と場」，④の「援助」が得られないことではない。

問7　傍線部(4)の「ここ」は，「致道館」を指示しているので，「致道館」の「とび級」について述べている部分に着目する。直後の段落で「致道館において完全な『とび級』が認められていたもとには……人間に性来にそなわっているものとしての『天性』が重視され，天性が大か小かによって将来が異なるので，指導者はその点を弁えるべきだ」とあり，この内容に最も適切なのは①。他の選択肢は，この「致道館」の「とび級」の思想をふまえていない。

重要　問8　i　直後の文の「欧米では個人から発想し，個人の間の能力差を問題とする」に着目する。

ii　直後の文の「日本の場合の発想は『天』からはじまっており，人間の持っている天性の差が問題とされる」から，「荻生徂徠のいう天性」を読み取る。

問9　日本人が「進歩的な外来思想のように思い込んだ」のは何か。直前の文の「没個性的な絶対平等感」という語に着目する。

問10　傍線部(7)の「これ」は，直前の文の「これ」と同じ内容を指している。筆者が「実際にはなかなか難しい」と言っているのはどのようなことか。傍線部(7)の一つ前の文「人間存在の本質にかかわる平等感と，能力差の肯定は区別して考える」ことを指している。

重要　問11　冒頭で「個性教育」という語を提示し，日本人には個性がないという外国からの批判について述べた後，欧米の個性に対して日本には「天性」という考えがあったと主張する内容となっている。したがって，①の「日本人と個性」という見出しが最も適切。

基本　**【三】（ことわざ・慣用句）**

問1　Aは「夜郎自大《やろうじだい》」「葦《よし》の髄《ずい》から天井《てんじょう》を覗《のぞ》く」，Bは「瓢箪《ひょうたん》から駒《こま》」，Cは「弱り目にたたり目」，Dは「雨晴れて笠を忘る」などが，同じような意味を表す。①は「一寸の虫にも五分の魂」，③は「逃げるが勝ち」の意味。

問2　Aは，「夫婦げんかは[33]も食わぬ」などと使う。Bは，「甲」がある動物があてはまる。　Cは，金銭について用いられることが多い。　Dは，「[36]の手」は。実際には役に立つはずがないものという意味で用いられている。

★ワンポイントアドバイス★

読解問題では，接続語や指示語の指し示す内容を意識することで文脈をとらえよう。

2023年度

★★★★★★★★★★★★★★★★★★★★★★★

入　試　問　題

2023年度

享栄高等学校入試問題

【数　学】（45分）　＜満点：100点＞

【注意】　解答の際は，1つの $\boxed{}$ に対して1けたの数字をマークしてください。

例えば　$4\times 6=\boxed{1}\ \boxed{2}$ であれば，答えは24なので

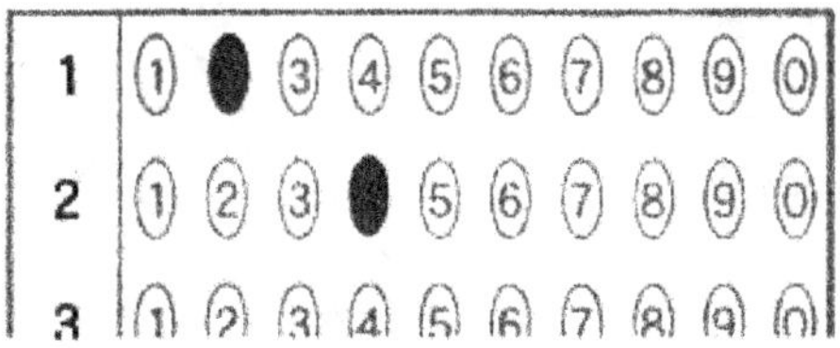

という具合にマークしてください。

選択肢のある問題は，選択肢の番号をマークします。

例えば　$4\times 6=\boxed{1}$　選択肢　① 22　② 23　③ 24　④ 25　⑤ 26　であれば

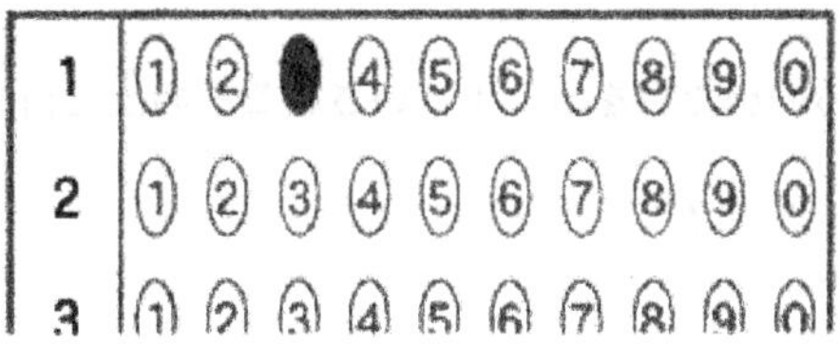

という具合にマークしてください。

答えが分数となる問題の解答方法も同様です。

例えば　ある事柄の起こる確率 $\dfrac{\boxed{1}}{\boxed{2}\ \boxed{3}}$ の答えが $\dfrac{5}{14}$ であったとすると

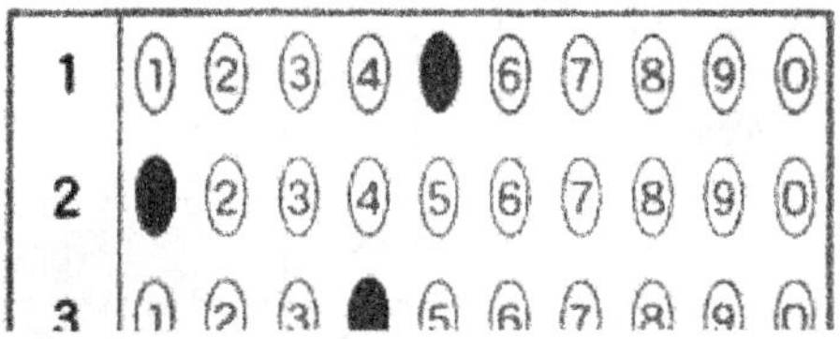

となります。

また，答えは既約分数（それ以上約分できない分数）の形にしてください。

1. 次の計算をし，①～⑤の中から正答を選びなさい。

(1)　$25-(-2)\times(-5)=\boxed{1}$

①　-250　②　-135　③　15　④　35　⑤　250

(2)　$\dfrac{2}{7}+\dfrac{1}{4}-\dfrac{1}{14}=\boxed{2}$

①　$-\dfrac{2}{3}$　②　$\dfrac{1}{14}$　③　$\dfrac{4}{25}$　④　$\dfrac{13}{28}$　⑤　$\dfrac{15}{28}$

(3)　$\dfrac{4}{3}\times\left\{\dfrac{3}{4}-\left(0.75-\dfrac{1}{2}\right)\right\}\div\dfrac{3}{8}=\boxed{3}$

①　$-\dfrac{16}{9}$　②　$-\dfrac{1}{4}$　③　$\dfrac{1}{4}$　④　$\dfrac{16}{9}$　⑤　2

(4) $3\sqrt{2}+2\sqrt{45}-\sqrt{18}-\sqrt{20}=\boxed{\ 4\ }$

① $\sqrt{5}$　② $4\sqrt{5}$　③ 9　④ $6\sqrt{2}+5\sqrt{5}$　⑤ $6\sqrt{2}+8\sqrt{5}$

(5) $13\times37+13\times63=\boxed{\ 5\ }$

① 126　② 1300　③ 2600　④ 31122　⑤ 40950

以下の問いの $\boxed{}$ にあてはまる数を答えなさい。

2. 右の図のように1辺の長さが15㎝の正三角形ABCがある。点D，Eはそれぞれ辺AB，AC上の点であり，点Fは辺BCの延長線上にある。$AD=2$ ㎝，$AE=12$㎝，$\angle DEF=60^\circ$であるとき，$BF=\boxed{\ 6\ }$㎝である。

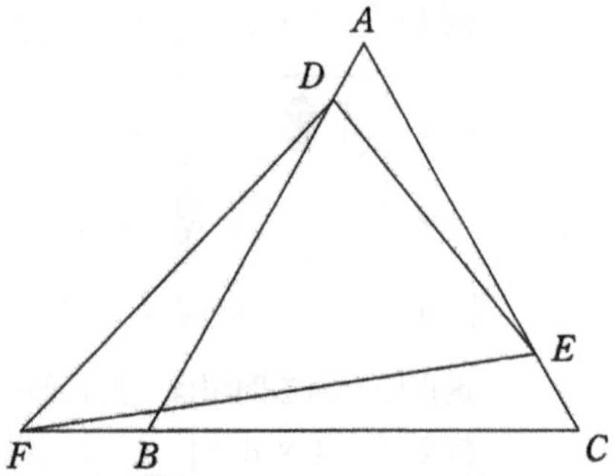

3. 大小2つのさいころを振って，大きいさいころの出た目をa，小さいさいころの出た目をbとするとき，$\sqrt{ab}$の値が自然数になる確率は$\dfrac{\boxed{\ 7\ }}{\boxed{\ 8\ }}$である。

4. 次の図のように底面に垂直な仕切りのある水槽がある。仕切りの高さは右から順に10㎝，15㎝である。仕切られた部分を右から順に区画A，B，Cと呼ぶことにする。空の状態の水槽に，毎分200cm^3の割合で区画Aに向かって水を入れる。

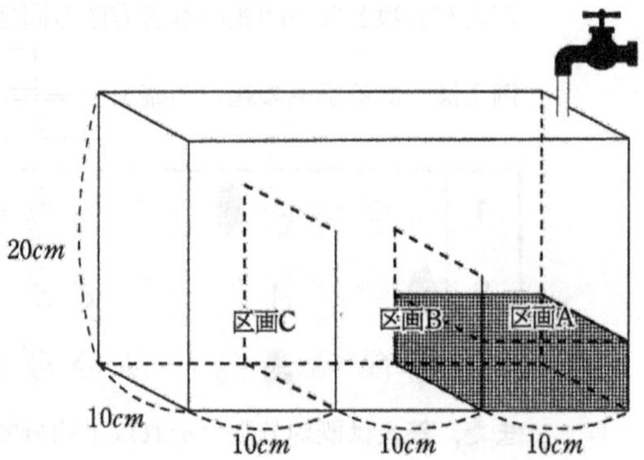

(1) 水面の高さが毎分1㎝ずつ上昇するのは，水を入れ始めてから$\boxed{\ 9\ }\boxed{\ 10\ }$分後から$\boxed{\ 11\ }\boxed{\ 12\ }$分後の間である。

(2) 水を入れ始めてから20分後の区画Cにおける水面の高さは$\boxed{\ 13\ }\boxed{\ 14\ }$㎝である。

5. 右の図は，直径が6㎝の円柱を1つの平面で切断した立体である。

このとき，立体の体積は$\boxed{\ 15\ }\boxed{\ 16\ }\pi\ cm^3$である。

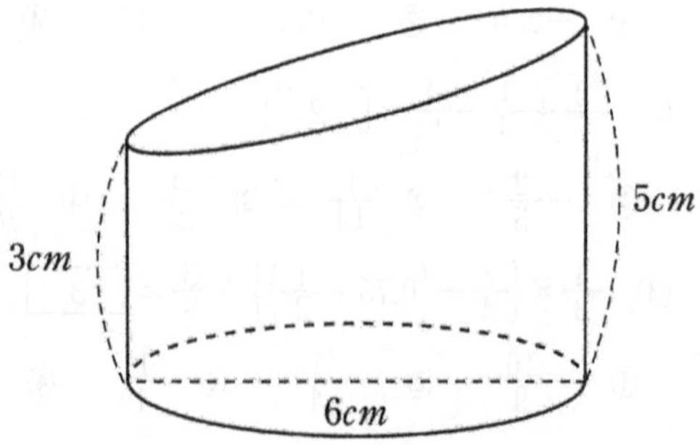

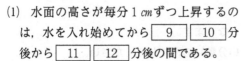

6. クラスA，B，C，Dにはそれぞれ40人の生徒が在籍している。下の図は，各クラスの生徒が1年間に読んだ本の冊数のデータを箱ひげ図にまとめたものである。

以下の問題に適する答えを①クラスA　②クラスB　③クラスC　④クラスD　から選んで答えなさい。

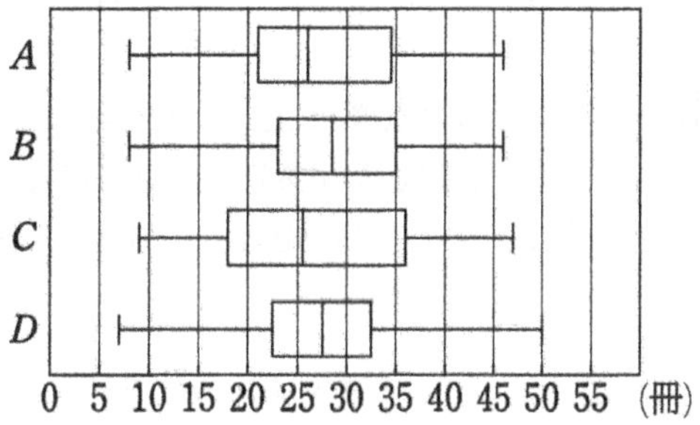

(1) 最も多くの本を読んだ生徒のいるクラスは 17 である。

(2) 四分位範囲の一番大きいクラスは 18 である。

7. 次の図1，2において$\angle x$，$\angle y$の大きさを答えなさい。

図1

$\angle ABE=\angle EBC$，$\angle ACE=\angle ECD$

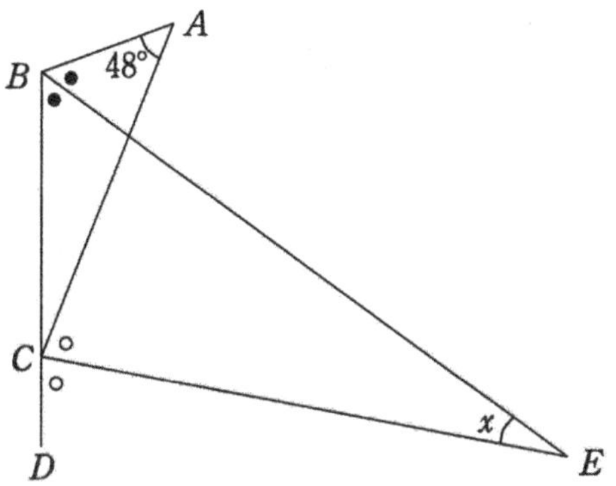

$\angle x=$ 19 20 °

図2

$m /\!/ n$であり，五角形$ABCDE$は正五角形である。

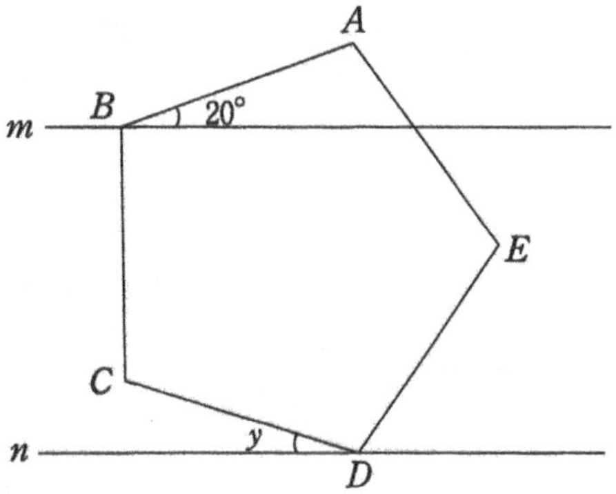

$\angle y=$ 21 22 °

8. 下の図のように正方形の白と黒のタイルを規則性をもって並べていく。

このとき，次の問いに答えなさい。

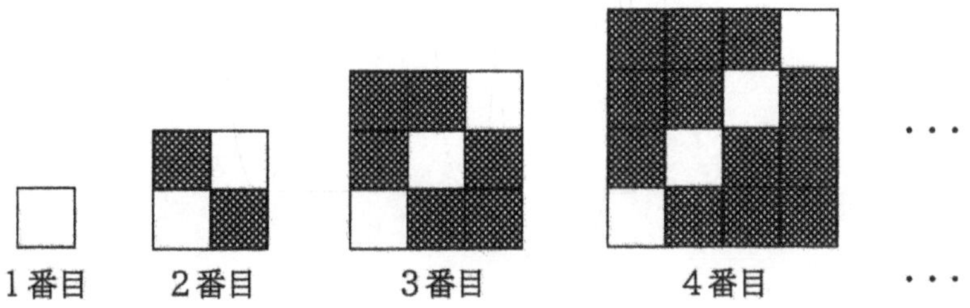

黒のタイルが132枚となるのは 23 24 番目である。

9. ある高校の3年生の人数は男女合わせて280人である。

そのうち，男子の80%，女子の60%が部活動に所属しており，部活動に所属している男子は，部活動に所属している女子よりも14人多い。このとき，

男子の人数は $\boxed{25}\ \boxed{26}\ \boxed{27}$ 名，女子の人数は $\boxed{28}\ \boxed{29}\ \boxed{30}$ 名である。

10. 図1のように直線 m 上に，$AB = 8$ cm，$EC = 4$ cmである長方形$ABCD$と$PR = 6$ cmである直角二等辺三角形PQRがあり，点Qは点Aに接している。図2のように直角二等辺三角形PQRを矢印の方向へ平行移動させる。このとき，移動した距離を x cmとし，重なった部分の面積を y cm^{2}とする。

(1)　$0 \leqq x \leqq 4$ のとき y を x の式で表すと $y = \dfrac{\boxed{31}}{\boxed{32}}x^2$ であり，

$4 \leqq x \leqq 6$ のとき y を x の式で表すと $y = \boxed{33}\,x - \boxed{34}$ である。

図1

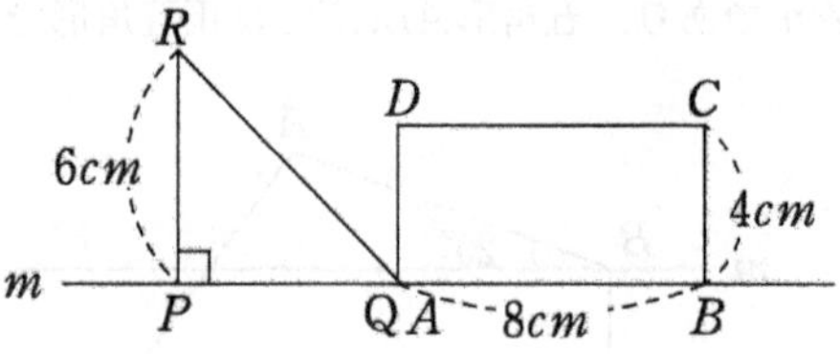

図2

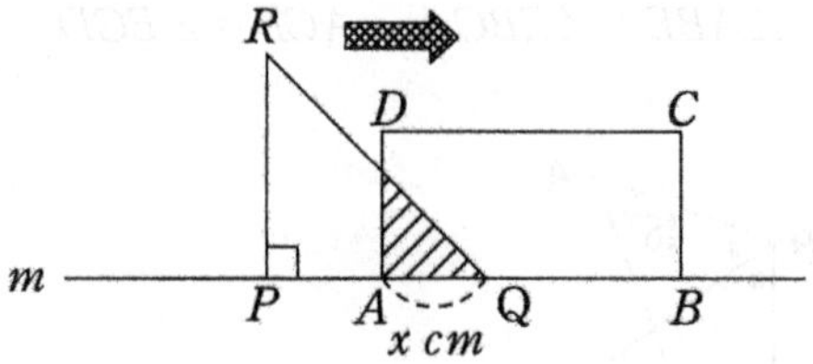

(2)　図3のように $6 \leqq x \leqq 8$ のときに直線 m を軸として図形を一回転させてできる回転体の体積は $\dfrac{\boxed{35}\ \boxed{36}\ \boxed{37}}{\boxed{38}}\pi$ cm^{3}である。

図3

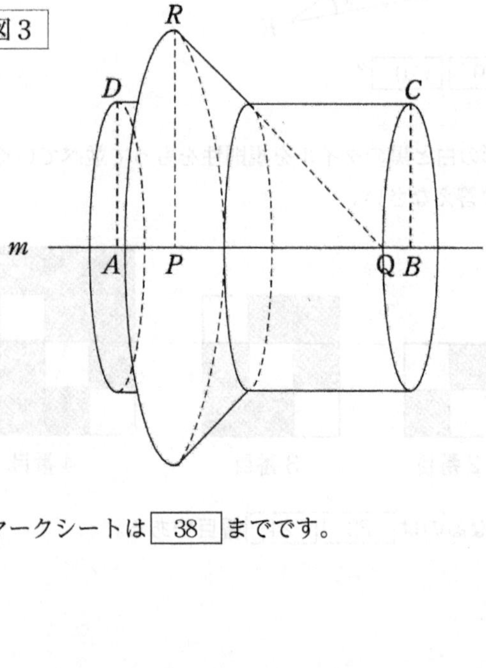

問題はここまでです。マークシートは $\boxed{38}$ までです。

【英　語】（45分）　＜満点：100点＞

Ⅰ．問１～問20の空欄に入れるのに最も適切なものを①～④の中から一つ選びなさい。

問１　My brother was [1] to music on the radio at that time.
①　listen　②　listens　③　listened　④　listening

問２　“Does Mike play basketball in high school?” — “Yes, he [2].”
①　is　②　was　③　does　④　do

問３　Last summer, I [3] to Australia with my family.
①　go　②　went　③　going　④　gone

問４　We went fishing in the river [4] it was sunny yesterday.
①　because　②　but　③　so　④　or

問５　“What color does he like?” — “He [5] yellow.”
①　like　②　likes　③　is　④　does

問６　I like baseball.　I want [6] a professional baseball player.
①　be　②　being　③　been　④　to be

問７　“[7] you ever visited Kyoto?” — “Yes, I have.”
①　Have　②　Had　③　Do　④　Did

問８　There [8] many movie theaters in this city.
①　be　②　is　③　are　④　was

問９　[9] with an American family was fun for me.
①　Stay　②　Stayed　③　Stays　④　Staying

問10　[10] not possible to solve the problem.
①　It’s　②　That’s　③　It　④　Its

問11　Soccer is loved [11] many people all over the world.
①　by　②　to　③　for　④　of

問12　He should [12] hard for the tomorrow’s test.
①　study　②　studies　③　studying　④　to study

問13　“What is your brother’s hobby?” — “[13] is fishing.”
①　He　②　You　③　It　④　This

問14　He likes animals, but he [14] like cats.
①　is　②　are　③　isn’t　④　doesn’t

問15　Risa and Meg [15] to school every day.
①　walk　②　walks　③　have walked　④　walking

問16　“Did your mother drive a car last night?” — “Yes, [16] did.”
①　he　②　she　③　you　④　they

問17　I studied very hard, [17] I could pass the exam.
①　but　②　because　③　though　④　so

問18　He is not in his classroom now.　He is [18] basketball in the gym.
①　play　②　plays　③　playing　④　played

問19 “What [19] you do last night?” — “I watched the news on TV.”
① were　② do　③ did　④ can

問20 This is the gift [20] my grandmother gave me.
① and　② because　③ who　④ which

Ⅱ．問１～問10の対話を完成させるのに最も適切な返答を①～④の中から一つ選びなさい。

問１ X：How long does it take to walk to the library?
Y：[21]
① I walk to school every day.　② I take you to the library.
③ It takes thirty minutes.　④ It is about five kilometers.

問２ X：What is your favorite food?
Y：[22]
① My favorite is food.　② You like French food.
③ I like my favorite.　④ I love *sushi*.

問３ X：Will you give me some cookies, please?
Y：[23]
① No.　I don't like cookies.　② Sure.　Here you are.
③ Yes.　You were given some cookies.　④ Yes.　You will cook.

問４ X：How much is this watch?
Y：[24]
① It's eleven thirty.　② Yes.　This watch is mine.
③ I watched TV for two hours.　④ It's seventy dollars.

問５ X：I want to send this letter.　Do you know where the post office is?
Y：[25]
① Yes.　I wrote the letter.　② Yes.　It's near my house.
③ It's not the post office.　④ This letter is for you.

問６ X：Could you tell me how to swim?
Y：[26]
① All right.　Let's practice.　② I may learn how to swim.
③ I could swim better.　④ I'll tell you the place.

問７ X：This cake was delicious.　Who made it?
Y：[27]
① It was delicious for Kaori.　② Kaori ate this cake.
③ It was made by Kaori.　④ It made Kaori's cake.

問８ X：What are you going to cook for dinner?
Y：[28]
① I'm going to school.　② I'll try pasta.
③ I cooked pasta for my family.　④ I ate two hamburgers.

問9　X：I'm very hungry.　Do you have something to eat?

Y：[29]

① I have eaten lunch.　② I'm not hungry.

③ I'm sorry I don't.　④ No, I didn't.

問10　X：Must I come back early?

Y：[30]

① No, you don't have to.　② Yes, you have.

③ No, I mustn't.　④ Yes, I came early.

Ⅲ．問1～問10の対話を完成させるのに最も適切な質問を①～④の中から一つ選びなさい。

問1　X：[31]

Y：I can't find my wallet.

① What's the matter?　② Whose wallet is it?

③ What would you like?　④ What is it like?

問2　X：[32]

Y：No, thanks.　I'm not hungry now.

① Did you have some cookies?　② Can you cook dinner?

③ Would you like some cookies?　④ Are you hungry now?

問3　X：[33]

Y：It's too large.　Can you show me another one?

① What are you looking for?　② What color do you want?

③ How much is it?　④ How about this T-shirt?

問4　X：[34]

Y：Yes, it was very exciting to watch the baseball game at the stadium.

① Did you play the baseball game?　② Did you enjoy last night?

③ Did you have some games?　④ Did you see the stadium?

問5　X：[35]

Y：I usually walk to school, but I took a train this morning.

① How did you come to school today?

② Which train did you take?

③ Where did you take a train?

④ Why did you walk to school?

問6　X：[36]

Y：It is Takeshi's.　It is his favorite one.

① Is it Takeshi's favorite?　② Whose watch is it?

③ Where is Takeshi?　④ How is Takeshi?

問7　X：[37]

Y：Six books.　I read them during the summer vacation.

① How long have you read the book?

② How many books did you read?

③ How many times have you read the book?

④ How many students read the book?

問8 X：[38]

Y：Yes, I'm looking for a jacket.

① What are you looking at?

② May I help you?

③ How is my jacket?

④ Can you look for my jacket?

問9 X：[39]

Y：Sorry I can't help you. I'm in a hurry now.

① Can I help you?

② Shall we help you?

③ What can I do for you?

④ Can you help me with my homework?

問10 X：[40]

Y：This is Mike speaking.

① Do you know Mike? ② Do you speak to Mike?

③ Who is calling, please? ④ Who is Mike speaking to?

Ⅳ．問1～問5の英文を読み，質問に対する最も適切な答えを①～④の中から一つ選びなさい。

問1 The watch is more expensive than the bag. The jacket is not as cheap as the hat. The jacket is as expensive as the bag.

Q：What is the most expensive? A：The [41] is.

① watch ② bag ③ jacket ④ hat

問2 Mary made Kenta study hard last week. Kenta had Mary teach English. As a result, Kenta got high score on the test. Kenta's mother let him go to Disneyland with his friends.

Q：Who studied hard last week? A：[42] did.

① Mary ② Kenta

③ Kenta's mother ④ Kenta's friends

問3 Our school's band is playing now. The girl playing the guitar is my friend, Masako. The leader of the band is Makoto. He is playing the drums. The boy singing is Mike.

Q：Who is playing the guitar? A：[43] is.

① Masako ② Masako's friend ③ Makoto ④ Mike

問4 Takumi asked his father to buy a new bicycle. His father wanted him to use the old one. His mother didn't allow him to buy a new one. His aunt bought a new one for him.

Q：Who wanted a new bicycle?　A：[44] did.

① Takumi's father　② Takumi's mother

③ Takumi's aunt　④ Takumi

問5　Yumi went to Australia last summer. Lisa will go to France next year. Shinya has not been to Australia but he has visited France three times. Ken has not been abroad.

Q：Who has been to France?　A：[45] has.

① Yumi　② Lisa　③ Shinya　④ Ken

V．次の英文を読み，問1～問5の空欄に入れるのに最も適切なものを①～④の中から一つ選びなさい。

Sa Soon Cha was 69 years old. She lived alone in a small house in South Korea. Behind her house, Mrs. Cha had a vegetable garden.

Every morning she got up early and picked vegetables in her garden. Then she packed up the vegetables, got on a bus, and took the vegetables to a market. She sold the vegetables at the market.

It took about an hour to go to the market by bus. And it was difficult to carry the vegetables on and off the bus. Why did Mrs. Cha take the bus? She didn't have a driver's license.

Mrs. Cha wanted to get her license. She studied for the driver's license test. Then she took the test. It was a difficult test, with 40 questions. Mrs. Cha didn't pass it.

Mrs. Cha had only a little education, and reading was difficult for her. The test had some long words. [46] Mrs. Cha studied more and took the test again. [47]

Mrs. Cha made a sign and put it on a wall in her house. "Never give up!" the sign said. Mrs. Cha didn't give up. During the next four years, she took the test 950 times. Finally, [48] Next, she had to take a road test. That test was easier for Mrs. Cha. [49] Mrs. Cha's story was in the news. People at a Korean car company read about Mrs. Cha, and they sent her a letter. "Congratulations!" the letter said. And the company gave Mrs. Cha more than a letter. [50]

Now Mrs. Cha drives to the market in her beautiful new car.

(出典：True Stories 2 Sandra Heyer SILVER EDITION Pearson UNIT7 Try, Try Again)

(注)　pack up：～を包む　driver's license：運転免許証　pass：～に合格する　sign：標識

問1　[46]

① She could read long words easily.

② It was not easy for her to read them.

③ Reading them was easy for her.

④ She had a lot of education.

問2 47

① She didn't try again.　② She could pass the test.

③ She didn't pass it.　④ She didn't study for the test.

問3 48

① she had to pass it.　② she gave up.

③ she took the test 951 times.　④ she passed it.

問4 49

① She didn't have to take a road test.

② She passed it on her fifth try.

③ She couldn't try it again.

④ She took the test more than 950 times.

問5 50

① The company gave her two letters.

② The company gave her a driver's license.

③ The company gave her a car!

④ The company made her take the test again.

問題はここまでです。マークシートは 50 までです。

問2　次の空欄にあてはまる漢字をあとの①～⑥の中からそれぞれ一つ選び、慣用句を完成させなさい。解答番号は29～32。

A　29で風を切る　意味…威張って得意そうに歩く様子。

B　30を磨く　意味…技術や能力をあげるため訓練すること。

C　31を焼く　意味…面倒が見切れず、もてあますこと。

D　32を長くする　意味…心待ちにしている様子。

①　歯　②　首　③　爪　④　手　⑤　腕　⑥　肩

問題はここまでです。マークシートは32までです。

② 空き家は黒色で塗る。

③ 山間部にある家を青色で塗る。

④ 自力で避難することが不可能な家を赤色で塗る。

問6 傍線部H「このルール」とあるが、その内容として最も適当なものを、次の①～④の中から一つ選びなさい。解答番号は 21 。

① 避難に際して防災隣組で行動するというルール。

② 有事の際は救助活動をグループのメンバーで行うというルール。

③ 日ごろから防災について話し合い、適切な対応を取れるようにするというルール。

④ 行政と連携をして日常生活も含めて支え合っていくというルール。

問7 傍線部I「このような取り組み」とあるが、取り組みとして適当でないものはどれか。次の①～④の中から一つ選びなさい。解答番号は 22 。

① 防災隣組というグループを作り、避難の際に行動を共にするようにしたこと。

② 早めの避難が必要であるということを高齢者に寄り添った表現に変えて伝えるようにしたこと。

③ 防災に必要な道具を入れる防災器具庫を設置し、避難の際に住民が利用できるようにしたこと。

④ 地域住民たちで住宅地図を色分けして、お互いの生活状況を把握し合ったこと。

問8 傍線部J「尾鷲市役所の防災担当には『避難所を開けてほしい』と電話が鳴るようになりました」とあるが、その理由として最も適当なものを、次の①～④の中から一つ選びなさい。解答番号は 23 。

① 避難所が地域住民にとって楽しい集いの場となっていたから。

② 避難所が若い世代にとって防災の必要性を考える場となっていたから。

③ 尾鷲市が取り組んだ防災教育のおかげで住民の防災意識が高まったから。

④ 国の定める災害警戒レベルの基準が変わったから。

問9 空欄 K にあてはまる語句として最も適当なものを、次の①～⑤の中から一つ選びなさい。解答番号は 24 。

① 安心　② 緊迫　③ 充実　④ 一体　⑤ 先入

【三】 次の各問いに答えなさい。

問1 次のA～Dのことわざの意味を、あとの①～⑥の中からそれぞれ一つ選びなさい。解答番号は 25 ～ 28 。

A 一寸の虫にも五分の魂 25

B 花より団子 26

C えびで鯛を釣る 27

D 身から出たさび 28

① 小さなものにもそれ相応の意地や感情があること。

② 少しの負担で大きな利を得ること。

③ 自分の行いによって自分自身が苦しむこと。

④ 風流より現実的な利益を重んじること。

⑤ 付き合う人によって良くも悪くもなること。

⑥ 他人に利用されて危険をおかすこと。

安なときに、みんなが一人ひとり頑張るなんてことはしなくていい。今夜、台風が来そうになったら、みんなで早いとこ避難所へ集まって、楽しく過ごせばいいんです」と話したのです。

私が言っていることは、「高齢者は早めの避難が大切です」ということにほかならないのですが、このように話したのは、同じことを伝えるにも、高齢者の思いを基準にして、表現を変えるだけでその話を受け取った側の気持ちが変わると考えてのことでした。

I このような取り組みをした結果、台風が接近してはいるものの、まだ避難に関する情報を検討する状況にはないにもかかわらず、J 尾鷲市役所の防災担当には「避難所を開けてほしい」と電話が鳴るようになりました。早くから開設された避難所には、久しぶりに顔を合わせたお年寄りたちが、手料理やお酒を持って防災隣組の単位で集まり、避難の名のもとに、楽しい集いの場となっていたようです。

この「頑張らない避難」は、本来、地域が持っていた日常の思い合いの延長に立って、自然に身を寄せ合うコミュニティの姿を災害時に実現するよう促したものだと考えます。そこには行政や専門家が考えるような、難を逃れるための K 感や悲愴《ひそう》感とは異なる姿の避難があると思います。

【『人に寄り添う防災』 片田敏孝 集英社新書】

問1 傍線部A「レイ」、C「ダン」の漢字として適当なものを、各語群の①～⑤の中からそれぞれ一つずつ選びなさい。解答番号は 14 ・ 15

A 事レイ 14 ① 令 ② 零 ③ 例 ④ 霊 ⑤ 冷

C 相ダン 15 ① 団 ② 断 ③ 段 ④ 談 ⑤ 弾

問2 空欄〔D〕、〔F〕にあてはまる語句として最も適当なものを、次の①～⑥の中からそれぞれ一つずつ選びなさい。解答番号は 16 ・ 17

D… 16 F… 17

① そのうえ ② なぜなら ③ つまり ④ ところで ⑤ さて ⑥ しかし

問3 傍線部B「そんな地域」とはどのような地域のことか。最も適当なものを、次①～④の中から一つ選びなさい。解答番号は 18 。

① 自然豊かな場所で、都市からの移住者による住民の若返りが進む地域。
② 平地が多く、海に面した標高が低い高齢化が進んだ地域。
③ 近年山間部の開発が進み新興住宅が増えている、海と山に囲まれた地域。
④ 高齢者が多く、入り江に山が迫る、平地がほとんどない地域。

問4 傍線部E「頑張らない避難」とはどのようなことか。最も適当なものを、次の①～④の中から一つ選びなさい。解答番号は 19 。

① 地域が持つ連帯感を利用した頑張る避難ではなく、住人たちで避難救助を助け合いながら行うこと。
② 災害時の避難所を、地域の思い合いを生かした自然と身を寄せ合うコミュニティの場所にすること。
③ 自然災害を運命として受け入れて、あえて防災対策や避難などをせずに、自然の力に身をゆだねること。
④ 災害時の避難所を身を寄せ合って話し合う場にすることで、日ごろかかわりの少ない住民たちの結束を高めること。

問5 傍線部G「この色分けの作業」とあるが作業の内容として適当でないものを、次の①～④の中から一つ選びなさい。解答番号は 20 。

① 自己完結で避難できる家を黄色で塗る。

【二】　次の文章を読んで、後の問いに答えなさい。

三重県尾鷲《おわせ》市は、一九四四年の東南海地震津波で六五名の死者を出し、その後も、たびたび津波に襲われている地域です。

私は、二〇〇一年から、津波防災を中心に尾鷲市の地域防災に取り組んできました。しかし、海岸まで山が迫る入江の集落も多く、このような地域では津波防災のみならず土砂災害も重要な防災の対象となります。少々古い事AレイになりますAが、二〇一〇年の尾鷲市古江地区での土砂災害防災の取り組みを紹介します。

尾鷲市の古江地区は賀田湾の入江に山が迫る地域で、山の斜面に四〇〇軒の家がはりついています。平地がほとんどなく、海と山との境に地域の主要道路が走り、すぐに山の斜面となっています。四〇〇軒のうち、およそ二〇〇軒は空き家で、住民基本台帳の上では約七割が高齢者となっていますが、市街地に住んで住所だけを残す人も多くいるため、高齢化の実態はさらに厳しい地域です。

Bそんな地域にあって、土砂災害の防災はどのように進めればよいのかと相Cダンを受けたのですが、これといった打開策も見当たらず、当初は、地域を歩きながらずいぶん考え込みました。急斜面での日常生活そのものが超高齢化した住民にとって厳しいものがあり、災害が迫ったときの適切な避難策を、どうしてもイメージすることができませんでした。

［　D　］あるとき、高齢者たちがあちこちで語り合っている姿をみて、日常生活の延長にある「E頑張らない避難」を思いつき、それを提案したのです。

まず、住宅地図を貼り合わせた大きな地図をテーブルに出し、高齢者の皆さんに色塗りをしてもらいます。黒は空き家です。住宅の半分は黒に塗られてしまいます。そして、赤は誰かが助けに行く必要のある家。青はいまでも山仕事をやっているような元気な家、［　F　］、助ける側になりえる家。黄は自己完結で避難できる家。このように、黒以外は三色で色分けされました。

Gこの色分けの作業は、微笑《ほほえ》ましいものでした。一人暮らしのおじいさんの家を、元気なおばあさんが赤で塗りました。おじいさんは、「ワシは逃げられる」と言い張るのですが、おばあさんは「何言っとんの」と取り合いません。不機嫌なおじいさんをよそに、家は赤に塗られて作業は続きます。地域の高齢者たちが身を寄せ合いながら、お互いの生活状態を気遣うというより当たり前のように把握し合い、ともに暮らす地域は、日々の生活すら大変な状況であるにもかかわらず、どこか穏やかなもののように感じられました。

その後、三色に色分けされた家を、避難に際して一緒に行動するのに程よいグループにまとめて「防災隣組」という単位をつくりました。そして、逃げるときも、とどまるときも、隣組で行動するというルールを決めました。Hこのルールがあることにより、「ワシは逃げん」と言うおじいさんは、「あんたは、死んでまで人に迷惑をかけるのか」と、元気なおばあさんに叱られることになります。こうして、超高齢化した地域の避難をできる限り促すような仕組みをつくりました。

この「防災隣組」の避難のあり方については、頑張らないことを勧めました。「災害が迫ったときには頑張らないよう心がけてください。大きな台風が来るときは、若い者だって不安です。まして、年寄りが一人、二人で暮らしている世帯は、みんな不安に決まっています。みんなが不問8　傍線部Ｉ「ここで疑問が生じます」とはどういうことか。疑問の内容の説明として最も適当なものを、次の①～⑤の中から一つ選びなさい。解答番号は[9]。

① 「ロカボラボ」というウェブサイトは本当に環境負荷を正しく比較することができているかということ。

② 缶・ビン・ペットボトルのうち、どの商品を購入することが一番エコなのかということ。

③ 給茶器の利用とマイカップを持参するのとでは、どちらが光熱費が得かということ。

④ 紙コップを二重にして利用した時に生じる環境負荷はどれぐらいかということ。

⑤ エコな商品を選ぶことに気を遣って生活するような個人の努力で、問題が解決するのかということ。

問9　空欄[Ｊ]にあてはまる語句として最も適当なものを、次の①～⑤の中から一つ選びなさい。解答番号は[10]。

① ゴミ箱を置かない

② 紙コップを備え付けない

③ マイカップを普及させる

④ 給茶器を置かない

⑤ 自動販売機を設置する

問10　傍線部Ｋ「こういう疑問を持つようになること」とはどういうことか。その説明として最も適当なものを、次の①～④の中から一つ選びなさい。解答番号は[11]。

① 個人住宅での電力の浪費を止めるために、どのような方法があるのかに意識を向けること。

② 地球環境を守るために、個人が小さな節約をしなければならないと考えること。

③ 個人の消費に気を遣うだけでなく、社会全体の浪費に意識を向けること。

④ 紙コップ一つの値段は些細なものだから、節約する努力は無駄ではないかと考えること。

問11　傍線部Ｌ「欲望には社会性がある」とあるが、その説明として最も適当なものを、次の①～④の中から一つ選びなさい。解答番号は[12]。

① 地域社会の重要な役割を担う人の欲望が、個人の犠牲を強いることにつながるということ。

② 誰もが欲しがる新たな商品は、社会性のある人々の欲望のもとに作られているということ。

③ 何かを買いたいという欲望は社会全体にゆきわたっており、改善方法はないということ。

④ 個人の欲望が生まれるのには、その欲望が生み出される社会的背景があるということ。

問12　《Ｉ》の文章の特徴を説明したものとして適当ではないものを、次の①～⑤の中から一つ選びなさい。解答番号は[13]。

① 身近で分かりやすい例を挙げて説明している。

② 裏付けとなる他者の意見を示している。

③ 自分の実体験を織り交ぜて説明をしている。

④ 裏付けとなるデータを示している。

⑤ 歴史的事実を紹介しながら解説している。

ア　検サク[1]
①　作文の添サクをする。
②　よからぬ事を画サクする。
③　試行サク誤。
④　今年は豊サクだ。
⑤　辞書のサク引。

イ　ユ来[2]
①　うっかりユ断する。
②　金山経ユの定期券。
③　ユ気があがる。
④　ユ快な仲間。
⑤　石炭をユ入する。

問2　傍線部A「その当時のことを『環境ブーム』と呼ぶ人もいます」とあるが、そうなるきっかけとなったことの説明として最も適当なものを、次の①～⑤の中から一つ選びなさい。解答番号は[3]。
①　ブラジルのリオデジャネイロで、「地球サミット」が開かれたこと。
②　ジェームズ・ハンセンという科学者がアメリカ上院の公聴会で地球温暖化について証言したこと。
③　マスコミが「地球にやさしい」「エコな暮らし」という言葉を大きく報道したこと。
④　国際会議のテーマとして「リサイクル」の問題がとりあげられたこと。
⑤　大学生に「関心のある環境問題」についてレポートを書いてもらったこと。

問3　傍線部B「そのような活動をしていた人」とあるが、どういう人か。次の①～⑤の中から一つ選びなさい。解答番号は[4]。
①　質素に暮らしていた人や自然を守る活動をしていた人。
②　温室効果ガスの問題について科学的に解明しようとしていた人。
③　「リサイクル」という言葉を広めるために地道に努力していた人。
④　学校教育で意識的に地球環境問題について考えさせようとしていた人。
⑤　エコバッグやマイボトルの利用をすすめていた人。

問4　傍線部C「立案」について、この熟語の構成と、同じ構成のものを次の①～⑤の中から一つ選びなさい。解答番号は[5]。
①　必要　②　地震　③　整然　④　注意　⑤　膨張

問5　傍線部D「エシカル消費」について、愛知県ホームページで調べたところ、《Ⅱ》のような文章があった。この文章の空欄を補うのに最も適した語句を次の①～④の中から一つ選びなさい。解答番号は[6]。
①　地球にやさしいか
②　ほかの商品よりエコか
③　自分にとってどれくらい得か
④　地元で生産されたものか

問6　空欄[E]・[G]・[H]にあてはまる語句の組み合わせとして最も適当なものを、次の①～⑤の中から一つ選びなさい。解答番号は[7]。
①　[E] たとえば　[G] また　[H] しかし
②　[E] しかし　[G] たとえば　[H] また
③　[E] また　[G] しかし　[H] たとえば
④　[E] たとえば　[G] ところが　[H] また
⑤　[E] けれども　[G] すなわち　[H] しかし

問7　空欄[F]にあてはまる熟語として最も適当なものを、次の①～⑤の中から一つ選びなさい。解答番号は[8]。
①　指南　②　神仏　③　学者　④　至難　⑤　必殺

たとえばこんな話があります。最近ではマイボトルをもつ習慣が広まり、またエコバッグも普及しつつありますが、以前には給茶器から紙コップを使わずにマイカップに飲み物を注ぐ、ということが「エコ」だといわれました。確かに給茶器の近くには大量の紙コップが使い捨てられていて、もったいない気がします。それで毎回マイカップを持ってきてお茶を注いでいた人がいましたが、ふと次の人を見たら、次の人は備え付けの紙コップを二つ取り、二重にして使っていたという話です（熱いからでしょう）。それではマイカップを使っている人の努力が水の泡です。

しかし、紙コップを二重にして使っている人に向かって「君の行為はエコではない」とお説教するのは面倒ですし、息苦しさを感じます。この問題を解決するにはどうすればよいでしょうか。有力な解答は、「[J]」ということです。なければ使わない（みんなマイカップを持ってこざるを得ない）からです。しかし次の疑問がわきます。紙コップの節約分なんて些細《ささい》なものではないか、もっと大きなところの無駄を省かないといけないのではないか。

似たような例でいえば、個人住宅で電気を節約するのも大切ですが、もっと大きなところでたくさんの電力が浪費されている可能性があります。浪費をやめるのであれば、それらを止めるよう要求するほうが「エコ」になるでしょう。Kこういう疑問を持つようになることを、社会とつながった、社会が意識された、と言います。この例では、社会全体の電力の浪費に関心をもつことが実は環境倫理の目指す方向性なのです。

環境倫理という言葉には、無駄な買い物を辞めなさい、商品に対する欲望をおさえなさい、と個人の意識改革を求めるイメージがあるかもしれません。

これに対して、物理学者の槌田敦《つちだあつし》は、「自動車に乗りたい」という欲望は、自動車がないと通勤できないという状況が生み出しているという例を挙げて、L欲望には社会性があると主張し、そのような社会的欲望を個人の努力で抑えるのは不可能であると述べています。そして社会的欲望によって引き起こされた問題は社会の倫理によって解決する（毒物に税をかけるなど）しかないと主張します。ここでは個人の倫理と社会の倫理が区別されています。そして環境倫理は禁欲や自己犠牲といった個人倫理よりも、法や経済といった社会制度の改善に目を向けるものなのです。

【『はじめて学ぶ環境倫理』　吉永明弘　ちくまプリマー新書】

《Ⅱ》

エシカルってなに？

「エシカル」とは、英語で「倫理的な」という意味の英語の形容詞・ethicalを、そのままカタカナに置き換えた言葉です。「エシカル消費」を直訳すると「倫理的な消費」となります。つまり、「安くて良いモノ」や「[　]」といった基準で選ぶことではなく、より広い視野で、「人や社会、地域、環境などに優しいモノ」を購入する消費行動やライフスタイルを指しています。自分以外の他者や地域社会、自然環境などを思いやる、「思いやり消費」、「応援消費」とも言えます。

【エシカル×あいち　愛知県ホームページ】

問1　二重傍線部ア「サク」イ「ユ」を漢字に直したとき、同じ漢字を用いるものを、各語群の①～⑤の中からそれぞれ一つずつ選びなさい。解答番号は[1]・[2]。

【国　語】（四五分）〈満点：一〇〇点〉

【一】　次の《Ⅰ》《Ⅱ》の文章を読んで、後の問いに答えなさい。

《Ⅰ》

みなさんは、「地球温暖化」という言葉を当たり前のように聞いていることでしょう。以前、大学生に「関心のある環境問題」についてレポートを書いてもらったところ、一番多かったのが地球温暖化でした。環境問題といえば地球温暖化だ、という認識が多くの人にあるのでしょう。

しかし、このように環境問題といえば地球温暖化がイメージされるという現象は一九八八年から始まったものです。それ以前は、今のように地球温暖化が話題にのぼってはいませんでした（新聞記事を検アサクするとわかりますが、一九八七年以前は新聞紙上にほとんど登場していません）。これには理由があります。実は「地球は温暖化しており、それは人間活動にイユ来する温室効果ガス（CO_2など）が原因だ」という話が広まったのは、一九八八年六月二三日のアメリカ上院の公聴会で、ジェームズ・ハンセンという科学者がそう証言したことがきっかけなのです。それ以来、地球温暖化問題は、国際会議のテーマになり、一九九二年にはブラジルのリオデジャネイロで「地球サミット」が開かれ、マスコミでも大きく報道されました。「地球にやさしい」「エコな暮らし」「リサイクル」といった言葉が広まったのは、この時期からです。

Aその当時のことを「環境ブーム」と呼ぶ人もいます。私は当時中学生・高校生でした。それ以前、私が小学生のころは、地球温暖化について話している人は周りに一人もいませんでした。このように言うからといって、地球温暖化は科学者によるでっちあげだ、と言いたいわけではありません。そうではなくて、地球温暖化はある時期に科学研究によって判明した問題だ、ということが言いたいのです。

また、「地球にやさしい」「エコな暮らし」「リサイクル」といった言葉が普及していなかったからといって、Bそのような活動をしていた人がいなかったわけでもありません。質素な暮らしをしていた人や、自然を守る活動をしていた人は昔から存在します。それを昔は「地球にやさしい」「エコな暮らし」「リサイクル」といった言葉で表現していなかっただけです。

これまで、地球環境を守るために様々な政策がC立案されてきました。そのなかで、政府や企業が努力するだけでなく、一人一人が地球環境のために努力しなければならないという話が普通になされるようになりました。

一九九〇年代から近年の「Dエシカル消費」に至るまで、地球環境に配慮した生活が求められ、エコな商品を選ぶことが推奨されていますが、［　E　］ジュースを飲むときに、缶、ビン、ペットボトル、紙パックのうちのどの容器の商品がエコなのかを判断するのは［　F　］のワザです。ネット検サクをしていたら、それぞれの容器の環境負荷を比較している「ロカボラボ」というウェブサイトを見つけました。大変参考になるサイトです。［　G　］そのサイトでは、どんな乗り物に乗るのがエコなのかを、飛行機、電車、自家用車、バスの環境負荷を比較して明らかにしています。

［　H　］、Iここで疑問が生じます。私たちはどれぐらいこういった比較をし続けなければいけないのか。環境保護に気を遣って生活するのは苦しくないか。そして、自分だけが努力しても無駄ではないか。

2023年度

解　答　と　解　説

《2023年度の配点は解答欄に掲載してあります。》

＜数学解答＞《学校からの正答の発表はありません。》

1.　(1)　$\boxed{1}$　③　　(2)　$\boxed{2}$　④　　(3)　$\boxed{3}$　④　　(4)　$\boxed{4}$　②　　(5)　$\boxed{5}$　②
2.　$\boxed{6}$　③
3.　$\boxed{7}$　②　　$\boxed{8}$　⑨
4.　(1)　$\boxed{9}$　①　　$\boxed{10}$　⓪　　$\boxed{11}$　①　　$\boxed{12}$　⑤　　(2)　$\boxed{13}$　①　　$\boxed{14}$　⓪
5.　$\boxed{15}$　③　　$\boxed{16}$　⑥
6.　(1)　$\boxed{17}$　④　　(2)　$\boxed{18}$　③
7.　図1　$\boxed{19}$　②　　$\boxed{20}$　④　　図2　$\boxed{21}$　①　　$\boxed{22}$　⑥
8.　$\boxed{23}$　①　　$\boxed{24}$　②
9.　$\boxed{25}$　①　　$\boxed{26}$　③　　$\boxed{27}$　⓪　　$\boxed{28}$　①　　$\boxed{29}$　⑤　　$\boxed{30}$　⓪
10.　(1)　$\boxed{31}$　①　　$\boxed{32}$　②　　$\boxed{33}$　④　　$\boxed{34}$　⑧　　(2)　$\boxed{35}$　④　　$\boxed{36}$　④　　$\boxed{37}$　⓪
$\boxed{38}$　③

○推定配点○

1.　各5点×5　　2.　5点　　3.　5点　　4.　各5点×2((1)完答)　　5.　5点　　6.　5点
7.　各5点×2　　8.　5点　　9.　10点　　10.　(1)　各5点×2　　(2)　10点　　計100点

＜数学解説＞

本 1.　(数と式の計算，平方根)

(1)　$25-(-2)\times(-5)=25-10=15$

(2)　$\frac{2}{7}+\frac{1}{4}-\frac{1}{14}=\frac{8}{28}+\frac{7}{28}-\frac{2}{28}=\frac{13}{28}$

(3)　$\frac{4}{3}\times\left\{\frac{3}{4}-\left(0.75-\frac{1}{2}\right)\right\}\div\frac{3}{8}=\frac{4}{3}\times\left\{\frac{3}{4}-\left(\frac{3}{4}-\frac{1}{2}\right)\right\}\div\frac{3}{8}=\frac{4}{3}\times\left(\frac{3}{4}-\frac{3}{4}+\frac{1}{2}\right)\div\frac{3}{8}$
$=\frac{4}{3}\times\frac{1}{2}\div\frac{3}{8}=\frac{2}{3}\div\frac{3}{8}=\frac{2}{3}\times\frac{8}{3}=\frac{16}{9}$

(4)　$3\sqrt{2}+2\sqrt{45}-\sqrt{18}-\sqrt{20}=3\sqrt{2}+6\sqrt{5}-3\sqrt{2}-2\sqrt{5}=4\sqrt{5}$

(5)　$13\times37+13\times63=13\times(37+63)=13\times100=1300$

要 2.　(三角形と相似の利用)

△AEDと△CFEにおいて，∠DAE＝∠ECF＝60°…①　次に，△ECFの外角∠AEFは，それととなり合わない2つの内角の和に等しいので，∠EFC＋∠ECF＝∠EFC＋60°＝∠AEF…②　また，∠AEF＝∠AED＋∠DEF＝∠AED＋60°…③　②，③より，∠EFC＋60°＝∠AED＋60°となるので，∠EFC＝∠AED…④　このとき，①，④より，2組の角がそれぞれ等しく，△AED∽△CFE　ここで，BF＝xとすると，AD：CE＝AE：CF　AD：(AC－AE)＝AE：(CB＋BF)　さらに，AD＝2，AE＝12，AC＝CB＝15，BF＝xを代入して，2：(15－12)＝12：(15＋x)　2：3＝12：(15＋x)　$2(15+x)=3\times12$　$2(15+x)=36$　$15+x=18$　$x=3$　よって，BF＝3(cm)

重要 3.（確率）

2つのさいころを振って出た目の積は最小で$1\times1=1$，最大で$6\times6=36$なので，$\sqrt{ab}$の値が自然数になるのは，abの値が$1^2=1$，$2^2=4$，$3^2=9$，$4^2=16$，$5^2=25$，$6^2=36$となるときである。ここで，大小2つのさいころの目の出方を$(a,\ b)$のように表すと，$ab=1$となるのは(1，1)の1通り。$ab=4$となるのは(1，4)，(2，2)，(4，1)の3通り。$ab=9$となるのは(3，3)の1通り。$ab=16$となるのは(4，4)の1通り。$ab=25$となるのは(5，5)の1通り。$ab=36$となるのは(6，6)の1通り。よって，$\sqrt{ab}$が自然数になる大小2つのさいころの目の出方は$1+3+1+1+1+1=8$(通り)となり，2つのさいころの目の出方は全部で$6\times6=36$(通り)なので，$\sqrt{ab}$が自然数になる確率は$\frac{8}{36}=\frac{2}{9}$

4.（水槽にたまる水量の変化）

重要 (1)　水槽に水を入れ始めてからの水のたまり方は次の5つの段階のように変化する。「段階①：区画Aの10cmの高さまで水がたまる。」「段階②：区画Bの10cmの高さまで水がたまる。」「段階③：区画AとBの10cmの高さから15cmの高さまで水がたまる。」「段階④：区画Cの15cmの高さまで水がたまる。」「段階⑤：区画AとBとCの15cmの高さから20cmの高さまで水がたまる。」ところで，水を毎分200cm^3の割合で入れていくと，段階①の区画A，段階②の区画B，段階④の区画Cの底面積はどれも同じ100cm^2なので，それぞれの水面の高さは$200\div100=2$より毎分2cmずつ上昇する。また，段階③では区間AとBの両方同時に水面が上昇するので，水面の高さは$200\div200=1$より毎分1cmずつ上昇する。さらに，段階⑤では区間AとBとCの全て同時に水面が上昇するので，水面の高さは$200\div300=\frac{2}{3}$より毎分$\frac{2}{3}$cmずつ上昇する。よって，水面の高さが毎分1cmずつ上昇するのは段階③のときとなる。ところで，段階①では，区画Aで高さ10cmまで満たす水の量が$10\times10\times10=1000$(cm^3)なので，段階①に要する時間は$1000\div200=5$(分)となる。また，段階②では，区画Bで高さ10cmまで満たす水の量が$10\times10\times10=1000$(cm^3)なので，段階②に要する時間は$1000\div200=5$(分)となる。さらに，段階③では，区画Aと区画Bを合わせて10cmの高さから15cmまで満たす水の量が$20\times10\times(15-10)=1000$($\mathrm{cm}^3$)なので，段階③に要する時間は$1000\div200=5$(分)となる。このとき，段階②が終了するのは$5+5=10$(分後)で，段階③が終了するのは$5+5+5=15$(分後)なので，水面の高さが毎分1cmずつ上昇するのは，水を入れ始めてから10分後から15分後の間となる。

やや難 (2)　(1)の5つの段階について，段階①に要する時間は5分，段階②に要する時間は5分，段階③に要する時間は5分となる。同様にして，段階④では，区画Cで高さ15cmまで満たす水の量が$10\times10\times15=1500$(cm^3)なので，段階④に要する時間は$1500\div200=7.5$(分)　段階⑤では，区画Aと区画Bと区画Cを合わせて15cmの高さから20cmまで満たす水の量が$30\times10\times(20-15)=1500$($\mathrm{cm}^3$)なので，段階⑤に要する時間は$1500\div200=7.5$(分)　このとき，水を入れ始めてから段階③が終わるまでにかかる時間は$5+5+5=15$(分)となり，水を入れ始めてから段階④が終わるまでにかかる時間は$5+5+5+7.5=22.5$(分)となるので，水を入れ始めてから20分後とは，段階④が開始して5分後のことだとわかる。このとき，段階④では区画Cだけに$200\times5=1000$(cm^3)の水がたまるので，水を入れ始めてから20分後の区画Cにおける水面の高さは，$1000\div(10\times10)=10$(cm)

5.（円柱の体積）

合同な立体を切断面で合わせると，底面の半径が$6\div2=3$(cm)，高さが$5+3=8$(cm)の円柱となる。この円柱の体積は$3\times3\times\pi\times8=72\pi$($\mathrm{cm}^3$)となるので，直径が6cmの円柱を1つの平面で切断した立体の体積は$72\pi\div2=36\pi$(cm^3)

基本 6.（四分位数と箱ひげ図）

(1)　与えられた箱ひげ図では，冊数のデータの値の大小が横方向に表されており，右側のひげの右端が読んだ本の冊数の最大値を表す。よって，最も多くの本を読んだ生徒のいるクラスは，ひげの右端が最も右にある箱ひげ図で表されたDクラスである。

(2)　与えられた箱ひげ図では，箱が横方向に長いほど，四分位範囲が大きくなる。よって，四分位範囲の一番大きいクラスは，最も箱が横方向に長いCクラスである。

7. （三角形と角，平行線と角）

重要　図1　$\angle ABE=\angle CBE=a$，$\angle ACE=\angle DCE=b$とする。$\triangle ABC$の外角$\angle DCA$は，それととなり合わない2つの内角の和に等しいので，$\angle CAB+\angle CBA=\angle DCA$　このとき，$\angle CAB=48°$，$\angle CBA=\angle ABE+\angle CBE=a+a=2a$，$\angle DCA=\angle ACE+\angle DCE=b+b=2b$を代入して，$2a+48°=2b$　$a+24°=b$…①　次に，線分ACと線分BEの交点を点Fとすると，$\triangle ABF$の外角$\angle BFC$について，$\angle FAB+\angle FBA=\angle BFC$…②　また，$\triangle CEF$の外角$\angle BFC$について，$\angle FCE+\angle FEC=\angle BFC$…③　このとき，②，③より$\angle FAB+\angle FBA=\angle FCE+\angle FEC$となり，$48°+a=b+x$…④　さらに，④の両辺から①の両辺をひいて，$24°=x$

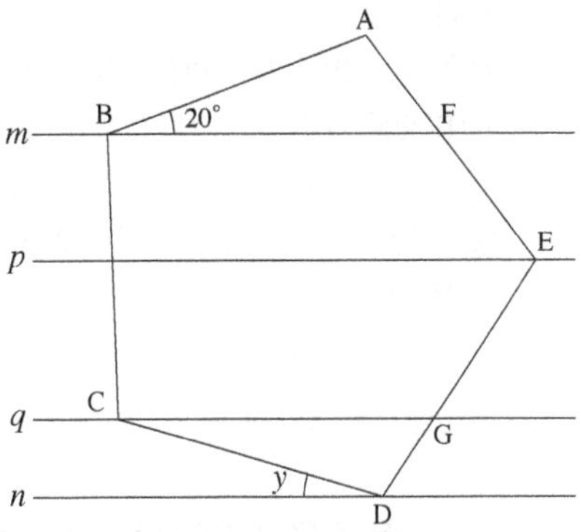

重要　図2　右図のように，点Eを通り直線mに平行な直線pと，点Cを通り直線mに平行な直線qをとり，直線mと辺AEの交点を点F，直線qと辺DEの交点を点Gとする。ここで，正五角形の1つの角は$180°\times3\div5=108°$となることから，$\angle ABC=108°$となり，$\angle CBF=\angle ABC-\angle ABF=108°-20°=88°$　次に，$m /\!/ q$より$\angle CBF+\angle BCG=180°$となるので，$\angle BCG=180°-\angle CBF=180°-88°=92°$　ここで$\angle BCD=108°$より，$\angle GCD=\angle BCD-\angle BCG=108°-92°=16°$　さらに，$q /\!/ n$より，平行線の錯角は等しいので，$\angle y=\angle GCD=16°$

8. （規則性）

n番目（nは自然数）のとき，黒のタイルの数はn^2-n（枚）と表せるので，黒のタイルが132枚となるとき，$n^2-n=132$　$n^2-n-132=0$　$(n+11)(n-12)=0$　$n=-11,\ 12$　ここでnは自然数なので，$n=12$　よって，黒のタイルが132枚となるのは12番目となる。

重要　9. （連立方程式の応用）

ある高校の3年生の男子の人数をx人，女子の人数をy人とする。男女合わせた人数が280人なので，$x+y=280$　$y=280-x$…①　また，男子の80％，女子の60％が部活動に所属しており，部活動に所属している男子は，部活動に所属している女子よりも14人多いので，$x\times\frac{80}{100}-y\times\frac{60}{100}=14$　両辺を10倍して$8x-6y=140$　両辺を2でわって，$4x-3y=70$…②　②に①を代入して，$4x-3(280-x)=70$　$4x-840+3x=70$　$7x=910$　$x=130$　さらに，$x=130$を①に代入して，$y=280-130=150$　よって，男子の人数は130名，女子の人数は150名となる。

10. （平行移動する直角二等辺三角形と長方形の重なりの面積，回転体の体積）

重要　(1)　$0\leqq x\leqq4$のとき，線分QRと線分ADは交点を持つ。この交点を点Eとすると，重なった部分は$\angle QAE=90°$，$AQ=AE=x$の直角二等辺三角形QAEとなる。さらに，長方形ABCDの高さが4cmなので，$x=4$のとき，点Eは点Dと一致する。よって，$0\leqq x\leqq4$のときの重なった部分の面積は，$y=x\times x\div2=\frac{1}{2}x^2$と表せる。次に，直角二等辺三角形PQRにおいて$PR=PQ=6$であることから，$x=6$のとき，線分PRと線分ADは同一直線上にある。よって，$4\leqq x\leqq6$のとき，線分QRは線分CDと交点を持つ。この交点を点Fとすると，重なった部分は$DF /\!/ AQ$の台形AQFDとなる。ここで，直線ADと線分QRの交点を点Gとすると，$\triangle PQR$と$\triangle AQG$において，$\angle RPQ=\angle GAQ=90°$，共通な角なので$\angle PQR=\angle AQG$となり，2組の角がそれぞれ等しいので，$\triangle PQR \backsim \triangle AQG$…①　さらに，$\triangle AQG$と$\triangle DFG$において，$DF /\!/ AQ$より平行線の錯角は等しいので，$\angle GAQ=\angle GDF=90°$，$\angle AQG=\angle DFG$となり，2組の角がそれぞれ等しいので，$\triangle AQG \backsim \triangle DFG$…②　①，②より$\triangle PQR \backsim \triangle AQG \backsim \triangle DFG$となり，$\triangle PQR$が$PR=PQ=6$の直角二等辺三角形なので，$\triangle AQG$は$AG=AQ=x$の直角二等辺三角形，$\triangle DFG$は$DG=DF$の直角二等辺三角形となる。このとき，$DG=AG-AD=x-4$となるので，$DF=DG=x-4$　よって，$4 \leqq x \leqq 6$のときの重なった部分は，上底$DF=x-4$，下底$AQ=x$，高さ$AD=4$の台形AQFDとなるので，面積は，$y=\{(x-4)+x\}\times 4 \div 2=(2x-4)\times 2=4x-8$と表せる。

やや難　(2)　$6 \leqq x \leqq 8$のとき，線分QRと線分PRはそれぞれ線分CDと交点を持つ。ここで(1)と同様に，線分QRと線分CDの交点を点F，線分PRと線分CDの交点を点Hとし，さらに点Fから直線mに下ろした垂線と直線mの交点を点Iとすると，直線mを軸として図形を一回転させてできる回転体の体積は，長方形APHDと台形PIFRと長方形IBCFを，それぞれ直線mを軸として一回転させてできる回転体の体積の合計に等しい。ここで，$\triangle HFR$は$HF=HR$，$\angle FHR=90°$の直角二等辺三角形であり，$HR=PR-PH=PR-AD=6-4=2$となることから，$HF=HR=2$となり，線分CDから線分HFを除いた部分の長さは$8-2=6$　さらに，長方形APHDと長方形IBCFそれぞれの回転体は底面が合同な円の円柱なので，2つの円柱の高さの合計は，線分CDから線分HFを除いた部分の長さの6となる。このとき，2つの円柱の体積の合計は$4\times 4\times \pi \times 6=96\pi\,(cm^3)$　また，台形PIFRの回転体は，$\triangle PQR$の回転体である円すいから，$\triangle IQF$の回転体である円すいを除いた形なので，体積は$6\times 6\times \pi \times 6\times \frac{1}{3}-4\times 4\times \pi \times 4\times \frac{1}{3}=\frac{216}{3}\pi-\frac{64}{3}\pi=\frac{152}{3}\pi\,(cm^3)$　よって，求める体積は，$96\pi+\frac{152}{3}\pi=\frac{288}{3}\pi+\frac{152}{3}\pi=\frac{440}{3}\pi\,(cm^3)$となる。

★ワンポイントアドバイス★

図形や関数の問題では，与えられた図をそのまま利用するのではなく，書き直すことで題意をしっかり理解したり，解くのに必要な状態に書き換えて解答への道筋を作り出したりすることが非常に重要。難度が高いと感じるほど徹底しよう。

<英語解答>《学校からの正答の発表はありません。》

Ⅰ.　問1 ④　問2 ③　問3 ②　問4 ①　問5 ②　問6 ④　問7 ①
問8 ③　問9 ④　問10 ①　問11 ①　問12 ①　問13 ③　問14 ④
問15 ①　問16 ②　問17 ①　問18 ③　問19 ③　問20 ④

Ⅱ.　問1 ③　問2 ④　問3 ②　問4 ④　問5 ②　問6 ①　問7 ③
問8 ②　問9 ③　問10 ①

Ⅲ.　問1 ①　問2 ③　問3 ④　問4 ②　問5 ①　問6 ②　問7 ②
問8 ②　問9 ④　問10 ③

Ⅳ.　問1 ①　問2 ②　問3 ①　問4 ④　問5 ③

Ⅴ.　問1 ②　問2 ③　問3 ④　問4 ②　問5 ③

○推定配点○

Ⅰ.～Ⅴ.　各2点×50　計100点

＜英語解説＞

Ⅰ．（語句補充：進行形，接続詞，不定詞，現在完了，文型，動名詞，受動態，助動詞，関係代名詞）

問1　直前に be 動詞 was があり，「～している」の意味になるので<be 動詞＋—ing>の進行形にするのが適切。

基本　問2　Does を使って尋ねているのだから，does を使って答えるのが適切。

問3　過去の一時点を示す last summer「この前の夏」が用いられているから，過去形 went にするのが適切。

問4　<主語A＋動詞B～＋ because ＋主語C＋動詞D…>の形で「Cが…DだからAが～B」という意味になる。

問5　does を用いた，主語が3人称単数で現在形の疑問文に対する答えなので，答えの動詞には3単現の s をつけるのが適切。

問6　<want to ＋動詞の原形>で「～したい」の意味。be 動詞の原形は be である。

問7　have を使って答えているのだから，have を使って尋ねるのが適切。

問8　<There ＋ be 動詞＋名詞＋前置詞句>の文の主語は名詞なので be 動詞は続く名詞と時制で決まる。主語の many movie theaters は複数形の名詞だから be 動詞は are を使う。

問9　with an American family は直前にある主語を修飾している。主語は名詞だから，動詞 stay を用いるときは<動詞の原形＋ ing>の形で「～すること」の意味の動名詞にする。動名詞 staying が適切。

問10　<It is ～ to …>で「…することは～だ」という意味。it is の短縮形は it’s である。

問11　<be 動詞＋動詞の過去分詞形>の形の受動態では「～に(よって)」を表すのに by ～を用いる。

問12　助動詞 should は「～するべきだ」の意味。助動詞がある英文では主語に関係なく動詞は原形になる。

問13　疑問文に対する答えの主語は，疑問文の主語を人称代名詞にしたものを用いる。ここでは your brother’s hobby「あなたのお兄さんの趣味」を人称代名詞にするから it を用いるのが適切。

問14　主語が3人称単数の he で，一般動詞 like「～が好きだ」を否定するから，doesn’t を用いるのが適切。

問15　主語が Risa and Meg と複数であり，every day「毎日」と習慣を表しているから，現在形の walk とするのが適切。

問16　疑問文に対する答えの主語は，疑問文の主語を人称代名詞にしたものを用いる。ここでは your mother「あなたのお母さん」を人称代名詞にするから she を用いるのが適切。

問17　because も so も因果関係を示す接続詞で，<結果＋ because ＋原因>の形となり，so は<原因＋ , so ＋結果>の形となる。

問18　直前に be 動詞 is があり，「～している」の意味になるので<be 動詞＋—ing>の進行形にするのが適切。

問19　過去の一時点を示す last night「昨夜」が用いられているので，did を用いるのが適切。

やや難　問20　my grandmother gave me が the gift を修飾する，関係代名詞を使った文になる。先行詞が the gift なので関係代名詞 which を使う。

Ⅱ．（会話文：語句補充）

問1　X：図書館へ歩いていくのにどのくらいかかりますか。／Y：30分かかります。

①「私は毎日学校へ歩いて行きます」(×)　②「私があなたを図書館へ連れていきます」(×)

③ 「30分かかります」(○) ④ 「約5kmです」(×)

問2 X：あなたのお気に入りの食べ物は何ですか。／Y：私は寿司が大好きです。

① 「私のお気に入りは食べ物です」(×) ② 「あなたはフランスの食べ物が好きです」(×) ③ 「私は私のお気に入りが好きです」(×) ④ 「私は寿司が大好きです」(○)

問3 X：いくつかのクッキーをくださいますか。／Y：もちろんです。はい，どうぞ。

① 「いいえ。私はクッキーが好きではありません」(×) ② 「もちろんです。はい，どうぞ」(○) ③ 「はい。あなたはいくつかのクッキーを与えられました」(×) ④ 「はい。あなたは料理するでしょう」(×)

問4 X：この時計はいくらですか。／Y：それは70ドルです。

① 「11時30分です」(×) ② 「はい。この時計は私のものです」(×) ③ 「私は2時間テレビを見ました」(×) ④ 「それは70ドルです」(○)

問5 X：私はこの手紙を出したいです。あなたは郵便局がどこにあるか知っていますか。／Y：はい。それは私の家の近くにあります。

① 「はい。私はその手紙を書きました」(×) ② 「はい。それは私の家の近くにあります」(○) ③ 「それは郵便局ではありません」(×) ④ 「この手紙はあなた宛てです」(×)

問6 X：私に泳ぎ方を教えてくださいますか。／Y：わかりました。練習しましょう。

① 「わかりました。練習しましょう」(○) ② 「私は泳ぎ方を学ぶかもしれません」(×) ③ 「私はより上手に泳ぐことができました」(×) ④ 「私はあなたにその場所を教えます」(×)

問7 X：このケーキはおいしいよ。それは誰が作ったんだい。／Y：それはカオリによって作られたんだ。

① 「それはカオリにとっておいしかったよ」(×) ② 「カオリはこのケーキを食べたんだ」(×) ③「それはカオリによって作られたんだ」(○) ④ 「それはカオリのケーキを作ったんだ」(×)

問8 X：あなたは夕飯に何を料理するつもりなの。／Y：僕はパスタに挑戦するつもりだよ。

① 「僕は学校へ行くつもりだよ」(×) ② 「僕はパスタに挑戦するつもりだよ」(○) ③ 「僕は僕の家族のためにパスタを料理したよ」(×) ④ 「僕はハンバーガーを2つ食べたよ」(×)

問9 X：僕はとてもおなかがすいたよ。君は何か食べるものを持っているかい。／Y：ごめん，持っていないの。

① 「私は昼食をとってしまったわ」(×) ② 「私はおなかがすいていないの」(×) ③ 「ごめん，持っていないの」(○) ④ 「いいえ，持っていなかったわ」(×)

問10 X：僕は早く帰らなければならないかい。／Y：いいえ，その必要はないわ。

① 「いいえ，その必要はないわ」(○) 助動詞 must 「～しなければならない」を使った疑問文に yes で答えるときは must を使い，no で答えるときは don't [doesn't] have to 「～しなくてもよい」を使う。 ② 「ええ，そうよ」(×) ③ 「いいえ，そうしてはいけないわ」(×) ④ 「ええ，私は早く来たわ」(×)

Ⅲ. （会話文：語句補充）

問1 X：どうしたの。／Y：私の財布が見つからないの。

①「どうしたの」(○) ② 「それは誰の財布なの」(×) ③ 「あなたは何にするの」(×) ④ 「それはどんな感じなの」(×)

問2 X：クッキーはいかがですか。／Y：いいえ，結構です。私は今，おなかがすいていません。

① 「あなたはいくつかのクッキーを持っていましたか」(×) ② 「あなたは夕食を料理することができますか」(×) ③ 「クッキーはいかがですか」(○) ④ 「あなたは今，おなかがすいていますか」(×)

問3　X：このTシャツはどうですか。／Y：それは大きすぎます。私に別のを見せてくれますか。
①「あなたは何を探していますか」(×)　②「あなたは何色が欲しいですか」(×)　③「それはいくらですか」(×)　④「このTシャツはどうですか」(○)

問4　X：昨夜は楽しんだかい。／Y：うん，スタジアムで野球を見ることはとてもわくわくさせるわ。
①「君は野球の試合をしたのかい」(×)　②「昨夜は楽しんだかい」(○)　③「君は何試合かしたのかい」(×)　④「君はスタジアムを見たのかい」(×)

問5　X：君は今日，どうやって学校へ来たんだい。／Y：僕はたいていは歩いて学校へ来るけれど，今朝は電車に乗ったよ。
①「君は今日，どうやって学校へ来たんだい」(○)　②「君はどの電車に乗ったんだい」(×)
③「君はどこで電車に乗ったんだい」(×)　④「君はなぜ学校へ歩いてきたんだい」(×)

問6　X：それは誰の時計なの。／Y：それはタケシのものよ。それは彼のお気に入りのなの。
①「それはタケシのお気に入りなの」(×)　②「それは誰の時計なの」(○)　③「タケシはどこなの」(×)　④「タケシは元気なの」(×)

問7　X：あなたは何冊の本を読んだの。／Y：6冊だよ。僕は夏休みの間にそれらを読んだんだ。
①「あなたはどのくらいその本を読んでいたの」(×)　②「あなたは何冊の本を読んだの」(○)
③「あなたはその本を何回読んだことがあるの」(×)　④「何人の生徒がその本を読んだの」(×)

問8　X：ご用件をお伺いしましょうか。／Y：はい。私はジャケットを探しています。
①「あなたは何を見ているのですか」(×)　②「ご用件をお伺いしましょうか」(○)　③「私のジャケットはどうですか」(×)　④「私のジャケットを探してくれますか」(×)

問9　X：僕の宿題を手伝ってくれるかい。／Y：ごめんなさい，私はあなたを手伝うことができないわ。私は今，急いでいるの。
①「手伝いましょうか」(×)　②「僕たちはあなたを手伝いましょうか」(×)　③「僕はあなたのために何をすることができるんだい」(×)　④「僕の宿題を手伝ってくれるかい」(○)

問10　X：どなたがおかけですか。／Y：マイクです。
①「あなたはマイクを知っていますか」(×)　②「あなたはマイクと話しますか」(×)
③「どなたがおかけですか」(○)　④「マイクは誰と話していますか」(×)

Ⅳ．〔語句補充：比較〕

問1　時計はかばんよりも高価だ。ジャケットは帽子ほど安価ではない。ジャケットはかばんと同じくらい高価だ。
問：何が最も高価か。　答：41時計だ。

問2　メアリーは先週，ケンタに一生懸命に勉強させた。ケンタはメアリーに英語を教えてもらった。結果として，ケンタは試験で高い点数をとった。ケンタの母は彼に彼の友だちと一緒にディズニーランドへ行かせた。
問：誰が先週，一生懸命に勉強したか。　答：42ケンタだ。

問3　私たちのスクールバンドが今，演奏している。ギターを弾いている少女は私の友だちのマサコだ。バンドのリーダーはマコトだ。彼はドラムを演奏している。歌っている少年はマイクだ。
問：誰がギターを弾いているか。　答：43マサコだ。

問4　タクミは彼の父に新しい自転車を買うように頼んだ。彼の父は彼に古いそれを使って欲しかった。彼の母は彼が新しいそれを買うのを許さなかった。彼のおばは彼のために新しいそれを買った。

問：誰が新しい自転車を欲しかったか。　答：[44]タクミだ。

問5　ユミは去年の夏，オーストラリアへ行った。リサは来年，フランスへ行く予定だ。シンヤはオーストラリアへ行ったことがないが，彼は3回フランスを訪れたことがある。ケンは海外へ行ったことがない。

問：誰がフランスへ行ったことがあるか。　答：[45]シンヤだ。

V．（長文読解・伝記文：語句補充）

（大意）　チャ・サスンは69歳で，韓国の小さな家に1人で住んでいた。家の裏に，農園を持っていた。毎朝，彼女は農園で野菜を摘んで包むと，バスに乗って市場へ野菜を持っていった。彼女は市場で野菜を売った。バスで市場へ行くのに約1時間かかり，野菜をバスに運びこんだり出したりするのはつらかった。なぜチャさんはバスに乗るのか。彼女は運転免許証を持っていなかった。チャさんは免許証が欲しくて免許試験の勉強をし，試験を受けた。40問の難しい試験で，チャさんは合格しなかった。チャさんは少ししか教育を受けず，彼女には読むことが難しかった。試験にはいくつかの長い言葉があった。[46]彼女がそれらを読むことは簡単ではなかった。チャさんはもっと勉強してまた試験を受けた。[47]彼女はそれに合格しなかった。チャさんは標識を作って家の壁にはった。「決してあきらめるな」とその標識には書いてあった。チャさんは決してあきらめなかった。次の4年の間に，950回試験を受けた。ついに，[48]彼女はそれに合格した。次に，彼女は路上テストを受けなければならなかった。その試験はチャさんにとってはより簡単だった。[49]彼女は彼女の5回目の挑戦でそれに合格した。チャさんの話はニュースになり，韓国の自動車会社の人々がチャさんについて読み，彼女に手紙を送った。そして，その会社は手紙以上のものをチャさんにあげた。[50]その会社は彼女に自動車をあげたのだ。今では，チャさんは彼女の美しく新しい自動車で市場へ行く。

問1　①「彼女は長い言葉を簡単に読むことができた」(×)　②「彼女がそれらを読むことは簡単ではなかった」(○)　③「それらを読むことは彼女にとって簡単だった」(×)　④「彼女はたくさんの教育を受けた」(×)

問2　①「彼女は二度と挑戦しなかった」(×)　②「彼女はその試験に合格することができた」(×)　③「彼女はそれに合格しなかった」(○)　④「彼女はその試験のために勉強しなかった」(×)

問3　①「彼女はそれに合格しなければならなかった」(×)　②「彼女はあきらめた」(×)　③「彼女はその試験を951回受けた」(×)　④「彼女はそれに合格した」(○)

問4　①「彼女は路上試験を受けなくてもよかった」(×)　②「彼女は彼女の5回目の挑戦でそれに合格した」(○)　③「彼女はそれに二度と挑戦することができなかった」(×)　④「彼女はその試験を950回より多く受けた」(×)

問5　①「その会社は彼女に2通の手紙をあげた」(×)　②「その会社は彼女に運転免許証をあげた」(×)　③「その会社は彼女に自動車をあげた」(○)　④「その会社は彼女に再びその試験を受けさせた」(×)

★ワンポイントアドバイス★

疑問詞の用法や，疑問詞を使った重要表現を確認しよう。紛らわしいものはまとめて覚えよう。疑問詞に対する答え方も押さえておこう。

＜国語解答＞《学校からの正答の発表はありません。》

【一】 問1 ア ⑤ イ ② 問2 ② 問3 ① 問4 ④ 問5 ③ 問6 ①
問7 ④ 問8 ⑤ 問9 ② 問10 ③ 問11 ④ 問12 ④

【二】 問1 A ③ C ④ 問2 D ⑥ F ③ 問3 ④ 問4 ② 問5 ③
問6 ① 問7 ③ 問8 ① 問9 ②

【三】 問1 A ① B ④ C ② D ③ 問2 A ⑥ B ⑤ C ④
D ②

○推定配点○

【一】 問1・問4・問7 各2点×4 問5・問10・問11 各4点×3 問6 3点 他 各5点×5

【二】 問1・問2 各2点×4 他 各4点×7 【三】 各2点×8 計100点

＜国語解説＞

【一】（論説文－大意・要旨，内容吟味，文脈把握，指示語，接続語，脱文・脱語補充，漢字の書き取り，熟語）

問1 二重傍線部ア「検索」，①「添削」②「画策」③「試行錯誤」④「豊作」⑤「索引」。イ「由来」，①「油断」②「経由」③「湯気」④「愉快」⑤「輸入」。

基本 問2 傍線部A直前の段落で，アメリカ上院の公聴会で科学者のジェームズ・ハンセンが地球温暖化について証言したことがきっかけであることを述べているので②が適当。ジェームズ・ハンセンの証言がきっかけであることを説明していない他の選択肢は不適当。

問3 傍線部B直後で，Bのような人のことを「質素な暮らしをしていた人や，自然を守る活動をしていた人」と言い換えて述べているので①が適当。B直後の内容をふまえていない他の選択肢は不適当。

問4 傍線部Cは「案を立てる」，④は「意を注ぐ」でどちらも下の字が上の字の目的語になっている構成。①は上の字が下の字を修飾する構成。②は上下の字が主語・述語の構成。③は接尾語の「然」がついた構成。⑤は似た意味の字を重ねた構成。

問5 空欄は「エシカル消費」ではない基準なので③が適当。

問6 空欄Eは直前の内容の具体例が続いているので「たとえば」，Gは直前の内容にさらに別の事柄をつけ加えているので「また」，Hは直前の内容とは相反する内容が続いているので「しかし」がそれぞれあてはまる。

問7 「至難のワザ(業)」は実現が極めて困難であるという意味。

重要 問8 傍線部I直後で述べているように，Iの「疑問」はエコな商品を選ぶといった「環境保護に気を遣って生活するのは苦しくないか。そして，自分だけが努力しても無駄ではないか」ということなので，このことをふまえた⑤が適当。I直後の内容をふまえていない他の選択肢は不適当。

問9 空欄J直後で，Jによって「なければ使わない(みんなマイカップを持ってこざるを得ない)から」と述べているので②があてはまる。J直後の内容をふまえていない他の選択肢は不適当。

重要 問10 傍線部K直後で，個人で電気を消費するより，もっと大きなところで電力が浪費されているのではないかというようなKを「社会とつながった，社会が意識された，と言い……社会全体の電力の浪費に関心をもつことが実は環境倫理の目指す方向性なの」だということを述べているので，このことをふまえた③が適当。K直後の内容をふまえていない他の選択肢は不適当。

重要 問11 傍線部Lは，「『自動車に乗りたい』という欲望は，自動車がないと通勤できない状況が生み出している」というように，個人の欲望には，それが生まれる社会的背景があるということなので④が適当。L前の例をふまえていない他の選択肢は不適当。

やや難 問12　容器や乗り物の環境負荷を比較するサイトである「ロカボラボ」や，マイボトルと紙コップ，個人の電力と社会全体の電力などの例を挙げているので，①は適当だが，それぞれの具体的な数字やデータは示していないので④は適当でない。②は最後の段落にあてはまるので適当。「地球温暖化」という言葉が広まって「環境ブーム」になったのは筆者が「中学生・高校生」だったころのもので，小学生のころはなかったと述べているので③も適当。⑤も「しかし，このように……」で始まる段落にあてはまるので適当。

【二】（論説文－大意・要旨，内容吟味，文脈把握，指示語，接続語，脱語補充，漢字の書き取り）

基本 問1　傍線部Aは具体例として引き合いに出すことのできる実際にあった出来事のこと。Cは問題の解決のために話し合ったり，他人の意見を聞いたりすること。

問2　空欄Dは直前の内容とは相反する内容が続いているので⑥，Fは直前の内容を言いかえた内容が続いているので③がそれぞれあてはまる。

問3　傍線部Bは「入江に山が迫る地域で……平地がほとんどなく，」「約七割が高齢者となってい」る地域なので④が適当。B直前の内容をふまえていない他の選択肢は不適当。

やや難 問4　傍線部Eについて最後の段落で，「『頑張らない避難』は，本来，地域が持っていた日常の思い合いの延長に立って，自然に身を寄せ合うコミュニティの姿を災害時に実現するよう促したもの」であることを述べているので②が適当。最後の段落内容をふまえていない他の選択肢は不適当。

問5「まず……」で始まる段落内容から，「青はいまでも山仕事をやっているような元気な家，……助ける側になりえる家」なので，③は適当でない。

問6　傍線部Hは「避難に際して……『防災隣組』という単位をつくり……隣組で行動するというルール」のことなので①が適当。H直前の内容をふまえていない他の選択肢は不適当。

重要 問7　傍線部Iとして，③は述べていないので適当でない。①は「その後……」で始まる段落，②は「私が言っている……」で始まる段落，④は「まず……」で始まる段落でそれぞれ述べている。

問8　傍線部Jの理由としてJ直後で，「早くから開設された避難所には……防災隣組の単位で集まり，避難の名のもとに，楽しい集いの場となっていたよう」だということを述べているので①が適当。J直後の内容をふまえていない他の選択肢は不適当。

重要 問9　空欄Kは，悲しく痛ましいことという意味の「悲愴感」と同じような意味合いの語句なので，状況などが非常に差し迫っている様子を表す②があてはまる。

【三】（ことわざ・慣用句）

重要 問1　Aは体長わずか一寸(約3センチメートル)の虫でさえ，その半分にあたる五分の魂があるということから。Bは花見に行っても，美しい桜の花より，腹の足しになる茶店の団子に目が行ってしまうことから。Cは安価で小さいえびをえさにして，高価で貴重な鯛を釣り上げることから。Dの「身」は「刀身」のことで，刀の手入れを怠ると刀身からさびが出て，いざという時に使い物にならず，自分の命(身)を落とすことになることから。

基本 問2　Aは「肩」を高い位置に置き，威圧するような態度を示しながら歩く様子。Bの「腕」は技能や能力のことを表す。Cは「手」を火傷して二度と手をつけかねている状態から。Dは待ちきれなくて「首」を伸ばし，つま先立ちになるような姿から。

★ワンポイントアドバイス★

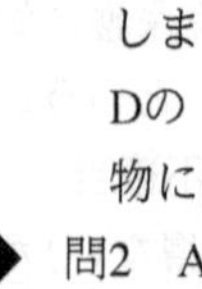

知識分野は，語句だけでなく，その語句の成り立ちや同義語・対義語もあわせて覚えるようにしよう。

2022年度

入　試　問　題

2022年度

2022年度

享栄高等学校入試問題

【数　学】（45分）　　＜満点：100点＞

【注意】　解答の際は，１つの $\boxed{}$ に対して１けたの数字をマークしてください。

例えば　$4 \times 6 = \boxed{1}\ \boxed{2}$ であれば，答えは24なので

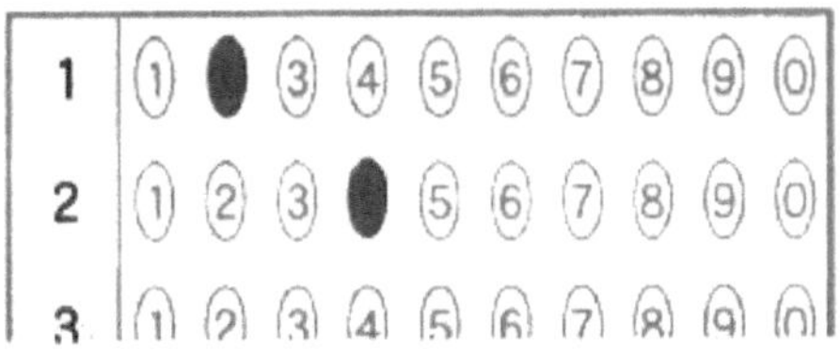

という具合にマークしてください。

選択肢のある問題は，選択肢の番号をマークします。

例えば　$4 \times 6 = \boxed{1}$　選択肢　① 22　② 23　③ 24　④ 25　⑤ 26　であれば

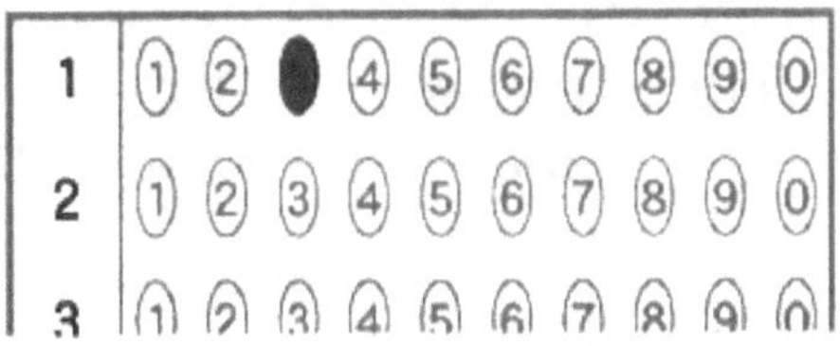

という具合にマークしてください。

答えが分数となる問題の解答方法も同様です。

例えば　ある事柄の起こる確率 $\dfrac{\boxed{1}}{\boxed{2}\ \boxed{3}}$ の答えが $\dfrac{5}{14}$ であったとすると

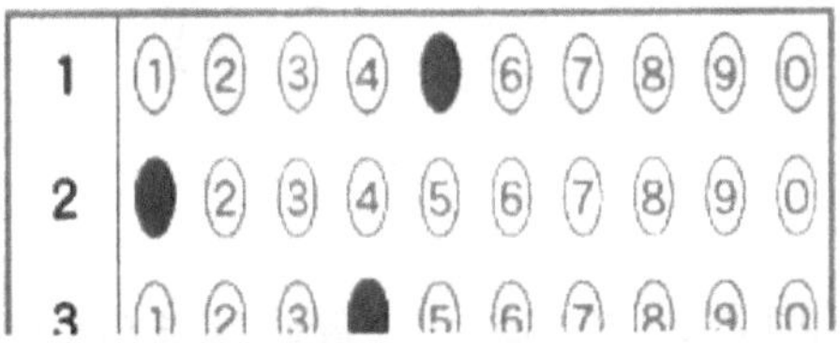

となります。

また，答えは既約分数（それ以上約分できない分数）の形にしてください。

1． 次の計算をし，①～⑤の中から正答を選びなさい。

(1)　$-4 \times (-3) - 2 = \boxed{1}$

①　-20　　②　-14　　③　10　　④　20　　⑤　24

(2)　$\dfrac{1}{2} + \dfrac{5}{6} - \dfrac{6}{5} = \boxed{2}$

①　$\dfrac{2}{15}$　　②　$\dfrac{1}{3}$　　③　$\dfrac{11}{30}$　　④　$\dfrac{1}{2}$　　⑤　$\dfrac{12}{13}$

(3)　$\sqrt{8} + \sqrt{18} - \sqrt{50} = \boxed{3}$

①　$-2\sqrt{6}$　　②　$-\sqrt{2}$　　③　0　　④　$2\sqrt{3}$　　⑤　$10\sqrt{2}$

(4)　$(6x^2y-12xy^2)\div 3xy=$ $\boxed{4}$

①　$18x^3y^2-36x^2y^3$　　②　$3x-9y$　　③　$2x-4y$　　④　$6xy$　　⑤　$-2xy$

(5)　$(-5)^2-(-2^2)=$ $\boxed{5}$

①　-29　　②　-21　　③　14　　④　21　　⑤　29

2． 右の図のように，２点$A(1, 0)$，$B(4, 0)$がある。

さいころを２回投げて，１回目に出た目をx，２回目に出た目をyとして，点$P(x, y)$をとる。

このとき，次の確率を求めなさい。

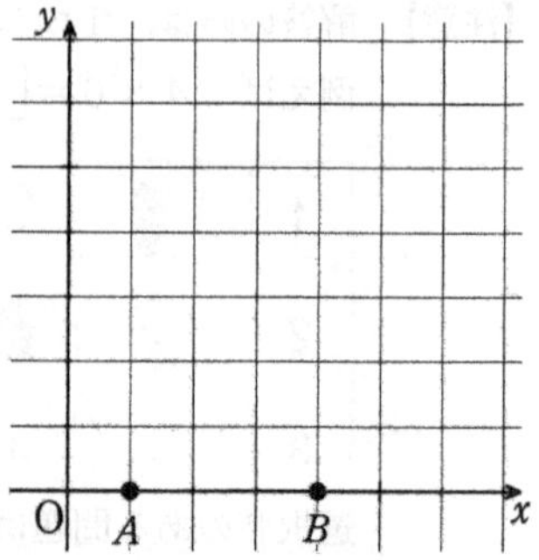

(1)　$\triangle ABP$の面積が整数となる確率 $\dfrac{\boxed{6}}{\boxed{7}}$

(2)　$\triangle ABP$が二等辺三角形となる確率 $\dfrac{\boxed{8}}{\boxed{9}\,\boxed{10}}$

3． 次の図１，２において$\angle x$，$\angle y$の大きさを答えなさい。

図１　$m /\!/ n$, $AB=BC$, $CD=AD$である。

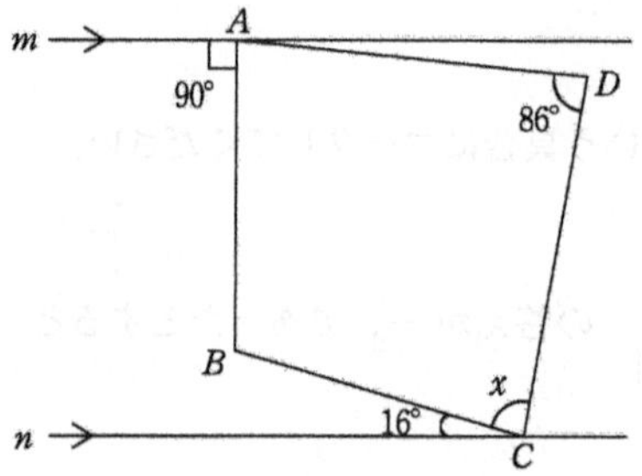

$\angle x=$ $\boxed{11}\,\boxed{12}$ °

図２　四角形$ABCD$は正方形であり，$\triangle ADE$と$\triangle ACF$は正三角形である。

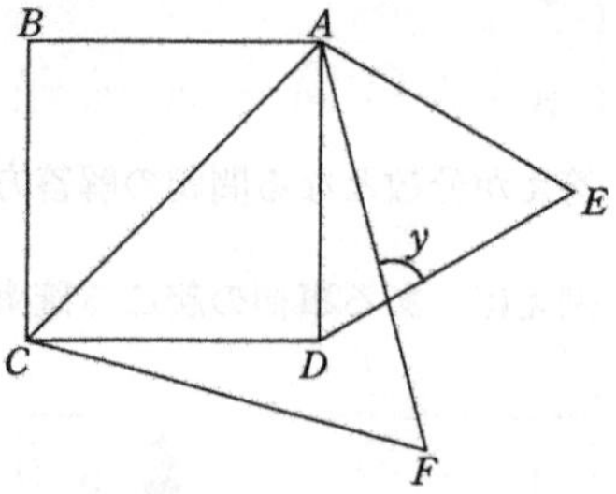

$\angle y=$ $\boxed{13}\,\boxed{14}$ °

4． 図１のように点Aから点Bまでを，円柱の側面にそって１回転して最短で結ぶ線Rがある。この円柱の展開図において線Rはどのように書かれているか，適切な図を①～④から選びなさい。

$\boxed{15}$

図１

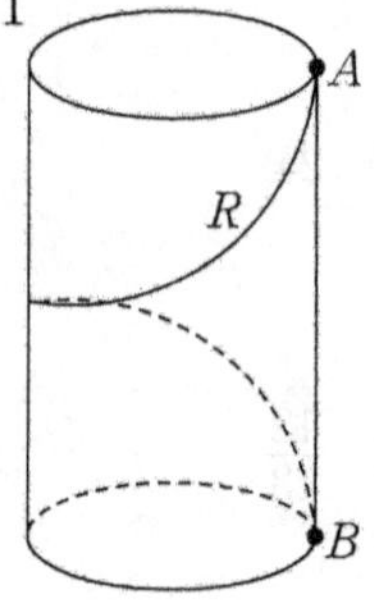

①

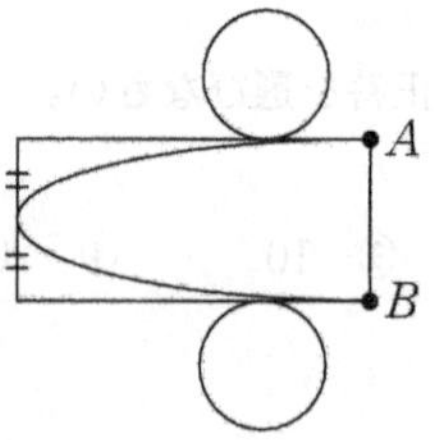

②

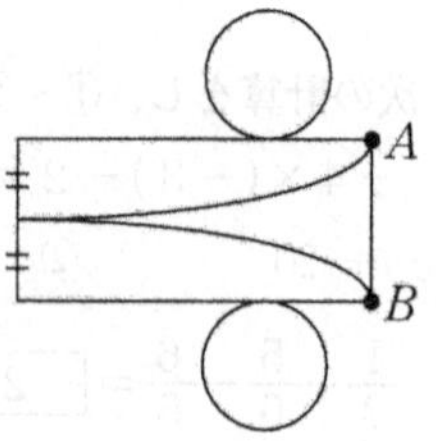

③

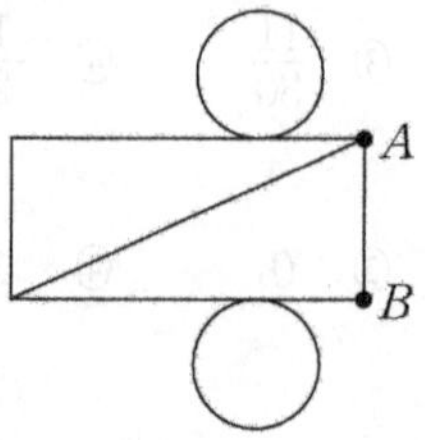

④

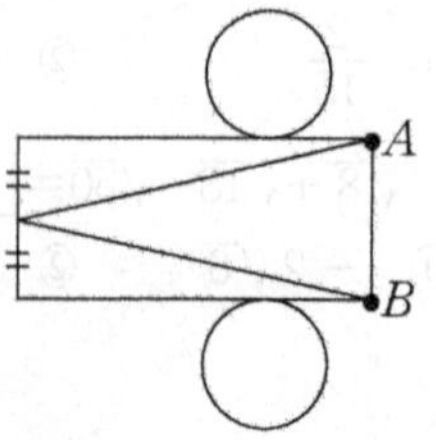

5． 右の図のリングは，外径が16㎝，太さが２㎝である。

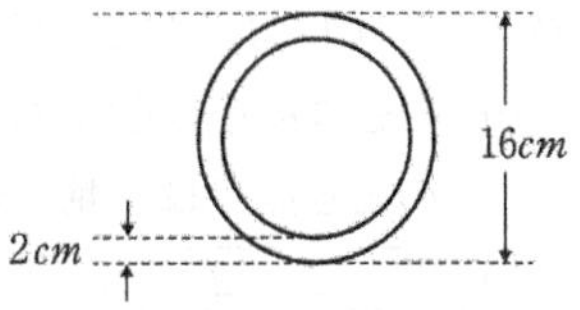

このリングを下の図のようにつないで鎖を作る。

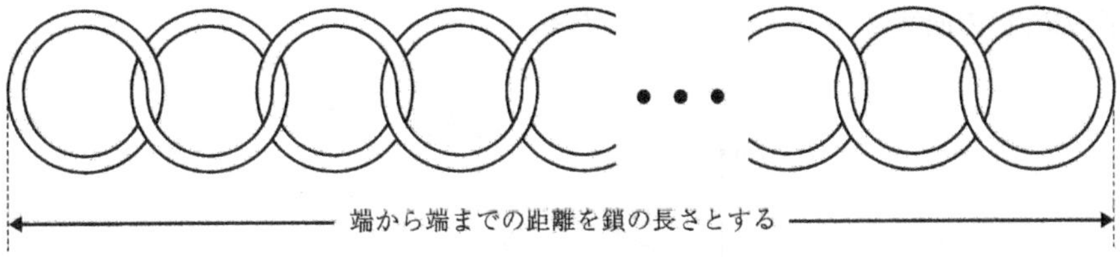

３個のリングをつないだとき，鎖の長さは [16] [17] ㎝である。
また，はじめて鎖の長さが１ｍを超えるのは [18] 個のリングをつないだときである。

6． ２つの食塩水Ａ，Ｂがあり，Ａは５％の食塩水100ｇで，Ｂは濃度のわからない食塩水150ｇである。ＡとＢをすべて混ぜ合わせると11％の食塩水ができるが，Ｂを残して混ぜたので，10％の食塩水ができた。
このとき，食塩水Ｂの濃度は [19] [20] ％であり，残した食塩水Ｂは [21] [22] ｇである。

7． 次のデータは，あるクラスの20人の生徒の身長について集計したものである。
以下の問いに答えなさい。

身長（ｃｍ）以上～未満	130～140	140～150	150～160	160～170	170～180	計
度数（人）	2	5	6	4	3	20
相対度数	0.10	0.25	0.30	[23]	0.15	1.00

(1) 160～170の階級について，相対度数として相応しい値を以下の選択肢①～⑤から選びなさい。 [23]

① 0.10　② 0.15　③ 0.20　④ 0.25　⑤ 0.30

(2) このデータの最頻値となる階級値を以下の選択肢①～⑤から選びなさい。 [24]

① 140　② 145　③ 150　④ 155　⑤ 160

(3) このデータのヒストグラムとして相応しいものを以下の選択肢①～⑤から選びなさい。 [25]

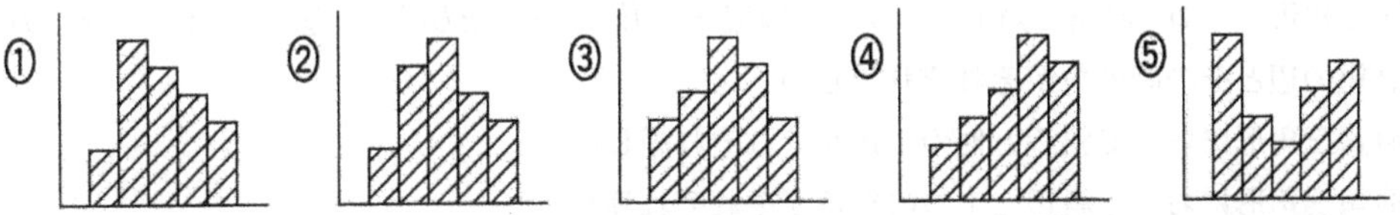

8． 下の図のように２次関数 $y=\dfrac{1}{5}x^2$ と $y=\dfrac{1}{2}x^2$ のグラフ上に点を取り，x 軸に平行な線分 AD, BC をもつ長方形 $ABCD$ をつくる。

このとき点 D は x 軸，y 軸の両方に接する円の中心であるとすると，点 D の座標は（ $\boxed{26}$ ， $\boxed{27}$ ）である。

また，長方形 $ABCD$ の面積は $\dfrac{\boxed{28}\,\boxed{29}}{\boxed{30}}$ である。

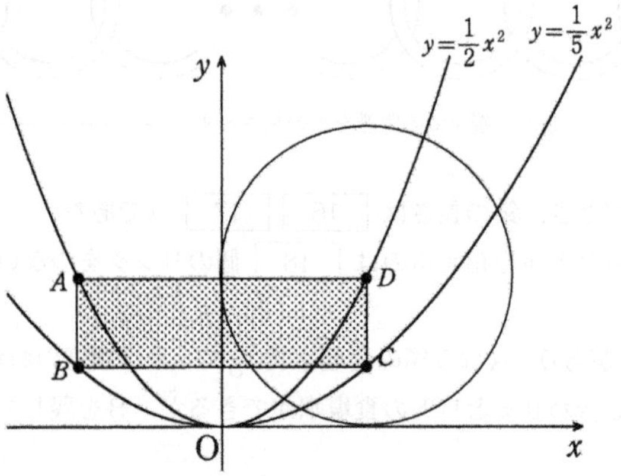

9． 下の図のように鋭角三角形 ABC において，$\angle C$，$\angle B$ から対辺に向かって垂線を下ろし，辺 AB，AC 上にそれぞれ点 D，E をとる。このとき，$BD=CE$ ならば $AB=AC$ であることを証明した。証明が正しく完成するように $\boxed{31}$ ～ $\boxed{33}$ にあてはまるものとして適当な選択肢を①～⑨から選びなさい。

【証明】
$\triangle DCB$ と $\triangle EBC$ において，
仮定より $\angle CDB=\angle BEC=90^\circ$ ……①
また，仮定より $BD=CE$ ……②
BC は共通であるから，$BC=CB$ ……③
①，②，③より $\boxed{31}$ ので，$\triangle DCB\equiv\triangle EBC$ である。
合同な図形では，対応する角は等しいので
$\angle DBC=\angle\boxed{32}$
２つの角が等しいので，$\triangle ABC$ は $\boxed{33}$ であるから，
$AB=AC$ である。　　　証明終了

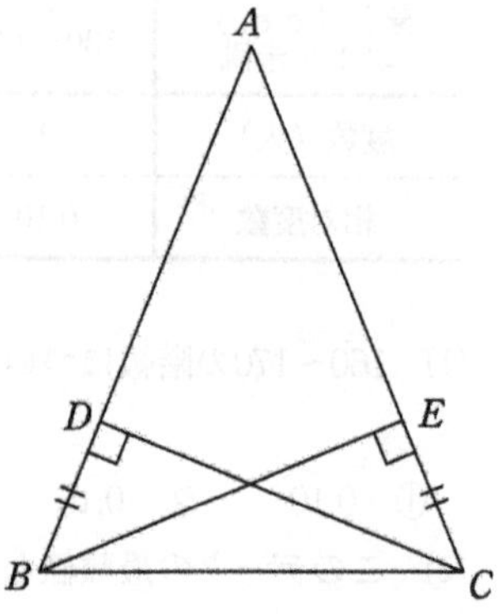

選択肢

① 正三角形　② 直角三角形　③ 二等辺三角形　④ EBC　⑤ ECB　⑥ BEC

⑦ ２組の辺とその間の角がそれぞれ等しい

⑧ 直角三角形において斜辺と他の１辺がそれぞれ等しい

⑨ 直角三角形において斜辺と１つの鋭角がそれぞれ等しい

【英　語】（45分）　＜満点：100点＞

Ⅰ． 問１～20の空欄に入れるのに適切なものを①～④の中から一つ選びなさい。

問１　"Do you have any native English teachers at school?" — "Yes, we [1]".
①　are　②　do　③　can　④　have

問２　He [2] a new computer at Edion yesterday.
①　buy　②　buys　③　bought　④　buying

問３　I am studying hard now [3] we have a math test tomorrow.
①　because　②　if　③　though　④　whcn

問４　"Does your sister speak Spanish?" — "Yes, [4] does."
①　he　②　she　③　you　④　they

問５　I was [5] *Reach Beyond the Blue Sky* on NHK when you called me.
①　watch　②　watched　③　watching　④　to watch

問６　"What did you learn in English class?" — "We [6] about Tony Morrison."
①　are　②　do　③　were　④　learned

問７　Last week he [7] very busy with his homework.
①　is　②　was　③　are　④　were

問８　They went swimming in the beach [8] they had to stay at home.
①　and　②　because　③　if　④　though

問９　"Does this bus go to the zoo?" — "Yes, it [9].　It takes ten minutes."
①　is　②　was　③　does　④　did

問10　Many typhoons will [10] our town this year.
①　hit　②　hits　③　hitting　④　to hit

問11　My grandfather [11] up at 4:00 every morning.
①　get　②　gets　③　gotten　④　getting

問12　"Have you ever [12] *The Bluest Eye*?" — "Yes, I have."
①　read　②　reads　③　reading　④　to read

問13　She was very tired, [13] she went to bed very early.
①　after　②　if　③　so　④　when

問14　My brother loves sports, but he [14] play table tennis.
①　is　②　are　③　isn't　④　doesn't

問15　"Can I [15] to the restroom?" — "Sure."
①　go　②　went　③　gone　④　going

問16　"What time does the party start?" — "It [16] at 6:00.　We must hurry."
①　is　②　was　③　starts　④　must

問17　I love Mickey Mouse.　I want [17] Disney World in Florida.
①　visit　②　visited　③　visiting　④　to visit

問18　"Where is your father's office?" — "[18] is in Toyota."
①　It　②　He　③　She　④　You

問19 She is busy now. She is [19] the bathroom.
① clean ② cleans ③ cleaned ④ cleaning

問20 It was raining hard, [20] they went hiking on the hill.
① because ② but ③ if ④ so

Ⅱ．問1～10の対話を完成させるのに適切な返答を①～④の中から一つ選びなさい。

問1 X：What time is it there in New York now?
Y：[21]
① I live in New York.
② You have your time.
③ It is ten o'clock in the evening.
④ There is New York.

問2 X：Are you free tonight?
Y：[22]
① Sorry. We are busy. ② Yes. You are free.
③ Sure. I have free pizza. ④ No. Tonight is cold.

問3 X：How do you come to school, Ms. Brown?
Y：[23]
① I go to school. ② I ride a bike.
③ Please come here, Ms. Brown. ④ Ms. Brown goes with you.

問4 X：Has he washed the car yet?
Y：[24]
① Yes, he does. ② No, he is still doing it.
③ He drives the car. ④ He may wash the car.

問5 X：Ms. Green, do we have to know this for the test?
Y：Yes. [25]
① Everything I taught is on the test.
② He must know the test.
③ We have to pass the test.
④ This is the test for Ms. Green.

問6 X：How was the party last night?
Y：[26]
① I want to hold a party. ② We had a great time.
③ The party will be fun. ④ You are coming to the party.

問7 X：Are you interested in Japanese sports?
Y：Yes. [27]
① I love sumo. ② You speak Japanese well.
③ I practice kickboxing. ④ You are interested in sports.

問8　X：Dad, where did you meet my mother?

Y：［28］

① I met her last month.　② My mother meets many friends.

③ I will meet her next week.　④ We met at college 25 years ago.

問9　X：Can we skateboard here in the park?

Y：［29］ It is against the law.

① Yes, we can.　② Yes, they do.

③ No, you may not.　④ No, I'm not.

問10　X：What do you have for breakfast?

Y：［30］

① Breakfast is good for you.

② You eat breakfast.

③ I ate sandwiches this morning.

④ We have cereal.

Ⅲ． 問1～10の対話を完成させるのに適切な質問を①～④の中から一つ選びなさい。

問1　X：［31］

Y：No, I don't. I can't drive.

① Do you have a car?

② Do I drive too fast?

③ Did you drive to work then?

④ Can I drive your car?

問2　X：［32］

Y：I am an only son.

① How much do you want?

② Do you have a son?

③ How many brothers do you have?

④ Do you have a daughter?

問3　X：［33］

Y：No. We don't have English on Mondays.

① Do you like Monday or Tuesday?

② Do you have English class today?

③ What do you study on Mondays?

④ When do you study English?

問4　X：［34］

Y：Take Bus No. 31. It is over there.

① Will you get on Bus No.31?

② Can we wait for a bus?

③ Where does Bus No.31 take you?

④ Which bus goes to the museum?

問5　X：35

Y：We have ten minutes between classes.

① Are you ten minutes late?　② Do you have classes on Sundays?

③ How long is the break?　④ What time do you have?

問6　X：36

Y：I am catching fish.

① Will you catch fish?　② Is it fun catching fish?

③ Which fish may I eat?　④ What are you doing here?

問7　X：37

Y：That sounds great!　I want to have Chinese food.

① Did you cook Chinese food again?

② How about going out for dinner?

③ Do you want to learn Chinese?

④ What is the Sound of Music?

問8　X：38

Y：In summer, we are open every day.　In winter, we are closed on Fridays.

① What time are you open?　② Where are you in summer?

③ What day are you open?　④ Where are you in winter?

問9　X：39

Y：I won't be back anytime soon.　We still have a lot of work to do.

① Will you do this work soon?

② Where are you calling from?

③ Will you have a lot of work?

④ When are you coming back?

問10　X：40

Y：Sure.　This is my son.　This is my daughter.　And this is our dog.

① Can I see some of your pictures?

② Do I know your daughter?

③ Shall I walk your dog?

④ Did I meet your son yesterday?

Ⅳ．問1～5の英文を読み，質問に対する答えを①～⑤の中から一つ選びなさい。

問1　The museum is smaller than the theater.　The hospital is larger than the station.　The library is smaller than the museum.　The library is the largest of the station, the hospital, and the library.

Q：Which building is the largest?　A：The 41 is.

① hospital　② library　③ museum　④ station　⑤ theater

問2 Karate is more popular than fencing. Boxing is more popular than judo. Wrestling is as popular as karate. Judo is more popular than wrestling.

Q：Which sport is the most popular? A：[42] is.

① Boxing ② Fencing ③ Judo ④ Karate ⑤ Wrestling

問3 John is heavier than Paul. George is not as heavy as Tim. Kent is lighter than Paul. Tim is the lightest of John, Kent, and Tim.

Q：Who is the heaviest? A：[43] is.

① George ② John ③ Kent ④ Paul ⑤ Tim

問4 Mt. Iizuna is higher than Mt. Madarao. Mt. Kurohime is not as high as Mt. Goryu. Mt. Ontake is higher than Mt. Goryu. Mt. lizuna is not as high as Mt. Kurohime.

Q：Which mountain is the highest? A：Mt. [44] is.

① Goryu ② lizuna ③ Kurohime ④ Madarao ⑤ Ontake

問5 Yoshio gets up earlier than Norio. Akio gets up later than Takeo. Masato gets up the earliest of Norio, Takeo, and Masato. Yoshio gets up the latest of Akio, Masato, and Yoshio.

Q：Who gets up the latest? A：[45] does.

① Akio ② Masato ③ Norio ④ Takeo ⑤ Yoshio

Ⅴ. 留学生リー・タンに対するインタビューを読み，問１～５の空欄に入れるのに適切なものを①～④の中から一つ選びなさい。

Q：Lee Tang, where are you from? How long have you been in Japan?

A：I am from Kuala Lumpur, Malaysia. First, I lived in Kobe and studied at a Japanese language school for two years. After that, I came to Tokyo and entered International Christian University (ICU). Now I am a junior, a third-year student majoring in mass media and communication.

Q：Why did you decide to come to Japan?

A：I was influenced by my father. He has worked for a Japanese company in Singapore for 25 years. When he was a student, he came to Japan and studied at Nanzan University in Nagoya. When I was a small child, he often told me about his wonderful experiences in Japan. Since childhood, I have been interested in Japanese culture and martial arts.

Q：How did you choose your university?

A：I have chosen ICU because I have wanted to learn from a great professor of mass media and communication. Also, students from around the world come to study under the ICU bilingual education program. We can enjoy international experiences.

Q：How is campus life *under a state of emergency?

A：ICU has supported international students during the coronavirus pandemic.

Staff members have helped us out by giving specific advice. Now we can attend some classes in person, but most lectures are given online. Because of COVID-19, we have few chances to meet friends on campus. Luckily, I work part-time at a convenience store twice a week. Most customers are kind and friendly. During my part-time job, I can practice Japanese and learn a lot.

Q：What impresses you the most when you are staying in Japan?

A：I am surprised that people in Japan just go out under a state of emergency. In central Tokyo, department stores are full of many people shopping and dining. Of course, they wear masks, but they go about their business as usual. In Malaysia, during the lockdown, we must stay at home all the time. We may not go out. If we break the restriction, we must pay a fine.

（注） *under a state of emergency：緊急事態宣言下

Q：What are you going to do after graduation?

A：I have not decided yet. Of course, I want to get a job in Japan. Also, I want to go on to graduate school and focus on cross-cultural communication studies. Because of COVID-19, I have not gone back to Kuala Lumpur and met my family for a long time. I need to talk to my parents about my future.

Q：Many students want to study in Japan. Do you have any advice for them?

A：Moving from your hometown to a new country may be a big change, but you can grow through new experiences. Also, there are people here in Japan who will help you. If you have a big dream, you should come to study in Japan.

問1 Lee Tang came to Japan [46] years ago.

① two ② three ③ five ④ seven

問2 When Lee Tang's father was a student, he studied in [47].

① Nagoya ② Tokyo ③ Kobe ④ Singapore

問3 While living in Tokyo, Lee Tang [48].

① works for a Japanese company

② studies at Nanzan University

③ teaches Japanese martial arts

④ learns mass media and communication

問4 Under a state of emergency, Lee Tang enjoys [49].

① campus life ② a part-time job ③ shopping ④ traveling

問5 Perhaps Lee Tang will NOT [50] after graduation.

① get a job in Japan

② go on to graduate school

③ meet his family in Kuala Lumpur

④ move from his hometown to a new country

ii に入る語句 21

① カシは強そうに見えるのに、細い草であるヨシに非難されたということ。

② 大型の植物であっても、昆虫による食害には耐えられないということ。

③ 踏まれることに耐えたのに、芽を出すことができない植物が多いということ。

④ 頑強な大木であっても、強風には耐えられずに折れてしまうこと。

⑤ しつこく増殖するのに、大型植物が生い茂る場所では生息できないこと。

iii に入る語句 22

① 逆境を避ける方法　② 本当の強さ　③ 雑草の弱さ

④ 耐えることの大切さ　⑤ 生存競争の厳しさ

【三】 次の各設問に答えなさい。

問1 次のA～Dの人物の作品を、あとの【作品名】①～⑨の中からそれぞれ一つずつ選びなさい。解答番号は23～26。

A 清少納言 23　B 松尾芭蕉 24

C 志賀直哉 25　D 太宰 治 26

【作品名】

① 源氏物語　② 枕草子　③ 徒然草　④ 奥の細道

⑤ おらが春　⑥ 明暗　⑦ 暗夜行路　⑧ 斜陽

⑨ 地獄変

問2 次のA～Dの意味を表す慣用句・ことわざをあとの【語群】①～⑧の中からそれぞれ一つずつ選びなさい。解答番号は27～30。

A 中途半端で役に立たないこと。 27

B 他人のものを利用して自分の目的を果たすこと。 28

C 同類のものがすることはお互いによくわかること。 29

D 仲のいい間柄や、始めたことがらに邪魔をすること。 30

【語群】

① 他人の飯を食う　② 人のふんどしで相撲をとる

③ 蛇の道は蛇　④ 帯に短したすきに長し

⑤ 口八丁手八丁　⑥ 鳩に豆鉄砲

⑦ 水を差す　⑧ 犬猿の仲

③ 競争を得意とする雑草は、草刈りや耕起をされない場所を認識しており、種子が運ばれる場所を自ら選択するということ。

④ 人間が雑草を踏むことで、大型植物が生息できる場所に雑草の種子が運ばれ、森の一部となることができるということ。

⑤ 雑草にとっては逆境となる草刈りが、芽を出す機会を待っていた種子にとっては好都合であり、雑草は減っていくということ。

問7 空欄［F］・［H］にあてはまる語句の組み合わせとして最も適当なものを、次の①～⑤の中から一つ選びなさい。解答番号は17。

① ［F］しかし　［H］いわゆる
② ［F］しかし　［H］まさか
③ ［F］だから　［H］かえって
④ ［F］だから　［H］いわゆる
⑤ ［F］しかも　［H］かえって

問8 空欄［G］にあてはまる語句として最も適当なものを、次の①～⑤の中から一つ選びなさい。解答番号は18。

① カシを育てること　② 除草剤を散布すること
③ 昆虫を飼うこと　④ 雑草をとらないこと
⑤ 草取りをすること

問9 本文中から次の一文が抜いてある。この一文が入る最も適当な箇所を、あとの①～⑤の中から一つ選びなさい。解答番号は19。

> ヘルメットが、外は固いが中はクッションがあって柔らかいのと、まったく同じ構造なのである。

① 本文中の Ⅰ　② 本文中の Ⅱ　③ 本文中の Ⅲ
④ 本文中の Ⅳ　⑤ 本文中の Ⅴ

問10 この文章を授業で読んだJさんは、内容をよく理解するために次のようなノートを作成した。空欄 i ～ iii に入る語句として最も適当なものを、あとの各語群の①～⑤の中からそれぞれ一つずつ選びなさい。解答番号は20～22。

ノート

> 雑草は 弱くて強い存在 であり、 強くて弱い存在 である。
>
> ＝ i ← 弱い面もあるが、生存できる環境では自然に従って自分を活かすことができるということ。
>
> ＝ ii ← 強い面もあるが、生存できない環境では、あえて自然に逆らわないということ。
>
> ← 雑草は自然を受け入れて自分を活かしているのである。
>
> 自然を受け入れる柔らかさを持った雑草が生存しにくい場所では、最終的に生存できるのは頑強な植物である。このことを考えると、頑強な植物も自然に従って自分を活かしているのである。
>
> ⇐つまり
>
> 見た目の剛柔ではなく、自然の節理に従って自分を活かすことが iii なのである。

i に入る語句 20

① 草刈りをされない場所に生えているおかげで、繁殖できること。
② 踏まれやすい場所に生えたが、踏まれなくて済むこと。
③ 踏まれることや刈られることを利用して増殖すること。
④ 踏まれて種子を運んでもらったのに、大型の植物が生えてくること。
⑤ 弱そうに見えるヨシが、強い風に耐えきれずに折れてしまうこと。

問1　二重傍線部ア「シュウ逸」イ「トウ来」のカタカナ部分を漢字に直したとき、同じ漢字を含むものを、次の各語群の①～⑤の中からそれぞれ一つずつ選びなさい。解答番号は10・11。

ア「シュウ逸」10

①　富士のシュウ麗な姿。　②　事態がシュウ束する。

③　社長にシュウ任する。　④　シュウ大成の作品。

⑤　シュウ点に着く。

イ「トウ来」11

①　演奏にトウ酔する。　②　人材をトウ用する。

③　国をトウ治する。　④　役割を配トウする。

⑤　用意周トウな計画。

問2　空欄［A］にあてはまる語句として最も適当なものを、次の①～⑤の中から一つ選びなさい。解答番号は12。

①　柳を折る　②　柳の下　③　柳と蛙

④　柳に風　⑤　柳の舞

問3　傍線部B「強情に力くらべをする」とあるが、本文中でこれと反対の意味で用いられている部分として最も適当なものを、次の①～⑤の中から一つ選びなさい。解答番号は13。

①　弱そうに見えるヨシが、強い風で折れてしまった

②　大木は頑強だが、強風が来たときには持ちこたえられずに折れてしまう

③　自然を受け入れられる

④　自然の力に逆らう

⑤　正面から風を受け止めて、それでも負けないこと

問4　傍線部C「こうなると」とあるが、これはどうなることか。その説明として最も適当なものを、次の①～⑤の中から一つ選びなさい。解答番号は14。

①　オオバコの種子が風に乗って運ばれ、人間の衣類や車のタイヤなどについて広がり、世界中にオオバコが知られるようになること。

②　柔らかさと硬さを併せ持った競争に強いオオバコが、舗装されていない道路やグラウンドの特定の場所に生え始めること。

③　車のタイヤなどにつくことによって種子を運ぶオオバコが、道に沿ってどこまでも生えるようになること。

④　オオバコの種子がゼリー状の粘着液を出して膨張することで、人間に踏まれにくい構造になること。

⑤　葉の中に硬い筋を持っているオオバコが、踏まれても葉がちぎれないような踏まれに強い構造になること。

問5　傍線部D「ポジティブ」と反対の意味を表すカタカナ語として最も適当なものを、次の①～⑤の中から一つ選びなさい。解答番号は15。

①　アクティブ　②　アグレッシブ　③　イニシアチブ

④　クリエイティブ　⑤　ネガティブ

問6　傍線部E「雑草の戦略」とあるが、その説明として最も適当なものを、次の①～⑤の中から一つ選びなさい。解答番号は16。

①　雑草は草刈りや耕起をされることで生存できなくなるが、植物相互間の我慢があるからこそ植物同士は共存できるということ。

②　競争に弱い雑草は、他の植物にとっては生存を危ぶまれるような草刈りや耕起を利用して増殖するということ。

に、オオバコは踏まれることで、種子を運ぶのである。

よく、道に沿ってどこまでもオオバコが生えているようすを見かけるが、それは、種子が車のタイヤなどについて広がっているからなのだ。

Cこうなると、オオバコにとって踏まれることは、耐えることでも、克服すべきことでもない。もはや踏まれないと困るくらいまでに、踏まれることを利用しているのである。

Ⅳ

「逆境をプラスに変える」というと、「物事を良い方向に考えよう」というDポジティブシンキングを思い出す人もいるかも知れない。

しかし、E雑草の戦略は、そんな気休めのものではない。もっと具体的に、逆境を利用して成功するのである。

たとえば、雑草が生えるような場所は、草刈りされたり、耕されたりする。ふつうに考えれば、草刈りや耕起は、植物にとっては生存を危ぶまれるような大事件である。[F]、雑草は違う。草刈りや耕起をして、茎がちぎれちぎれに切断されてしまうと、ちぎれた断片の一つ一つが根を出し、新たな芽を出して再生する。つまり、ちぎれちぎれになったことによって、雑草は増えてしまうのである。

また、きれいに草むしりをしたつもりでも、しばらくすると、一斉に雑草が芽を出してくることもある。じつは、地面の下には、膨大な雑草の種子が芽を出すチャンスを伺っている。一般に種子は、暗いところで発芽をする性質を持っているものが多いが、雑草の種子は光が当たると芽を出すものが多い。

草むしりをして、土がひっくり返されると、土の中に光が差し込む。光が当たるということは、ライバルとなる他の雑草が取り除かれたという合図でもある。そのため、地面の下の雑草の種子は、チャンスイトウ来とばかりに我先にと芽を出し始めるのである。

Ⅴ

こうして、きれいに草取りをしたと思っても、それを合図にたくさんの雑草の種子が芽を出して、結果的に雑草が増えてしまうのである。

草刈りや草むしりは、雑草を除去するための作業だから、雑草の生存にとっては逆境だが、雑草はそれを逆手に取って、増殖してしまうのである。何というしつこい存在なのだろう。

そんなしつこい雑草をなくす方法など、あるのだろうか。

じつは、一つだけ雑草をなくす方法があると言われている。それは、あろうことか「[G]」だという。

雑草は、草刈りや草取りなど逆境によって繁殖する。草取りをやめてしまえば、雑草だけでなく、さまざまな植物が生えてくる。そうなると、競争に弱い雑草は、立つ瀬がない。だんだんと大きな草が生え、やがて、※2灌木《かんぼく》が生えてくる。そして、長い年月を経て、森となっていくのである。人の手が入らなければ、[H]「※3遷移《せんい》」が起こるのである。競争に弱い雑草は、大型の植物や木々が生い茂る場所では、生存することができない。そして、ついに雑草はなくなってしまうのである。

本当に雑草は弱くて強い存在であり、また強くて弱い存在なのだ。

（『植物はなぜ動かないのか』稲垣栄洋　ちくまプリマー新書）

注釈　※1　節理……物事の道理。ことわり。すじみち。

※2　灌木……ツツジなどの丈が低く、幹が発達しない植物。

※3　遷移……一定地域の植物群落が、環境の推移によって他の種類へと交代し、一定の方向へ変化していくこと。

生息できない。そこで、他の強い植物が生えることのできないような、踏まれる場所を選んで生えているのである。

オオバコは踏まれに強い構造を持っている。

オオバコの葉は、とても柔らかい。硬い葉は、踏まれた衝撃で傷つきやすいが、柔らかい葉で衝撃を吸収するようになっているのである。しかし、柔らかいだけの葉では、踏まれたときにちぎれてしまう。そこで、オオバコは葉の中に硬い筋を持っている。このように、柔らかさと硬さを併《あわ》せ持っているところが、オオバコが踏まれに強い秘密である。

Ⅰ

茎は、葉とは逆に外側が硬くなかなか切れない。しかし、茎の内側は柔らかいスポンジ状になっていて、とてもしなやかである。茎もまた硬さと柔らかさを併せ持つことによって、踏まれに強くなっているのである。

Ⅱ

「柔よく剛を制す」という言葉がある。

見るからに強そうなものが強いとは限らない。柔らかく見えるものが強いことがあるかも知れないのである。

昆虫学者として有名なファーブルは、じつは『ファーブル植物記』もしたためている。その植物記のなかで、ヨシとカシの木の物語が出てくる。

ヨシは水辺に生える細い草である。ヨシは突風に倒れそうになったカシの木にこう語りかける。カシはいかにも立派な大木だ。しかし、ヨシはカシに向かってこう語りかける。「私はあなたほど風が怖くない。折れないように身をかがめるからね」

日本には「[　A　]」ということわざがある。カシのような大木は頑強だが、強風が来たときには持ちこたえられずに折れてしまう。ところが、細くて弱そうに見える柳の枝は風になびいて折れることはない。弱そうに見えるヨシが、強い風で折れてしまったという話は聞かない。柔らかく外からの力をかわすことは、B強情に力くらべをするよりもずっと強いのである。

Ⅲ

柔らかいことが強いということは、若い読者の方にはわかりにくいかも知れない。正面から風を受け止めて、それでも負けないことこそが、本当の強さである。ヨシのように強い力になびくことは、ずるい生き方だと若い皆さんは思うことだろう。

しかし、風が吹くこともまた自然の※1節理である。風は風で吹き抜けなければならない。自然の力に逆らうよりも、自然に従って自分を活《い》かすことが大切である。

この自然を受け入れられる「柔らかさこそ」が、本当の強さなのである。

オオバコは、柔らかさと硬さを併せ持って、踏まれに強い構造をしている。

しかし、オオバコのすごいところは、踏まれに対して強いというだけではない。

オオバコの種子は、雨などの水に濡れるとゼリー状の粘着液を出して膨張する。そして、人間の靴や動物の足にくっついて、種子が運ばれるようになっているのである。オオバコの学名は**Plantago**。これは、足の裏で運ぶという意味である。タンポポが風に乗せて種子を運ぶようはっきりと区別している。

⑤　日本だと日焼けの色を赤や褐色と表現するが、中国語では紫としか表現しない。

問5　傍線部G「語彙」の漢字の読み方と同義語として最も適当なものを、次の①～⑤の中からそれぞれ一つずつ選びなさい。解答番号は6・7。

読み方　6　①　ごびゅう　②　ごい　③　ごしん
　④　ごさ　⑤　ごおん

同義語　7　①　ライブラリー　②　ラボラトリー
　③　リカバリー　④　ボキャブラリー
　⑤　デリバリー

問6　傍線部H『「東西南北」が実用的ではない』とはどういうことか。その説明として最も適当なものを、次の①～⑤の中から一つ選びなさい。解答番号は8。

①　「東西南北」の指針は理解することが難しいため現代ではなかなか普及しないということ。

②　「前後左右」で空間把握を行っている人たちには「東西南北」の指針は必要ないということ。

③　果てしなく広がる草原などでは位置関係を把握する場合に「東西南北」の指針が非常に重要だということ。

④　空間把握や位置関係を把握する場合には「東西南北」の指針以外は頼りにならないということ。

⑤　地形に合わせて川や谷が広がっている山間部では「東西南北」の指針が役に立たないということ。

問7　本文の内容にあてはまるものとして最も適当なものを、次の①～⑤の中から一つ選びなさい。解答番号は9。

①　「あと」という表現は空間的に「うしろ」を指すので、過去を表すときにしか使うことはできない。

②　色彩語によるズレがあったとしても、その色は科学的には同じ色として見えていると考えられる。

③　空間把握を「前後左右」で行っているのは日本人だけであり、他の国では「東西南北」を使う。

④　日本人は外国語を学習することはできても、外国語の思考方式を身につけることはできない。

⑤　人間は無意識に環境に適応し、その後言語が生まれるので、思考や文化よりも言語が先に存在する。

【二】　次の文章は、雑草の成功戦略を一言でいえば「逆境×変化×多様性」であると主張する筆者が「逆境」について書いている部分の一部である。これを読んで、あとの問いに答えなさい。

「逆境」とは「逆境をプラスに転じる力」である。

たとえば、踏まれながら生きることは、多くの人が雑草に持つイメージだろう。

中でもオオバコという雑草の戦略はアシュウ逸である。オオバコは、舗装《ほそう》されていない道路やグラウンドなど、踏まれやすい場所によく生えている。じつは、オオバコは踏まれやすい場所に好んで生えているのである。

オオバコは競争に弱い植物なので、他の植物が生えるような場所には国語学習はできないことになってしまう。

言語と思考の関係で同時によく話題に上るのは文化との関係である。一例として、空間把握の仕方と言語、文化の関係を考えてみよう。日本人はたいてい空間把握を「前後左右」で行っていると思われるが、「前後左右」の語を使わず、「東西南北」で把握する言語、そしてその言語を用いる文化もある。

だだっぴろい草原だとか、逆に目標物が雑然としているジャングルの中などでは、身の回りの「前後左右」のような位置関係よりも絶対的な「東西南北」で意識したほうが、位置がわかりやすいのだろう。吉岡乾『現地嫌いなフィールド言語学者、かく語りき。』によると、山間部では、「東西南北」を持たない言語も多いという。そしてそれは、川や谷が地形に合わせて「東西南北」の指針を無視して延びているし、高い・低いも重要になるからであるらしい。そのような地形では、H「東西南北」が実用的ではないのである。その代わりに、別の位置関係を表す概念を使う。

とすると、空間把握についても無意識レベルでの環境に対する適応がまずあって、それに対応して言語ができているように思われる。やはり、思考や文化が先で言語が後であって、その逆ではないように思われる。

（『「文」とは何か　愉しい日本語文法のはなし』　橋本陽介　光文社新書）

注釈　※　範疇……同じような性質のものが含まれる範囲。

問1　空欄［A］・［B］にあてはまる語句の組み合わせとして最も適当なものを、次の①～⑤の中から一つ選びなさい。解答番号は1。

① ［A］未来　［B］現在　② ［A］未来　［B］過去

③ ［A］現在　［B］過去　④ ［A］現在　［B］未来

⑤ ［A］過去　［B］未来

問2　傍線部C「シバられ」F「コトなる」のカタカナ部分の漢字を、次の①～⑤の中からそれぞれ一つずつ選びなさい。解答番号は2・3。

C「シバられ」……2

① 結　② 絆　③ 約　④ 緩　⑤ 縛

F「コトなる」……3

① 事　② 殊　③ 言　④ 異　⑤ 琴

問3　傍線部D「そうした実験」とあるが、その実験の内容として最も適当なものを、次の①～⑤の中から一つ選びなさい。解答番号は4。

① 外国語を翻訳する際に、どこまでニュアンスが伝わるかという実験。

② 時間の流れが過去と未来のどちらに向かうかという実験。

③ 日本人が「青」と「緑」を別色と考えるかどうかという実験。

④ あらゆる言語学で色彩語が話題にされるかどうかという実験。

⑤ 使用する言語で思考が変化するかどうかという実験。

問4　傍線部E「このような違い」とあるが、本文中に挙げられている例として最も適当なものを、次の①～⑤の中から一つ選びなさい。解答番号は5。

① 日本語と中国語では、日焼けした後の色の表現は同じでも、柴犬の色の表現は違う。

② 日本では柴犬の色を茶色と表現するが、英語やフランス語では黄色と表現している。

③ 封筒の色を茶色と表現する言語もあるが、黄色と表現する言語もある。

④ 葉っぱの色は青や緑で表現しているが、現代日本人は青と緑を

【国　語】（四五分）〈満点：一〇〇点〉

【一】 次の文章を読んであとの問いに答えなさい。

　時間について言えば、日本語でも表現と直観が一致していないことがある。時間は過去から未来に向かって流れていると感じるだろうか、それとも、未来から過去に向かって流れていると感じるだろうか？

　私などはなんとなく、過去から未来に流れているように思うが、どうだろうか？

　だが、日本語の表現を見てほしい。今を起点として、ちょっと時間がたったある時点（未来）を何と呼ぶのか？「三時間あと」などというだろう。「あと」というのは、空間的には「うしろ」だ。その逆、すなわち過去は「三時間まえ」と表現する。「まえ」は空間的には目の向かう方向なので、前方である。この言語表現上は、前方は［　A　］ではなくて［　B　］である。［　A　］から［　B　］に向かって時間が流れていることになる。

　しかし、私を含めて少なくない日本人は過去から未来に時間が流れているように感じるだろう。とすると、「～まえ」という言葉を使っているからと言って、認識や思考もそれにCシバられているとは必ずしも言えない。

　「使用する言語によって思考が影響を受ける」かどうか、言語学では実験が行われてきた。ガイ・ドイッチャー『言語が違えば、世界も違って見えるわけ』や今井むつみ『ことばと思考』では、いくつかの実験例が紹介されている。

　Dそうした実験において、よく話題に上るのが、色彩語である。

　色彩語は言語による差が大きい。柴犬の色は何色だろうか。おそらく日本人なら茶色と答えるだろう。だが、中国語だと柴犬の色は黄色になる。封筒の色も日本語では茶色だが、英語やフランス語では黄色になるらしい。日焼けした後の色は、日本だと赤か褐色だろうが、中国語では紫と表現することがしばしばある。色は連続しているため、どこからどこまでを同じ語で呼ぶかはズレが生じやすいのである。

　だが、Eこのような違いにもかかわらず、言語の違いが認識に与える影響は限定的なようだ。

　人間である以上、色は言語にかかわらず、科学的には同じように見えていると思われる。それを言い分ける仕方が違うだけである。何語を使っていても同じように色が見えている以上、「言語によって世界の見え方が変わる」とは言えない。とするならば、言語による違いは、連続して見える色合いをカテゴリーで区別する際に、その分ける習慣がFコトなるだけのようである。

　現代日本人は、「青」と「緑」を別色と考える習慣を持っている。だから、葉っぱの色を見て「青い」とは表現しない。あれは明らかに緑色だ。「緑」も「青」の※範疇《はんちゅう》に含まれていた古代日本語を使用する人たちの習慣では「青」と表現できたが、見えている色はたぶん古代人も私たちも同じだ。

　それに、日本語の母語話者でも、英語を勉強すれば、英語のG語彙を理解できる。また、外国語を学習すると「翻訳してしまうとニュアンスが伝わらない」ということを体験するが、それを自覚できるということは、外国語の思考方式を身につけることが可能だということである。仮に日本語が私たちの思考を完全に決定してしまうとしたら、そもそも外

2022年度

解　答　と　解　説

《2022年度の配点は解答欄に掲載してあります。》

＜数学解答＞《学校からの正答の発表はありません。》

1.　(1)　$\boxed{1}$　③　(2)　$\boxed{2}$　①　(3)　$\boxed{3}$　③　(4)　$\boxed{4}$　③　(5)　$\boxed{5}$　⑤
2.　(1)　$\boxed{6}$　1　$\boxed{7}$　2　(2)　$\boxed{8}$　1　$\boxed{9}$　1　$\boxed{10}$　8
3.　$\boxed{11}$　8　$\boxed{12}$　4　$\boxed{13}$　7　$\boxed{14}$　5
4.　$\boxed{15}$　③
5.　$\boxed{16}$　4　$\boxed{17}$　0　$\boxed{18}$　9
6.　$\boxed{19}$　1　$\boxed{20}$　5　$\boxed{21}$　5　$\boxed{22}$　0
7.　(1)　$\boxed{23}$　③　(2)　$\boxed{24}$　④　(3)　$\boxed{25}$　②
8.　$\boxed{26}$　2　$\boxed{27}$　2　$\boxed{28}$　2　$\boxed{29}$　4　$\boxed{30}$　5
9.　$\boxed{31}$　⑧　$\boxed{32}$　⑤　$\boxed{33}$　③

○推定配点○

1.　各3点×5　2.　各5点×2　3.　各5点×2　4.　5点　5.　各5点×2　6.　各5点×2
7.　各5点×3　8.　各5点×2　9.　各5点×3　計100点

＜数学解説＞

本 1.（数と式の計算，平方根）

(1)　$-4\times(-3)-2=12-2=10$

(2)　$\frac{1}{2}+\frac{5}{6}-\frac{6}{5}=\frac{15}{30}+\frac{25}{30}-\frac{36}{30}=\frac{4}{30}=\frac{2}{15}$

(3)　$\sqrt{8}+\sqrt{18}-\sqrt{50}=2\sqrt{2}+3\sqrt{2}-5\sqrt{2}=0$

(4)　$(6x^2y-12xy^2)\div3xy=6x^2y\div3xy-12xy^2\div3xy=2x-4y$

(5)　$(-5)^2-(-2^2)=(-5)\times(-5)-(-2\times2)=25-(-4)=25+(+4)=25+4=29$

要 2.（確率）

(1)　△ABPを底辺が線分ABの三角形とみると，高さは点Pのy座標に等しい。ここで，2点A(1, 0)，B(4, 0)を結ぶ線分ABの長さは4−1＝3なので，△ABPの面積は，△ABP＝AB×(点Pのy座標)÷2＝3×(点Pのy座標)÷2として求められる。このとき，△ABPの面積が整数となるためには，点Pのy座標が偶数にならなければならない。そして，xもyも6以下の自然数なので，y座標が偶数となる点Pの座標は(1, 2)，(1, 4)，(1, 6)，(2, 2)，(2, 4)，(2, 6)，(3, 2)，(3, 4)，(3, 6)，(4, 2)，(4, 4)，(4, 6)，(5, 2)，(5, 4)，(5, 6)，(6, 2)，(6, 4)，(6, 6)の18通りとなる。さらに，さいころを2回投げたときの目の出方は全部で6×6＝36(通り)なので，△ABPの面積が整数となる確率は$\frac{18}{36}=\frac{1}{2}$

(2)　△ABPをPA＝PBの二等辺三角形とみると，線分ABの中点の座標が(1.5, 0)であることから，整数の座標を持つ点Pは線分ABの垂直二等分線上に存在できないので，△ABPがPA＝PBの二等辺三角形になる確率は0となる。次に，△ABPをAB＝APの二等辺三角形とみると，点Aを中心とした半径3の円周上に存在できる点Pの位置は(1, 3)だけなので，△ABPがAB＝APの二等辺三角形になる確率は$\frac{1}{36}$となる。さらに，△ABPをAB＝BPの二等辺三角形とみると，点Bを中心とした半径3の円周上に存在できる点Pの位置は(4, 3)だけなので，△ABPがAB＝BPの二等辺三角形になる確率は$\frac{1}{36}$となる。よって，△ABPが二等辺三角形となる確率は$0+\frac{1}{36}+\frac{1}{36}=\frac{2}{36}=\frac{1}{18}$

3. **(平行線と角，四角形・三角形と角)**

図1において，点Bを通りm，nに平行な直線とCDの交点を点Eとする。平行線の錯角は等しいので∠ABE＝90°，∠CBE＝16°となり，∠ABC＝∠ABE＋∠CBE＝90°＋16°＝106°　このとき，△ABCはAB＝BCの二等辺三角形なので，∠ACB＝(180°－∠ABC)÷2＝(180°－106°)÷2＝74°÷2＝37°　また，△ADCはCD＝ADの二等辺三角形なので，∠ACD＝(180°－∠ADC)÷2＝(180°－86°)÷2＝94°÷2＝47°　よって，∠x＝∠BCD＝∠ACB＋∠ACD＝37°＋47°＝84°　次に，図2において，AFとDEの交点を点Gとする。正三角形である△ACFの1つの角の大きさは60°なので，∠CAF＝60°　また，△ADCは∠ADC＝90°，AD＝CDの直角二等辺三角形なので，∠CAD＝45°　このとき，∠DAG＝∠DAF＝∠CAF－∠CAD＝60°－45°＝15°　さらに，正三角形である△ADEの1つの角の大きさは60°なので，∠ADG＝∠ADE＝60°　よって，三角形の外角は，それととなり合わない2つの内角の和に等しいので，∠y＝∠AGE＝∠DAG＋∠ADG＝15°＋60°＝75°

基本 **4.** **(円柱と展開図)**

線Rは円柱の側面にそって1回転して最短で結ぶ線であり，展開図における側面は長方形なので，線Rはこの長方形の対角線として書かれる。よって，適切な図は③となる。

重要 **5.** **(規則性)**

2個のリングをつなぐと，2個のリングの外径の合計の16×2＝32(cm)から，リングがつながった部分の2＋2＝4(cm)を除いた32－4＝28(cm)が2個のリングをつないだときの鎖の長さとなる。さらに，3個のリングをつなぐと，3個のリングの外径の合計の16×3＝48(cm)から，リングがつながった部分の2＋2＝4(cm)を2つ除いた48－4×2＝40(cm)が3個のリングをつないだときの鎖の長さとなる。さらに，4個のリングをつないだときの鎖の長さは16×4－(2＋2)×3＝52(cm)となり，リングを1個増やすと鎖の長さは12cmずつ増えていくので，5個のリングをつないだときの鎖の長さは64cm，6個のリングをつないだときの鎖の長さは76cm，7個のリングをつないだときの鎖の長さは88cm，8個のリングをつないだときの鎖の長さは100cm，9個のリングをつないだときの鎖の長さは112cmとなる。よって，はじめて鎖の長さが1mを超えるのは，9個のリングをつないだときとなる。

重要 **6.** **(食塩水の濃度)**

食塩水Bの濃度をx%（$0\leqq x\leqq 100$）とする。AとBをすべて混ぜ合わせると11%の食塩水ができるので，食塩水中の食塩の重さについて，$100\times\frac{5}{100}+150\times\frac{x}{100}=(100+150)\times\frac{11}{100}$　両辺を100倍して$100\times5+150\times x=(100+150)\times11$　$500+150x=250\times11$　$150x=2750-500$　$150x=2250$　$x=15$　よって，食塩水Bの濃度は15%　また，残した食塩水Bの重さをyg($y>0$)とする。Bを残して混ぜると10%の食塩水ができるので，食塩水中の食塩の重さについて，$100\times\frac{5}{100}+(150-y)\times\frac{15}{100}=(100+150-y)\times\frac{10}{100}$　両辺を100倍して$100\times5+(150-y)\times15=(100+150-y)\times10$　$500+2250-15y=2500-10y$　$15y-10y=500+2250-2500$　$5y=250$　$y=50$　よって，残した食塩水Bは50g

7. **(資料の整理)**

(1)　全20人の集計であり，160～170の階級の度数が4なので，相対度数は4÷20＝0.20

(2)　このデータの最頻値は度数の最も大きい6であり，その階級は150～160なので，階級値は(150＋160)÷2＝310÷2＝155

(3)　度数または相対度数の大小関係を階級順に表したものがヒストグラムであり，階級が大きくなるにつれて度数が大きくなったあと小さくなる変化と，最小の階級よりも最大の階級の方が度数が大きいことを示しているのは②のヒストグラムである。

要 8. (2次関数のグラフと図形)

点Dを中心としてx軸，y軸の両方に接する円の半径を$r(r>0)$とすると，点Dの座標はD$(r,\ r)$と表せる。ここで，点Dは2次関数$y=\frac{1}{2}x^2$のグラフ上の点なので，$y=\frac{1}{2}x^2$に$x=r$，$y=r$を代入して，$r=\frac{1}{2}r^2$　$2r=r^2$　$r^2-2r=0$　$r(r-2)=0$　$r=0,\ 2$　このとき，$r>0$より$r=2$となり，点Dの座標はD$(2,\ 2)$となる。また，長方形ABCDにおいて，点Cと点Dはx座標が同じ点どうしなので，点Cのy座標を$t(t>0)$とすると，点Cの座標はC$(2,\ t)$と表せる。ここで，点Cは2次関数$y=\frac{1}{5}x^2$のグラフ上の点なので，$y=\frac{1}{5}x^2$に$x=2$，$y=t$を代入して，$t=\frac{1}{5}\times2^2$　$t=\frac{4}{5}$　このとき，点Cの座標はC$\left(2,\ \frac{4}{5}\right)$となり，辺CDの長さは$2-\frac{4}{5}=\frac{6}{5}$　さらに，点Bと点Cはy軸について対称な点なので，点Bの座標はB$\left(-2,\ \frac{4}{5}\right)$となり，辺BCの長さは$2-(-2)=2+2=4$　よって，長方形ABCDの面積は$4\times\frac{6}{5}=\frac{24}{5}$

9. (証明)

△DCBと△EBCにおいて，仮定より∠CDB＝∠BEC＝90°…①　また，仮定よりBD＝CE…②　BCは共通であるから，BC＝CB…③　①，②，③より，直角三角形において斜辺と他の1辺がそれぞれ等しいので，△DCB≡△EBCである。合同な図形では，対応する角は等しいので，∠DBC＝∠ECB　2つの角が等しいので，△ABCは二等辺三角形であるから，AB＝ACである。証明終了

★ワンポイントアドバイス★

出題傾向と問題レベルを十分に把握するためにも，過去問にしっかりと取り組もう。苦手な内容を見つけたら，徹底的に練習して強化しよう。基本事項を大切にすることを念頭に置いた準備を入念に行えば，それが合格へと導いてくれる。

<英語解答>

Ⅰ. 問1 ②　問2 ③　問3 ①　問4 ②　問5 ③　問6 ④　問7 ②
問8 ④　問9 ③　問10 ①　問11 ②　問12 ①　問13 ③　問14 ④
問15 ①　問16 ③　問17 ④　問18 ①　問19 ④　問20 ②

Ⅱ. 問1 ③　問2 ①　問3 ②　問4 ②　問5 ①　問6 ②　問7 ①
問8 ④　問9 ③　問10 ④

Ⅲ. 問1 ①　問2 ③　問3 ②　問4 ④　問5 ③　問6 ④　問7 ②
問8 ③　問9 ④　問10 ①

Ⅳ. 問1 ⑤　問2 ①　問3 ②　問4 ⑤　問5 ③

Ⅴ. 問1 ③　問2 ①　問3 ④　問4 ②　問5 ④

○推定配点○

各2点×50　計100点

<英語解説>

Ⅰ. (語句補充：接続詞，進行形，助動詞，現在完了，不定詞)

基本 問1 Do ～？と質問しているから，do を用いて答えるのが適切。

問2 過去の一時点を示す yesterday「昨日」が使われているので過去形 bought とするのが適切。

問3　＜主語A＋動詞B～＋ because ＋主語C＋動詞D…＞の形で「Cが…DだからAが～B」という意味になる。

問4　your sister を指す代名詞だから，she「彼女は」である。

問5　直前に be 動詞 was があり「～している」の意味になるので＜be 動詞＋—ing＞の進行形にするのが適切。

問6　Did ～？と質問しているから，過去形の一般動詞を用いて答えるのが適切。

問7　主語が3人称単数で，過去の一時点を示す last week「先週」が用いられているので過去形の be 動詞 was を用いるのが適切。

問8　though は＜主語A＋動詞B＋ though ＋主語C＋動詞D＞の形で「CがDだがAがB」の意味。

問9　Does ～？と質問しているから，does を用いて答えるのが適切。

問10　助動詞 will は「～するつもりだ」の意味。助動詞がある英文では主語に関係なく動詞は原形になる。

やや難 問11　主語が3人称単数の my grandfather で，every morning「毎朝」と習慣を表しているから，現在形の gets とする。

問12　現在完了の文は＜have[has]＋動詞の過去分詞形＞の形をとる。read の過去分詞形は read である。

問13　so は因果関係を示す接続詞で，＜原因＋ , so ＋結果＞の形となる。

問14　主語が3人称単数の he で，一般動詞 play を用いた現在の文なので，否定文を作るときは doesn't を使う。

問15　助動詞 can は「～することができる」を表す助動詞。助動詞がある英文では主語に関係なく動詞は原形になる。

問16　主語が3人称単数の it で，Does ～？と質問している現在時制なので starts と3単現の s をつけるのが適切。

問17　＜want to ＋動詞の原形＞で「～したい」の意味。

問18　your father's office を指す代名詞だから，it「それは」である。

問19　直前に be 動詞 is があり「～している」の意味になるので＜be 動詞＋—ing＞の進行形にするのが適切。

問20　but は逆接を示す接続詞で，「～だが…」の意味を表す。

Ⅱ．（会話文：語句補充）

問1「X：今，ニューヨークでは何時ですか。／Y：夜の10時です」

問2「X：あなた方は今夜，暇ですか。／Y：すみません，私たちは忙しいです」

問3「X：あなたはどうやって学校へ来るのですか，ブラウンさん。／Y：私は自転車に乗ります」

問4「X：彼はもう車を洗ってしまいましたか。／Y：いいえ，彼はまだそれをしています」

問5「X：グリーン先生，私たちはテストのためにこれを知らなければなりませんか。／Y：私が教えた全てがテストに向けたものです」

問6「X：昨夜のパーティーはどうでしたか。／Y：私たちはすばらしいときを過ごしました」

問7「X：あなたは日本のスポーツに興味がありますか。／Y：はい。私は相撲が大好きです」

問8「X：お父さん，どこでお母さんに出会ったの。／Y：私たちは25年前に大学で出会ったよ」

問9「X：この公園でスケートボードをしての良いですか。／Y：いいえ，してはいけません」

問10「X：あなたたちは朝食に何を食べますか。／Y：私たちはシリアルを食べます」

Ⅲ．（会話文：語句補充）

問1「X：あなたは車を持っていますか。／Y：いいえ。運転することができないのです」

問2 「X：あなたには何人兄弟がいますか。／Y：私はひとり息子なのです」

問3 「X：あなた方には今日，英語の授業がありますか。／Y：いいえ。私たちは月曜日には英語の授業がありません」

問4 「X：どのバスが博物館へ行きますか。／Y：31番のバスに乗ってください。あそこです」

問5 「X：休憩はどのくらいの長さですか。／Y：授業の間に10分あります」

問6 「X：あなたはここで何をしているのですか。／Y：魚を捕っています」

問7 「X：夕食に外出するのはどうですか。／Y：良さそうですね。私は中華料理が食べたいです」

問8 「X：あなた方は何曜日に開いていますか。／Y：夏には，毎日開いています。冬には，金曜日に閉まっています」

問9 「X：あなたはいつ帰って来るつもりなの。／Y：私はいつでもすぐには帰るつもりはないわ。まだするべき仕事がたくさんあるの」

問10 「X：あなた方の写真を見ても良いですか。／Y：もちろんです。これが息子です。これが娘です。そしてこれが私たちの犬です」

要 Ⅳ．（語句補充：内容吟味）

問1 「博物館は劇場よりも小さい。病院は駅よりも大きい。図書館は博物館よりも小さい。図書館は駅と病院，図書館の中で最も大きい」「質問：どれが最も大きいか」「答え：劇場である」

問2 「空手はフェンシングよりも人気がある。ボクシングは柔道よりも人気がある。レスリングは空手と同じくらい人気がある。柔道はレスリングよりも人気がある。」「質問：どのスポーツが最も人気があるか」「答え：ボクシングである」

問3 「ジョンはポールよりも重い。ジョージはティムほど重くない。ケントはポールよりも軽い。ティムはジョンとケント，ティムの中で最も軽い」「質問：誰が最も重いか」「答え：ジョンである」

問4 「飯綱山は斑尾山よりも高い。黒姫山は五竜岳ほど高くない。御嶽山は五竜岳よりも高い。飯綱山は黒姫山ほど高くない」「質問：どの山が最も高いか」「答え：御嶽山である」

問5 「ヨシオはノリオより早く起きる。アキオはタケオより遅く起きる。マサトはノリオとタケオ，マサトの中で最も早く起きる。ヨシオはアキオとマサト，ヨシオの中で最も遅く起きる」「質問：誰が最も遅く起きるか」「答え：ノリオである」

Ⅴ．（会話文：内容吟味）

（大意） 質問：リー・タン，あなたはどこの出身で，どれくらい日本にいますか。／回答：マレーシアのクアラルンプール出身です。まず，私は2年間神戸に住んで日本語学校で勉強しました。その後，東京へ来て国際基督教大学に入りました。今，マスコミを専攻する3年生です。／質問：なぜ日本へ来ることを決めたのですか。／回答：私は父に影響を受けました。学生のとき，彼は日本へ来て名古屋の南山大学で学びました。私が小さかったとき，彼はよく私に日本での素晴らしい経験について話しました。／質問：緊急事態宣言下での大学生活はどうですか。／回答：幸運にも，私は週2回，コンビニでアルバイトをしています。ほとんどのお客さんは親切で友好的です。アルバイトの間，私は日本語を練習してたくさん学ぶことができます。／質問：あなたは卒業後，何をするつもりですか。／回答：まだ決めていません。もちろん，日本での仕事を得たいです。大学院へも進みたいです。新型コロナウイルスのせいで，長い間，クアラルンプールへ帰って家族に会っていません。私は将来について両親と話す必要があります。／質問：たくさんの学生が日本で勉強したがっています。彼らに助言がありますか。／回答：故郷から新しい国へ移転することは大きな変化かもしれませんが，新しい経験を通して成長することができます。

問1 「リー・タンは5年前に日本へ来た」 1番目の回答の第2文～最終文参照。神戸で2年間日本語学校に通い，今は東京の大学で3年生だから，日本へ来たのは5年前である。

問2 「リー・タンの父は学生だったとき，名古屋で勉強した」 2番目の回答の第3文参照。

問3 「東京に住んでいる間，リー・タンはマスコミを学ぶ」 1番目の回答の最終文参照。

問4 「緊急事態宣言下で，リー・タンはアルバイトを楽しむ」 4番目の回答の第5文～最終文参照。

問5 「リー・タンは卒業後，彼の故郷から新しい国へ引っ越すつもりはない」 6番目の回答の第2文・第3文・最終文・最後の回答の第1文参照。

★ワンポイントアドバイス★

現在完了・不定詞・受動態など，動詞の語形変化を伴う単元はしっかりと復習しておくことが大切だ。複数の問題集を使うなどして，確実に身につけよう。

＜国語解答＞

【一】 問1 ② 問2 C ⑤ F ④ 問3 ⑤ 問4 ③
問5 (読み方) ② (同義語) ④ 問6 ⑤ 問7 ②

【二】 問1 ア ① イ ⑤ 問2 ④ 問3 ③ 問4 ③ 問5 ⑤ 問6 ②
問7 ① 問8 ④ 問9 ② 問10 i ③ ii ⑤ iii ②

【三】 問1 A ② B ④ C ⑦ D ⑧ 問2 A ④ B ② C ③ D ⑦

○推定配点○

【一】 問2・問5 各2点×4 他 各4点×5 【二】 問1・問5 各2点×3 他 各5点×10
【三】 各2点×8 計100点

＜国語解説＞

【一】 (論説文－大意・要旨，内容吟味，指示語，脱語補充，漢字の書き取り，同義語，語句の意味)

問1 空欄A・Bのある文では，「過去は『三時間まえ』と表現し，『まえ』は空間的には……前方である」ので，「言語表現上は，前方は[未来]ではなくて[過去]である。[未来]から[過去]に向かって時間が流れているということになる」と述べている。

基本 問2 傍線部Cの音読みは「バク」。熟語は「束縛」など。Fの音読みは「イ」。熟語は「異論」など。

問3 傍線部Dは直前で述べているように，「『使用する言語によって思考が影響を受ける』かどうか」という実験のことなので⑤が適当。

問4 傍線部Eでは「封筒の色も日本語では茶色だが，英語やフランス語では黄色になるらしい」という例を挙げているので③が適当。①の「日本語と中国語では，日焼けした後の色の表現は同じ」，②の「柴犬の色を……英語やフランス語では黄色と表現している」，⑤の「中国語では紫としか表現しない」は不適当。Eの例ではない④も不適当。

問5 傍線部Gは「ごい」と読み，英語の「ボキャブラリー(vocabulary)」と同義語。同義語の他の選択肢の意味は，①は図書館，②は実験室，研究室，③は回復，復旧，⑤は配達，配送。

重要 問6 「言語と思考の……」から続く2段落で，「東西南北」で空間を把握する言語を用いる文化もある一方，川や谷が地形に合わせて「東西南北」の指針を無視して延びていて，高低も重要になるため，「東西南北」を持たない言語も多いということを述べているので，このことを踏まえた⑤

が適当。傍線部H前の内容を踏まえていない他の選択肢は不適当。

やや難 問7　②は「現代日本人は……」で始まる段落で，現代日本人と古代人を例に述べている。①は「だが，日本語の……」で始まる段落，③は「言語と思考の……」から続く2段落，④は「それに，日本語の……」で始まる段落，⑤は最後の段落の内容と合わない。

【二】（論説文－大意・要旨，内容吟味，指示語，脱文・脱語補充，漢字の書き取り，対義語，語句の意味）

基本 問1　二重傍線部ア「秀逸」，①「秀麗」②「収束」③「就任」④「集大成」⑤「終点」。イ「到来」，①「陶酔」②「登用」③「統治」④「配当」⑤「周到」。

問2　空欄Aには，柳が風になびくように逆らわずに受け流すという意味の④があてはまる。

問3　傍線部Bと反対の意味で用いられているのは，B後の3段落で述べているように「自然を受け入れられる」である。

問4　傍線部Cは直前で述べているように，「道に沿ってどこまでもオオバコが生えている」のは「種子が車のタイヤなどについて広がっているから」であることなので③が適当。C直前の内容を踏まえていない他の選択肢は不適当。

問5　積極的で前向きな姿勢でいるという意味の「ポジティブ」の対義語は，消極的，否定的という意味の「ネガティブ」。他の意味は，①は活動的，②は積極的，精力的，③は主導権，④は創造的。

重要 問6　冒頭「オオバコは競争に……」で始まる段落など，また傍線部E直後の段落で述べているように，Eは競争に弱いオオバコのような雑草は草刈りや耕起によって新たな芽を出して再生し，増えていくということなので，②が適当。雑草は競争に弱いこと，植物にとって生存を危ぶまれるような状況を利用して増えることを説明していない他の選択肢は不適当。

問7　空欄Fは直前の内容とは相反する内容が続いているので「しかし」，Hは一般に言われているという意味で「いわゆる」がそれぞれあてはまる。

問8　空欄G直後の段落でGの説明として「草取りをやめてしまえば……」と述べているので，Gには④があてはまる。

問9　一文の内容から，「茎は……外側が硬く……内側は柔らかいスポンジ状になっていて……」のたとえを説明しているので，Ⅱに入る。

やや難 問10　空欄ⅰは左右の説明から，「雑草の戦略」として述べている内容を踏まえた③が入る。ⅱは左右の説明から，「雑草は，草刈りや……」で始まる段落内容を踏まえた⑤が入る。ⅲは「この自然を……」で始まる段落内容を踏まえた②が入る。

【三】（ことわざ・慣用句，文学史）

重要 問1　他の作品の作者は，①は紫式部，③は吉田兼好（兼好法師），⑤は小林一茶，⑥は夏目漱石，⑨は芥川龍之介。

基本 問2　他の語群の慣用句・ことわざの意味は，①は親元から自立して，社会で経験を積むこと。⑤は口も達者で手先も器用であること。⑥は驚いて目を丸くする様子。⑧は仲が非常に悪いこと。

★ワンポイントアドバイス★

論説文では，具体例を通して筆者が何を述べようとしているのかを読み取ることが重要だ。

MEMO

大切なことはメモしておこうネ！

T.G

2021年度

入試問題

2021年度

2021年度

享栄高等学校入試問題

【数　学】（45分）　＜満点：100点＞

解答の際は，１つの □ に対して１桁の数字をマークしなさい。

１． 次の計算をし，①～⑤の中から正答を選びなさい。

(1) $18-4\times(-5)=$ $\boxed{1}$

① -70　② -2　③ 9　④ 38　⑤ 64

(2) $\frac{4}{3}+\frac{5}{6}-\frac{10}{9}=$ $\boxed{2}$

① $-\frac{1}{18}$　② $\frac{5}{12}$　③ $\frac{2}{3}$　④ $\frac{8}{9}$　⑤ $\frac{19}{18}$

(3) $71^2-29^2=$ $\boxed{3}$

① 84　② 1764　③ 2000　④ 4200　⑤ 10000

(4) $\left(\frac{1}{3}\right)^2+2\times\frac{1}{3}\times\frac{5}{3}+\left(\frac{5}{3}\right)^2=$ $\boxed{4}$

① 2　② $\frac{31}{9}$　③ 4　④ $\frac{25}{3}$　⑤ 12

(5) $\sqrt{20}+\sqrt{50}-\sqrt{2}(\sqrt{10}+3)=$ $\boxed{5}$

① $2\sqrt{2}$　② $3\sqrt{2}$　③ $10\sqrt{2}$　④ $2\sqrt{5}$　⑤ $4\sqrt{5}$

以下の問いの □ にあてはまる数を答えなさい。

２． 次の図１，２において$\angle x$，$\angle y$の大きさを答えなさい。

図１

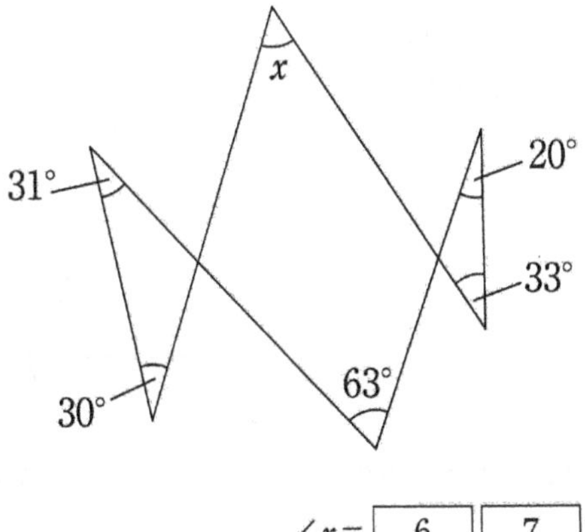

$\angle x=$ $\boxed{6}\boxed{7}$°

図２

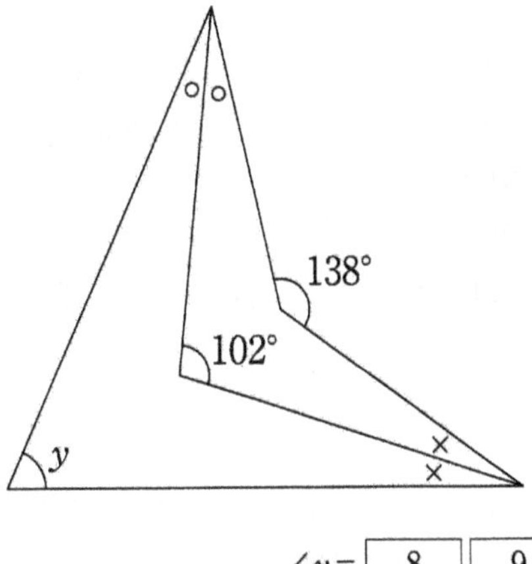

$\angle y=$ $\boxed{8}\boxed{9}$°

3．ある動物園の入場料は1人500円である。動物園の中には展望台があり，展望台を利用するには追加で140円支払う必要がある。100人の団体がこの動物園を利用し，支払った金額が59100円であったとすると，$\boxed{10}\boxed{11}$ 人が展望台を利用したことになる。また，この団体の動物園に対する満足度（満足した人の割合）について，展望台を利用した人達の満足度が80%，利用しなかった人達の満足度が60%であったとき，全体の満足度は $\boxed{12}\boxed{13}$ %である。

4．下の図のように並べられた三角形に，規則性をもって数字を書いていく。

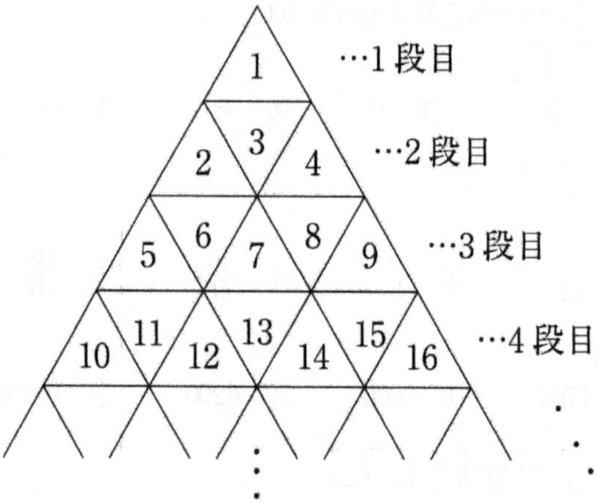

このとき，はじめて3桁の数字が現れるのは $\boxed{14}\boxed{15}$ 段目である。

5．次の確率を求めなさい。

(1) 大，小の2個のさいころを同時に投げたとき，出た目の和が6になる確率は $\dfrac{\boxed{16}}{\boxed{17}\boxed{18}}$

(2) 大，中，小の3個のさいころを同時に投げたとき，出た目の積が9になる確率は

$\dfrac{\boxed{19}}{\boxed{20}\boxed{21}}$

6．右の図は1辺の長さが2の正五角形$ABCDE$において，対角線AD，BD，BEを引き，ADとBEの交点をFとしたものである。
この図において
$\angle ABF=$ $\boxed{22}\boxed{23}$°であり，
$BF=24$，$BD=$ $\boxed{25}+\sqrt{\boxed{26}}$ である。

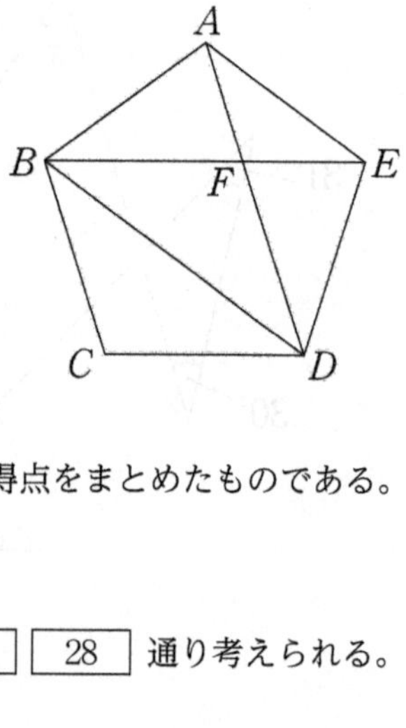

7．次のデータは，10名の生徒に100点満点で実施した数学のテストの得点をまとめたものである。また，Aの値は整数とする。

54，66，A，72，81，50，57，38，42，70

得点Aの値がわからないとき，クラス全体の得点の中央値Mは $\boxed{27}\boxed{28}$ 通り考えられる。

平均値が59.0点であったとき，A は [29][30] 点と定まり，中央値Mは [31][32].[33] 点である。

8．下の図のように関数 $y=ax^2\ (a>0)$ と $y=-\frac{1}{4}x^2$ 上にそれぞれ点A，B がある。線分ABはy軸に平行であり，線分ABとx軸の交点をCとする。

△OACの面積が△OBCの２倍であるとき，定数aの値は $\frac{[34]}{[35]}$ である。

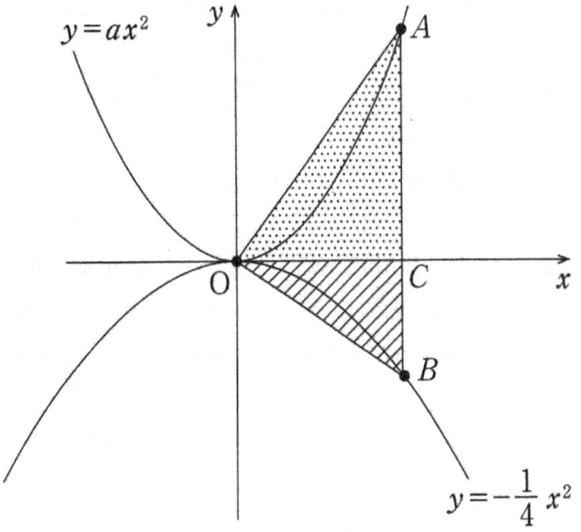

9．右の図のように$AD /\!/ BC$の逆台形$ABCD$がある。線分ABを内分する点をEとし，直線DEと直線CBの交点をFとした。このとき，△ADE∽△BFEを以下のように証明した。証明が正しく完成するように [36] ～ [40] にあてはまるものとして適当な選択肢を①～⑨から選びなさい。

> 【証明】
> △ADEと△BFEにおいて，
> $AD /\!/ BF$より [36] は等しいから，
> ∠EAD＝∠ [37] …①
> [38] は等しいから，∠AED＝∠ [39] …②
> ①，②より [40] から，
> △ADE∽△BFEである。終

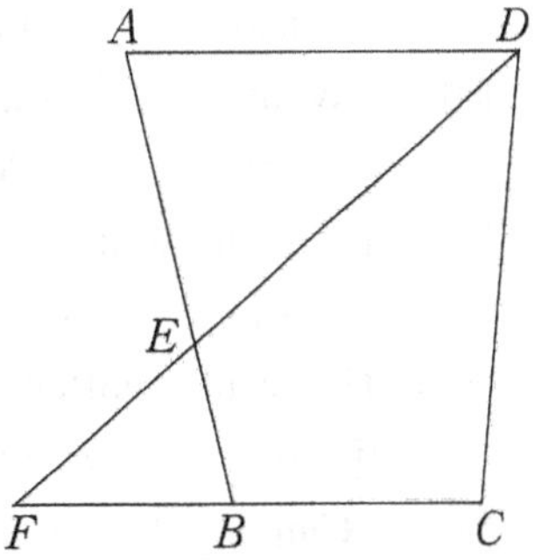

選択肢

① 同位角　② 錯角　③ 対頂角　④ EBF　⑤ BEF　⑥ EFB

⑦ ３組の辺の比がすべて等しい　⑧ ２組の辺の比とその間の角がそれぞれ等しい

⑨ ２組の角がそれぞれ等しい

【英　語】（45分）　＜満点：100点＞

Ⅰ．問１～20の空欄に入れるのに適切なものを①～④の中から一つ選びなさい。

問１　Ms. Green is our new English teacher. She [1] to Nagoya last August.
① come　② comes　③ came　④ coming

問２　“Do they speak Spanish?” — “No, they [2]. They are from Brazil.”
① isn’t　② don’t　③ aren’t　④ doesn’t

問３　We were doing our math homework [3] Mr. Smith came in.
① when　② because　③ though　④ if

問４　Have you ever [4] Disney World in Florida?
① visit　② visited　③ visiting　④ to visit

問５　“What did you read about at school today?” — “We [5] about Edison.”
① are　② were　③ do　④ read

問６　My mother was [6] dinner at that time.
① cooks　② cooked　③ cooking　④ to cook

問７　They love Japanese food, [7] they don’t eat natto.
① but　② so　③ if　④ because

問８　“Does your school start at 8:30?” — “Yes, it [8]. And it ends at 15:30.”
① is　② was　③ does　④ did

問９　Yesterday I [9] sick in bed and didn’t go to the party.
① am　② is　③ are　④ was

問10　When you have finished, please [10] down.
① sit　② sat　③ sitting　④ to sit

問11　My sister [11] the dog for a walk every morning.
① take　② takes　③ taken　④ taking

問12　“What [12] you have for lunch?” — “I had pizza at Domino’s.”
① are　② do　③ did　④ will

問13　I had to write a book report, [13] I went to the library in the afternoon.
① after　② so　③ if　④ but

問14　He drinks coffee, but he [14] drink green tea.
① is　② are　③ isn’t　④ doesn’t

問15　“Can I [15] your new watch?” — “Sure. You have seen this type, right?”
① see　② saw　③ seen　④ seeing

問16　“What Japanese food does Mr. Smith like?” — “He [16] tempura.”
① like　② likes　③ is　④ does

問17　We want [17] at Shonan Beach. Its waves are popular with surfers.
① surf　② surfed　③ surfing　④ to surf

問18　“Can your father ride a horse?” — “Yes, he [18]. He was born on a farm.”
① is　② does　③ can　④ was

問19 If it rains tomorrow, we [19] go hiking.

① are ② aren't ③ didn't ④ won't

問20 People visit the Yamazaki River [20] the cherry blossoms are beautiful.

① because ② though ③ before ④ so

Ⅱ. 問1～10の対話を完成させるのに適切な返答を①～④の中から一つ選びなさい。

問1 X：What are your plans for spring vacation?

Y：[21]

① I like your plans. ② I visited Hawaii last spring.

③ I haven't decided yet. ④ I love spring vacation.

問2 X：Look at this picture. Do you know who this man is?

Y：[22]

① I look at this man. ② He knows you.

③ I like this picture. ④ He is Kazuo Ishiguro.

問3 X：Excuse me. Could you tell me how to get to the museum?

Y：[23]

① Go ahead. Get to the museum.

② Sorry. I don't live around here.

③ I must learn how to get there.

④ Sure. Work at the museum.

問4 X：You have a nice bag. Where did you buy it?

Y：[24]

① I went shopping at Aeon. ② You will buy this bag.

③ I went shopping last Sunday. ④ You show me a nice bag.

問5 X：I heard your brother moved to Hakuba, Nagano. Why?

Y：[25]

① Because I heard from him.

② Because he was moved to tears.

③ Because I live with your brother.

④ Because he likes snowboarding.

問6 X：This is a beautiful picture of mountains. Who drew it?

Y：[26]

① My father bought this picture. ② It drew Ken's picture.

③ Ken loves beautiful mountains. ④ It was drawn by my uncle.

問7 X：How many members are there in your family?

Y：[27]

① We are a family of five. ② My family is five.

③ We are five families. ④ I have five families.

問8　X：Did you practice a lot for the relay?

Y：[28]

① Yes, we watched the relay.　② Yes, you practiced a lot.

③ Yes, our team won first place.　④ Yes, your team ran in the relay.

問9　X：Who is your favorite writer?

Y：[29]

① I love Tony Morrison.　② I know your favorite.

③ I want to be a writer.　④ Your favorite is a writer.

問10　X：Why didn't you come to the party yesterday?

Y：[30]

① I will come to the party.　② I had to look after my brother.

③ The party was fun yesterday.　④ Yesterday was a holiday.

Ⅲ．問1～10の対話を完成させるのに適切な質問を①～④の中から一つ選びなさい。

問1　X：[31]

Y：This is Tom speaking.

① Do you speak of this?　② Who is Tom speaking to?

③ Do you know Tom?　④ Who is calling, please?

問2　X：[32]

Y：I'm still cooking.　Can you wait for ten more minutes?

① Do you need ten more minutes?　② Do you like cooking?

③ Is dinner ready, Mom?　④ Can you wait, Mom?

問3　X：[33]

Y：You can ride the brown one.

① Can you ride a brown horse?

② Which bike can I borrow?

③ Can you draw a brown house?

④ What color can I use for painting?

問4　X：[34]

Y：My father is going to take me to Disneyland.

① You look happy.　What's up?

② Do you work for Disneyland?

③ What is my father going to do?

④ Is your father talking about it?

問5　X：[35]

Y：It is Ken's.　It is a present from his father.

① Where is Ken?　② Who is his father?

③ Whose bag is this?　④ What is Ken's present?

問6 X：[36]

Y：I usually ride my bike, but sometimes I take a bus.

① Which bus do you take? ② How do you come to school?

③ When do you ride a bike? ④ Where do you take a bus?

問7 X：[37]

Y：Yes, I enjoyed a haunted house the most.

① Do you enjoy most games?

② Do you live in a haunted house?

③ Did you have fun at the festival?

④ Did you make a big house?

問8 X：[38]

Y：I'm free on Monday. Let's meet in the library.

① When can I see you? ② May I be free on Monday?

③ Where can I read a book? ④ May I go to the library?

問9 X：[39]

Y：I had a great time. I enjoyed talking with Ken's friends.

① Are you talking with Ken? ② How about making friends?

③ Will you have a great time? ④ How was the party?

問10 X：[40]

Y：I'm interested in works of art. I often visit the museum.

① How do you go to the museum?

② What do you do in your free time?

③ Did you work for the museum?

④ Did you see works of art?

Ⅳ．問1～5の英文を読み，質問に対する答えを①～⑤の中から一つ選びなさい。

問1 Mike is busier than Kent. Tom is busier than Jack. Bill is freer than Kent. Tom is the freest of Mike, Tom, and Bill.

Q：Who is the busiest? A：[41] is.

① Bill ② Kent ③ Jack ④ Mike ⑤ Tom

問2 The island is more dangerous than the lake. The river is safer than the beach. The forest is as safe as the island. The river is more dangerous than the forest.

Q：Which is the most dangerous? A：The [42] is.

① beach ② forest ③ island ④ lake ⑤ river

問3 Ryuji does not speak as fast as Kenji. Masato speaks faster than Naoki. Ryuji speaks faster than Taro. Kenji does not speak as fast as Naoki.

Q：Who speaks the fastest? A：[43] does.

① Kenji ② Masato ③ Naoki ④ Ryuji ⑤ Taro

問4 Takako has shorter hair than Yoko. Noriko has longer hair than Shoko. Kyoko has shorter hair than Takako. Kyoko has the longest hair of Kyoko, Shoko, and Noriko.

Q：Who has the longest hair? A：[44] does.

① Kyoko ② Noriko ③ Shoko ④ Takako ⑤ Yoko

問5 Mary came home later than Nancy. Kate came home earlier than Jane. Cindy came home the latest of Cindy, Kate, and Mary. Jane came home the earliest of Cindy, Jane, and Nancy.

Q：Who came home the earliest? A：[45] did.

① Cindy ② Jane ③ Kate ④ Mary ⑤ Nancy

V．米国ミネソタ州で警察官の暴力的な取り締まりを受けた黒人男性の死をきっかけに，新型コロナウイルス（novel coronavirus）の感染が拡大しているにもかかわらず，人種差別（racism）に抗議するデモ運動（Black Lives Matter movement）がアメリカ全土だけではなく，世界中の国々にも広がりました。

次の人種差別に関する英文を読み，問1～5の空欄に入れるのに適切なものを①～④の中から一つ選びなさい。

When a Black man in Minnesota was killed by police violence, many people started to protest racism. The protest movement has spread from the U.S. to France, Nigeria and many countries around the world. When the Black Lives Matter movement has come to Japan, I have something to write about racism.

I was born and grew up in Tokyo. My mother is Japanese and my father is Nigerian. I am *haafu* (biracial). Since childhood, I have had a hard time growing up in Japan as a biracial Japanese.

When I was in kindergarten, we were drawing our parents. The teacher said to us, “Use black crayons for hair and beige crayons for faces.” Though other children started to use *hadairo* (skin color) crayons for their parents’ faces, I picked up a brown crayon to color my father’s face. When my friends saw this, they laughed at me. Some of them said to me, “Why don’t you use a beige crayon?” Later in the day, I asked my mother, “Did I do something wrong? Is brown also the color of skin?”

In junior high school, when I tried to join the baseball team, some *senpai* (senior) members said, “Welcome, *gaijin* (foreigner)! You are Black, so you are athletic.” When we were practicing baseball, some of the senior members often said, “What a catch! You are a good player because you are a foreigner.” When I hit a home run in a game, some of the senior members said, “What a power! You Black are more powerful than we Japanese.”

When I was in high school, our baseball team won a local championship and was going to play at *Koshien* Stadium. On social media, some OBs (alumni) said, “Don’t use a foreigner. *Koshien* is a sacred place. It is for Japanese high school baseball players.” When we played at *Koshien* Stadium, I was called racial slurs such as “Go home, foreigner” and “Black people don’t belong here.”

Now I am a professional baseball player, and because of the novel coronavirus pandemic, the regular season has not started yet. Because coronavirus infections are spreading widely in Japan, all the regular season games are not played and we need to stay at home.

These days, however, many Japanese people take to the streets in big cities like Tokyo and Osaka. When they move along the street, they are shouting “No to Racism.” As they take to the streets, they hold placards saying “Black Lives Matter.” Though the U.S. must do something about its racial problems, I think that Japan has the same problems.

問1 The writer was born in [46].

① the U.S. ② France ③ Nigeria ④ Japan

問2 The writer used a [47] crayon for his father’s face.

① black ② beige ③ brown ④ white

問3 Some members of the baseball team thought that the writer was a good baseball player because he was [48].

① Black ② Japanese ③ American ④ French

問4 When the writer played at *Koshien* Stadium, some people [49] it.

① agreed ② won ③ didn’t use ④ didn’t like

問5 The writer thinks that when it comes to racism, [50].

① the U.S. is much better than Japan

② Japan still has a long way to go

③ American people won’t take to the streets in big cities

④ Japanese people have to stay at home

① 一後一会　② 一期一会　③ 一後一合　④ 一期一合

B　ぜんだいみもんの大事件が起こった。……23

意味……きわめてめずらしいこと。

① 前代未聞　② 全代末問　③ 全代未聞　④ 前代末問

C　みんないくどうおんに彼の意見に賛成した。……24

意味……多くの人が同じことを言うこと。

① 以句同音　② 異句同音　③ 以口同音　④ 異口同音

D　会議に遅刻するとはごんごどうだんだ。……25

意味……もってのほかであること。

① 言悟道断　② 言語同断　③ 言語道断　④ 言悟同断

問2　次のA～Dのことわざ・慣用句の□にあてはまる語をそれぞれ次の①～⑨の中から一つ選びなさい。解答番号は26～29。

A　寝□に水……26

B　青菜に□……27

C　弘法にも□の誤り……28

D　情けは□のためならず……29

① 言　② 塩　③ 友　④ 人　⑤ 他

⑥ 筆　⑦ 油　⑧ 耳　⑨ 舌

問3　次のA～Dの作者の作品をそれぞれ次の①～④の中から一つ選びなさい。解答番号は30～33。

A　樋口一葉……30

① 舞姫　② みだれ髪　③ 一握の砂　④ たけくらべ

B　川端康成……31

① こころ　② 金閣寺　③ 雪国　④ 風の又三郎

C　紀貫之……32

① 土佐日記　② 伊勢物語　③ 枕草子　④ 平家物語

D　鴨長明……33

① 徒然草　② 方丈記　③ 奥の細道　④ 源氏物語

① 3頭しかその場所に生き物がおらず、寂しいから。
② 人間に育てられ、人間といっしょにいたいから。
③ 野生の食物を口にすることができていないから。
④ 人間に自分たちがとった食べ物を分けたいから。

問4 傍線部E「ゴリラだけではない」はいくつの文節があるか。また、いくつの単語があるか。それぞれ次の①～④の中から一つ選びなさい。解答番号は16・17。

文節……16 ① 1つ ② 2つ ③ 3つ ④ 4つ

単語……17 ① 2つ ② 3つ ③ 4つ ④ 5つ

問5 傍線部F「これは人間の子どもにもあてはまる話だ」とあるが、「これ」が指している内容として最も適当なものを次の①～④の中から一つ選びなさい。解答番号は18。

① 幼いころの記憶が長い間消えることがないということ。
② 世界各地に孤児院ができ、復帰が試みられていること。
③ 多くの子どもが裏切られる経験をしているということ。
④ 何もかもを頼り、自分の力では何もしたことがないこと。

問6 空欄 G 、 H に入る語の組み合わせとして適当なものを次の①～④の中から一つ選びなさい。解答番号は19。

① G……三 H……三
② G……五 H……千
③ G……三 H……百
④ G……七 H……八

問7 空欄 I に入る語として最も適当なものを次①～④の中から一つ選びなさい。解答番号は20。

① 逆に ② 確かに ③ ところで ④ 実は

問8 傍線部J「子どもに食べ物をあたえてくれる人を決して死なせてはいけないというタブーだ」とあるが、なぜ「タブー」とされているのか。次の①～④の中から最も適当なものを一つ選びなさい。解答番号は21。

① 食べ物をたやすく手に入れられる現代の私たちとは異なり、当時の人々にとって、食べ物を得ることは神があたえてくれた奇跡であったため誰も侵してはならないとされていたから。
② 童話の『赤ずきん』などでも食べ物をあたえてくれるお母さんはいつも安全な場所に隠れ、子どもたちを見守ることで子どもたちの成長と自立を願っているから。
③ 食事は子どもたちに安全な世界を提供し、人を信頼する心を育てるものなので、食べ物をあたえてくれる人を死なせることは子どもたちからその世界を奪うことになるから。
④ 離乳したあとすぐに親から自立して食べはじめるゴリラとは異なり、人間にとっての食事は人からあたえられた食べ物を安心できる世界で食べることだから。

【三】 次の問1～問3の設問に答えなさい。

問1 次のA～Dの傍線部は四字熟語をひらがなにしたものである。熟語の意味を参考にして、正しく漢字に直したものをそれぞれ次の①～④の中から一つ選びなさい。解答番号は22～25。

A 旅先でのいちごいちえの出会いを大切にする。……22

意味……生涯に一度だけのめぐりあい。

F　これは人間の子どもにもあてはまる話だ。「[G]つ子の魂[H]まで」というように、幼いころの経験によってつくられた心は、おとなになっても変わることがない。生まれて初めて出会う人間に身の回りの世話をしてもらい、何もかも頼って暮らした経験が、人間を信頼して生きる心をつくる。[I]、幼いころに虐待を受けたり、裏切られたりした経験は、子どもの心に大きな傷を残す。

　絵本には書いてはいけないことがあるという。それは、J子どもに食べ物をあたえてくれる人を決して死なせてはいけないというタブー※2だ。子どもにとって食べ物をあたえてくれる人は、世界をあたえてくれる存在である。その人がいなくなったら子どもの世界は消失してしまう。いわれてみれば、『赤ずきん』も『三匹の子豚』も、食べ物をあたえてくれるお母さんは、いつも陰に隠れて子どもたちを見守っている。食べ物をあたえるという行為は、子どもにとってそれほど神聖で侵すべからざるものなのである。

　食物が溢れ※3、たやすく手に入る現代の私たちは、子どもたちに食べさせることをあまりにも軽んじてはいないだろうか。3年間も母乳を吸って育つゴリラに比べ、人間の子どもはわずか2年足らずで離乳してしまう。しかし、離乳したゴリラはすぐに自立して食べはじめるのに対し、人間の子どもは長い間食べ物をあたえられて育つ。食事は単なる栄養補給ではない。子どもたちに安心できる世界を提供し、信頼の芽を育てる大切な機会なのである。

【『ゴリラからの警告「人間社会、ここがおかしい」』山極寿一　毎日新聞出版】

※1　瀕（ひん）している……差し迫った事態に近づく
※2　タブー……ふれてはならないとされていること
※3　溢（あふ）れ……こぼれるほどいっぱいになる

問1　傍線部A「影キョウ」、C「印ショウ」のカタカナ部分の漢字を含むものを、それぞれ次の①～④の中から選びなさい。解答番号は[12]・[13]。

A「影キョウ」[12]

① こういう夜もまた一キョウだ。
② 高いキョウ養を身に付けたい。
③ 音キョウ設備を整えた部屋。
④ 国キョウを越えて隣の国へ入る。

C「印ショウ」[13]

① 気ショウ予報士の試験に合格する。
② 仲のいいあの子を愛ショウで呼ぶ。
③ 彼女は念入りに化ショウをした。
④ 幼ショウ期の思い出を大切にする。

問2　傍線部B「川で囲まれた孤島のような森である」とあるが、この場所が選ばれた理由として誤っているものはどれか。次の①～④の中から一つ選びなさい。解答番号は[14]。

① ゴリラたちが他へ移動してしまうことがない場所であるから。
② 以前はゴリラが生息していた場所であるとわかっているから。
③ 現在ではゴリラが絶滅しており、生息していない場所だから。
④ その場所の生態系の中でゴリラが最も強く、天敵がいないから。

問3　傍線部D「ボートの音を聞きつけると水際まで駆け寄ってきた」とあるが、若いゴリラたちが駆け寄ってきたのはなぜか。最も適当なものを次の①～④の中から一つ選びなさい。解答番号は[15]。

い。解答番号は10。

① 日本人は、動植物だけでなく日常生活でよく使う道具や最新技術であるロボットにも心があると考えている。

② 生命のないはずの日常の事物にも心があるという考え方は、西欧では文明の進歩とともに失われてしまった。

③ 文化や歴史の違いにかかわらず、ロボットは人間にとって「生命を持った大切な仲間」として扱われている。

④ 技術の発達によりロボットは現実のものとなったが、日本では労働者の仕事を奪ってしまうという問題がある。

問10 この文章の題として最も適当なものを次の①～④の中から一つ選びなさい。解答番号は11。

① 技術の進歩と文明の歴史　② ロボットと日本文化

③ 動物や植物を好む西欧　④ 先端技術と自然の共存

【二】 次の文章を読んで、後の設問に答えなさい。

アフリカの熱帯雨林に野生復帰したゴリラを訪ねた。小さいころに親を失い、孤児院に保護されたり、そこで生まれたりしたゴリラだ。野生のゴリラの数が激減し、絶滅の危機に瀕※1しているので、人間のもとで育てられたゴリラを野生にもどし、数を増やそうという試みである。ゴリラを放すことによって、そこの生態系に新たに大きなA影キョウをあたえてはいけない。そこで、以前ゴリラが生息していたことがわかっていて現在は絶滅している場所が選ばれた。B川で囲まれた孤島のような森である。ゴリラは泳げないから、川を渡って他の場所に移動することはない。

ボートで1時間かけて会いに行ったのだが、ゴリラとの出会いはとてもC印ショウ深いものだった。2ヵ月前に放された十数頭の群れは、まだ野生の食物をほとんど口にすることができず、餌を運んでくる人間をひたすら待っていた。水辺に設けられた鉄柵のこちら側から果物を投げてやると、走り寄ってむさぼりついた。野生のゴリラは毎晩ベッドを樹上や地上につくって寝るのだが、まだベッドをつくらずに地上の決まった場所で寝ているとのことだった。

別の場所に、数年前に放された3頭の若いゴリラがいた。もう野生の食物を自分でとって暮らしているという。しかし、Dボートの音を聞きつけると水際《みずぎわ》まで駆け寄ってきた。3頭が肩をすり合わせるようにならんで、私たちをじっと見つめている。その目がなんとも悲しそうでいたたまれない気持ちになった。「なんで僕らを置き去りにしたの?」と訴えているような気がした。まだこのゴリラたちは人間に頼っている。人間が好きで、人間といっしょにいたいのだ。野生の食物を口にしていても、心は人間のもとにあると私は思った。

親から離されて、子どものときから人間の手で育てられた野生動物に、本来の野生の心をもたせるのはとても難しい。毎日ミルクや食べ物をもらい、体をきれいにしてもらい、抱かれることで不安な心をなぐさめてもらう。その記憶は長い間消えることがない。本来なら母親や父親、年上のゴリラたちに育てられるはずのゴリラたちが、人間の世話で育った。このゴリラたちは自分の仲間よりも人間が好きになってしまったのである。Eゴリラだけではない。チンパンジーやオランウータンなども世界各地に孤児院ができ、野生復帰が試みられているが、まだほとんど成功した例を聞かない。

いう不安。

③ ロボットに対して名前をつけたり、リボンの飾りをつけたりすることへの抵抗。

④ 機械が人間の代わりをすることへの嫌悪感や人間の領域を侵すことへの反発。

問3 空欄［D］に入る語として最も適当なものを次の①～④の中から一つ選びなさい。解答番号は[4]。

① もし　② また　③ ところが　④ つまり

問4 傍線部E「このこと」が指している内容として最も適当なものを次の①～④の中から一つ選びなさい。解答番号は[5]。

① ロボットを人間と同じような仕事仲間として何の抵抗もなく受け入れてきたこと。

② 機械の調子が悪いときに人気の高い歌手のせいにして、その歌手を非難すること。

③ 労働者の仕事が奪われないようにするために、工場へロボットを導入しないこと。

④ ロボットとは違い、動植物や日常の道具類は「有情の存在」であると考えること。

問5 傍線部F「このような日本人のメンタリティの例」としてふさわしくないものを次の①～④の中から一つ選びなさい。解答番号は[6]。

① 使い古して役に立たなくなった筆をきちんと墓に埋めて供養すること。

② 感謝やねぎらいの気持ちから、縫針を丁寧に紙に包んで休ませること。

③ 縫針や筆は心を持たないが、便利な道具であるので大切に扱うこと。

④ 不要になった縫針を、豆腐やこんにゃくに刺して神社に納めること。

問6 空欄［G］に入る語句として最も適当なものを次の①～④の中から一つ選びなさい。解答番号は[7]。

① 優しい自然　② 美しい自然　③ 暗い自然　④ 死んだ自然

問7 傍線部H「日常生活でよく用いられる事物がまるで生き物のようにぞろぞろと行列して歩いて行く様子が描かれている」に用いられている表現技法を次の①～④の中から一つ選びなさい。解答番号は[8]。

① 擬人法　② 直喩　③ 隠喩　④ 体言止め

問8 傍線部I「西欧の絵画の歴史のなかには、このような例はまず思い浮かばない」とあるが、その理由として最も適当なものを次の①～④の中から一つ選びなさい。解答番号は[9]。

① 西欧の絵画では、生命のない物をふざけて人間のように描くことは、異様なことと考えられているから。

② 西欧の絵画では、人間以外の物をユーモラスに描くことは、神への抵抗であると考えられているから。

③ 西欧の絵画では、日常生活でよく使う道具には生命があり、意志や感情を持つと考えられているから。

④ 西欧の絵画では、人間とそれ以外の物は全く違う存在であり、物に生命はないと考えられているから。

問9 本文の内容と最も合うものを次の①～④の中から一つ選びなさ

きた心性と無縁ではないであろう。

Fこのような日本人のメンタリティの例の一つとして、現在でも日本の各地で広く行なわれている「針供養《くよう》」を挙げることができる。これは裁縫の縫針に対して、平素※3の働きに感謝し、その労をねぎらうため、丁寧に紙に包んで休ませたり、不用になったものを豆腐やこんにゃくのような柔らかいものに刺して、神社に納める年中行事の一つである。また、使い古してもはや役に立たなくなった筆をきちんと墓に埋めて供養する「筆塚」も、全国の神社や寺によく見られる。日本人にとって、縫針や筆はただの生命のない道具ではなく、心を通わせることのできる仲間であって、したがって、不用になった場合も、そのまま捨ててしまわず、人間に対するのと同じように、しかるべきやり方で弔うという風習が現在に至るまで続いている。

フランス語では、「静物」のことを「　G　」というが、日本人の伝統的な自然観では、自然のなかの森羅万象はすべて生命を持った存在であり、裁縫道具や筆記用具のように日常よく使う道具は、同時に心の友であり、仕事仲間でもある。このことは、最新テクノロジーによる道具であるロボットの場合も、例外ではない。

一六世紀中頃の《百鬼夜行絵巻》のなかに、唐傘、琴、着物その他、H日常生活でよく用いられる事物がまるで生き物のようにぞろぞろと行列して歩いて行く様子が描かれている。衣桁※4にかけられた袴《はかま》が行列に加わろうと身もだえしながらずり落ちて行く姿や、本来部屋のなかに鎮座※5しているはずの琴に足が生えてうごめいている様子は、いささか不気味であると同時に、どこかユーモラスな趣きもあって、画家の遊び心を感じさせる。この異様な行列情景を描かせたものは、これらの事物もまた意志や感情を持った生きた存在だという思想である。江戸時代にはこの他にも、豆腐が人間になった「豆腐小僧」のような奇妙な化け物がいろいろ登場してくるが、I西欧の絵画の歴史のなかには、このような例はまず思い浮かばない。創造主である神によって創り出された世界においては、人間とその他の被創造物とははっきりと区別されており、「死んだ自然」はあくまでも死んだままなのである。

【『日本人にとって美しさとは何か』高階秀爾　筑摩書房】

※1　所産（しょさん）……作り出されたもの
※2　端的（たんてき）……要点だけをはっきりと示すさま
※3　平素（へいそ）………普段
※4　衣桁（いこう）………室内で衣類などを掛けておく道具
※5　鎮座（ちんざ）………人や物がどっかりと場所を占めていること

問1　傍線部A「過テイ」、B「実セキ」のカタカナ部分の漢字を、それぞれ次の①～⑤の中から選びなさい。解答番号は[1]・[2]。

A「過テイ」……[1]

①　定　②　低　③　程　④　底　⑤　提

B「実セキ」……[2]

①　績　②　積　③　席　④　関　⑤　責

問2　傍線部C「労働者たちの心理的抵抗」とはイタリアの労働者たちのどのような感情のことか。次の①～④の中から最も適当なものを一つ選びなさい。解答番号は[3]。

①　人間の形をしていないロボットが老人や病人の世話をすることに対する気味悪さ。

②　ロボットの登場によって、人間の仕事が奪われるかもしれないと

【国語】（四五分）〈満点：一〇〇点〉

【一】 次の文章を読んで、後の設問に答えなさい。

二〇世紀後半におけるテクノロジーの発達は、今から八十年ほど前にチェコスロヴァキアの作家カレル・チャペックが夢見た「人間の仕事をする機械」としてのロボットを、現実の存在とすることを可能ならしめた。それも、一般の人々のあいだで漠然とイメージされている金属の皮膚で覆われた人間というヒューマノイド型ロボットばかりでなく、人間のかたちとは似ても似つかないさまざまの産業用ロボットも登場してきた。その活躍の範囲も、大規模な工場生産のA過テイの一部を受け持つことから、老人や病人の世話を引き受ける介護ロボットや、ロボット・コンテストの例に見られるようなエンターテイメント系ロボットに至るまで、きわめて幅広い分野にわたっている。人間の生活にかかわるロボットの役割は、今後さらに大きくなって行くであろう。

　それにともなって、ロボットと人間の関係をどのように考えるかという問題が浮上してきた。より一般的に、機械と人間の関係と言ってもよい。ロボットはテクノロジー文明の成果を駆使して生み出されたものであり、そのかぎりでは他の近代文明の所産※1と同じように国境を越えた普遍的存在であるが、そのロボットの利用の仕方、もっと端的※2に言ってロボットとの付き合い方は、国により、民族によって必ずしも一様ではない。そこには、それぞれの国の歴史的、文化的条件に由来する差異が見られるからである。

　私がこの問題を鮮明に印象づけられたのは、一九七〇年代、イタリアにおける「テクノロジーと文化」を主題とするある国際シンポジウムに参加したときのことであった。当時は工場生産へのロボットの導入が盛んに行なわれるようになって来た時期で、日本はその点に関して特に熱心で、B実セキもあげていた。シンポジウムの席上、イタリア側の参加者から、ロボットの導入を妨げる大きな要因の一つとして、C労働者たちの心理的抵抗があるが、日本はこの問題にどのように対処しているかという設問が発せられた。この質問は、日本側の参加者を当惑させるのに充分であった。ロボットの登場によって自分たちの職場が奪われるかもしれないという不安なら理解できる。それは一般の労働問題と同じであって、労働者たちが仕事を失わないように対策を講じればよい。だがイタリア人たちの言う「心理的抵抗」というのは、機械が人間の代わりをすることへの嫌悪感、あるいは人間の領域が機械に侵されることに対する反発の感情で、そのためにイタリアの労働者は容易にロボットを受け入れようとはしないというのである。

　イタリア側のこの質問に対して日本人参加者が当惑したのは、日本ではそのような「心理的抵抗」はまったくなかったからである。日本の労働者たちは、ロボットを何の抵抗もなく受け入れたばかりでなく、ロボットに「花子」とか「百恵ちゃん」などと名前をつけて親しみ、リボンの飾りをつけたりした。「百恵ちゃん」というのは、当時人気の高かった歌手の名前である。そして機械の調子が悪いときには「今日は百恵ちゃんは機嫌が悪い」などと言い合っていた。［　D　］日本ではロボットは、当初から、人間と同じような仕事仲間として受け入れられてきたのである。

　Eこのことは、日本人が昔から、動物や植物はもちろん、生命のない日常の道具類も、人間と同じような心を持った「有情の存在」と考えて

2021年度

解　答　と　解　説

《2021年度の配点は解答欄に掲載してあります。》

＜数学解答＞《学校からの正答の発表はありません。》

1. (1) [1] ④　(2) [2] ⑤　(3) [3] ④　(4) [4] ③　(5) [5] ①
2. [6] 5　[7] 1　[8] 6　[9] 6
3. [10] 6　[11] 5　[12] 7　[13] 3
4. [14] 1　[15] 0
5. (1) [16] 5　[17] 3　[18] 6　(2) [19] 1　[20] 7　[21] 2
6. [22] 3　[23] 6　[24] 2　[25] 1　[26] 5
7. [27] 1　[28] 3　[29] 6　[30] 0　[31] 5　[32] 8　[33] 5
8. [34] 1　[35] 2
9. [36] 2　[37] 4　[38] 3　[39] 5　[40] 9

○推定配点○

1.　各3点×5　2.　10点　3.　10点　4.　5点　5.　各5点×2　6.　15点　7.　15点　8.　5点　9.　15点　計100点

＜数学解説＞

1.（数と式の計算，平方根）

基本　(1)　$18-4\times(-5)=18+\{(-4)\times(-5)\}=18+4\times5=18+20=38$

基本　(2)　$\frac{4}{3}+\frac{5}{6}-\frac{10}{9}=\frac{24}{18}+\frac{15}{18}-\frac{20}{18}=\frac{19}{18}$

重要　(3)　$x=71$，$y=29$とすると，$71^2-29^2=x^2-y^2=(x+y)(x-y)=(71+29)(71-29)=100\times42=4200$

重要　(4)　$x=\frac{1}{3}$，$y=\frac{5}{3}$とすると，$\left(\frac{1}{3}\right)^2+2\times\frac{1}{3}\times\frac{5}{3}+\left(\frac{5}{3}\right)^2=x^2+2xy+y^2=(x+y)^2=\left(\frac{1}{3}+\frac{5}{3}\right)^2=\left(\frac{6}{3}\right)^2=2^2=4$

(5)　$\sqrt{20}+\sqrt{50}-\sqrt{2}(\sqrt{10}+3)=\sqrt{20}+5\sqrt{2}-\sqrt{20}-3\sqrt{2}=\sqrt{20}-\sqrt{20}+5\sqrt{2}-3\sqrt{2}=2\sqrt{2}$

重要　2.（多角形と角）

図1のように各頂点を点A～Fとし，さらに線分ACと線分BDの交点を点P，線分AEと線分DFの交点を点Qとする。∠BPC＝∠APD＝180°－31°－30°＝119°　また，∠EQF＝∠AQD＝180°－20°－33°＝127°　四角形APDQにおいて，四角形の内角の和は360°なので，∠PAQ＝360°－119°－127°－63°＝51°　次に，図2のように，各頂点を点A～Eとし，さらに∠BAD＝∠DAE＝a，∠BCD＝∠DCE＝bとする。$y+a+b=102$…①　$y+2a+2b=138$…②　②－①より，$a+b=36$…③　③を①に代入して，$y+36=102$　$y=66°$

図1

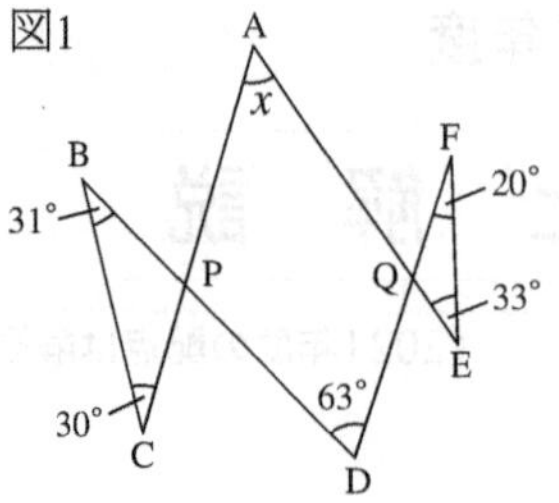

図2

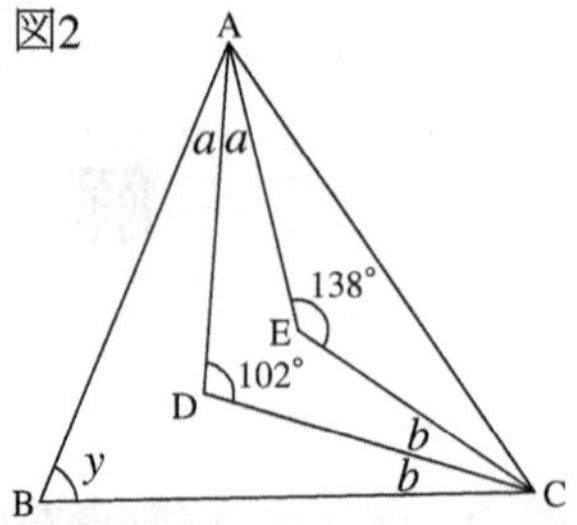

やや難 **3.** **(1次方程式の利用，割合の利用)**

展望台を利用した人数をx(人)とすると，展望台を利用しなかった人数は$100-x$(人)と表せる。また，展望台を利用すると$500+140=640$(円)かかり，展望台を利用しないと500円かかるので，支払った金額が59100円のとき，$640x+500(100-x)=59100$　$640x+50000-500x=59100$　$640x-500x=59100-50000$　$140x=9100$　$x=65$より，65人が展望台を利用したことになる。次に，展望台を使用した人達の満足度が80％なので，展望台を使用して満足した人数は$65\times\frac{80}{100}=52$(人)となる。また，展望台を利用しなかったのは$100-65=35$(人)であり，展望台を利用しなかった人達の満足度が60％なので，展望台を利用しないで満足した人数は$35\times\frac{60}{100}=21$(人)となる。よって，全体の満足度は$\frac{52+21}{100}\times100=73$(％)となる。

4. **(規則性)**

各段の一番右に位置する数は「段数の2乗の数」になっているので，10段目の一番右に位置する数は$10^2=100$となる。この100ははじめて現れる3桁の数字なので，はじめて3桁の数字が表れるのは10段目となる。

5. **(確率)**

重要 (1)　大のさいころの出た目をx，小のさいころの出た目をyとし，2個のさいころの出た目を$(x,\ y)$のように表す。このとき，出た目の和が6になるのは(1，5)，(2，4)，(3，3)，(4，2)，(5，1)の5通りで，2個のさいころの目の出方は全部で$6\times6=36$(通り)なので，その確率は$\frac{5}{36}$

やや難 (2)　大のさいころの出た目をx，中のさいころの出た目をy，小のさいころの出た目をzとし，3個のさいころの出た目を$(x,\ y,\ z)$のように表す。このとき，出た目の積が9になるのは(1，3，3)，(3，1，3)，(3，3，1)の3通りであり，3個のさいころの目の出方は全部で$6\times6\times6=216$(通り)なので，その確率は$\frac{3}{216}=\frac{1}{72}$

重要 **6.** **(正五角形の角，相似，2次方程式)**

正五角形の1つの内角の大きさは$(180°\times3)\div5=108°$なので，$\angle$BAE$=108°$　△ABEはAB＝AEの二等辺三角形となるので，$\angle$ABE$=\angle$ABF$=(180°-108°)\div2=72°\div2=36°$　次に，△ABEと△EDAにおいて，AB＝ED，AE＝EA，$\angle$BAE$=\angle$DEAより，2辺とその間の角がそれぞれ等しいので，△ABE≡△EDA　よって，$\angle$EAD$=36°$　これより，$\angle$BAF$=108°-36°=72°$　さらに，$\angle$BFA$=180°-36°-72°=72°$より，△BAFは二等辺三角形である。よって，BF＝2　また，△ABEと△FAEにおいて，2組の角がそれぞれ等しいので，△ABE∽△FAEとなるので，AB：FA＝BE：AE　BE＝xとすると，⑤よりFA＝FE＝$x-2$と表せ，さらに，AB＝AE＝2なので，$2:x-2=x:2$　$x(x-2)=2\times2$　$x^2-2x=4$　$x^2-2x-4=0$　解の公式より$x=\frac{-(-2)\pm\sqrt{(-2)^2-4\times1\times(-4)}}{2\times1}=$

$\dfrac{2\pm\sqrt{20}}{2}=\dfrac{2\pm2\sqrt{5}}{2}=1\pm\sqrt{5}$　$x>0$より$x=1+\sqrt{5}$　よって，BE＝$1+\sqrt{5}$　△ABEと△CBDにおいて，2辺とその間の角がそれぞれ等しいから，△ABE≡△CBDより，BE＝BDとなるので，BD＝$1+\sqrt{5}$

や難 7.（資料の整理）

Aの値以外の得点を小さい方から順に並べると38，42，50，54，57，66，70，72，81となる。A≦54のとき，中央値MはM＝(54＋57)÷2＝55.5の1通り。55≦A≦65のとき，中央値MはM＝(A＋57)÷2＝$\dfrac{A+57}{2}$となり，Aは55，56，57，58，59，60，61，62，63，64，65のどれかとなるので，Mは11通り。A≧66のとき，中央値MはM＝(57＋66)÷2＝61.5の1通り。よって，中央値Mは1＋11＋1＝13(通り)考えられる。次に，平均値が59.0点であるとき，10名の生徒の合計得点は59.0×10＝590(点)となるので，A＝590－(38＋42＋50＋54＋57＋66＋70＋72＋81)＝590－530＝60(点)　このとき，Aは小さい方から6番目の値となるので，中央値MはM＝(60＋57)÷2＝58.5(点)

重要 8.（2次関数と図形）

△OACと△OBCをそれぞれ底辺がAC，BCの三角形とみると，△OACと△OBCは底辺が同一直線上にあり，同じ頂点を持つ三角形どうしなので，△OACの面積が△OBCの2倍であるとき，ACの長さはBCの2倍となる。ここで，点A，B，Cのx座標をtとすると，点Cはx軸上の点なので，点Cのy座標は0となる。また，点Aは関数$y=ax^2$上の点なので，$y=ax^2$に$x=t$を代入して$y=at^2$より点Aのy座標はat^2と表せるので，ACの長さは$at^2-0=at^2$となる。さらに，点Bは関数$y=-\dfrac{1}{4}x^2$上の点なので，$y=-\dfrac{1}{4}x^2$に$x=t$を代入して$y=-\dfrac{1}{4}t^2$より点Bのy座標は$-\dfrac{1}{4}t^2$と表せるので，BCの長さは$0-\left(-\dfrac{1}{4}t^2\right)=\dfrac{1}{4}t^2$となる。よって，$at^2=2\times\dfrac{1}{4}t^2$となり，両辺を$t^2$でわって，$a=2\times\dfrac{1}{4}$より，$a=\dfrac{1}{2}$

基本 9.（三角形の相似の証明）

△ADEと△BFEにおいて，AD//BFより平行線の錯角は等しいから，∠EAD＝∠EBF…①　対頂角は等しいから∠AED＝∠BEF…②　①，②より2組の角がそれぞれ等しいから，△ADE∽△BFEである。

★ワンポイントアドバイス★

出題の大多数が基本を重要視した内容だが，知識を活用できるかどうかを問う内容も出題される。必ず過去問をチェックし，納得できるまで繰り返し解いて準備しよう。また，苦手な内容を減らすことを学習の目標にしよう。

＜英語解答＞ 《学校からの正答の発表はありません。》

Ⅰ. 問1 ③ 問2 ② 問3 ① 問4 ② 問5 ④ 問6 ③ 問7 ①
問8 ③ 問9 ④ 問10 ① 問11 ② 問12 ③ 問13 ② 問14 ④
問15 ① 問16 ② 問17 ④ 問18 ③ 問19 ④ 問20 ①

Ⅱ. 問1 ③ 問2 ④ 問3 ② 問4 ① 問5 ④ 問6 ④ 問7 ①
問8 ③ 問9 ① 問10 ②

Ⅲ. 問1 ④ 問2 ③ 問3 ② 問4 ① 問5 ③ 問6 ② 問7 ③
問8 ① 問9 ④ 問10 ②

Ⅳ. 問1 ④ 問2 ① 問3 ② 問4 ⑤ 問5 ③

Ⅴ. 問1 ④ 問2 ③ 問3 ① 問4 ④ 問5 ②

○推定配点○
各2点×50 計100点

＜英語解説＞

Ⅰ.（語句補充：接続詞，現在完了，進行形，命令文，助動詞，不定詞）

問1 過去の一時点を示す last August「去年の8月」が用いられているので過去形 came とするのが適切。

基本 問2 Do ~? と質問しているから，do を用いて答えるのが適切。

問3 接続詞 when を使った文は〈主語A＋動詞B＋ when ＋主語C＋動詞D〉で「CがDのときAがB」という意味。

問4 直前に have があることから現在完了の文であるとわかる。現在完了の文は〈have[has] ＋動詞の過去分詞形〉の形をとる。visit の過去分詞形は visited である。

問5 Did ~? と質問しているから，過去形の一般動詞を用いて答えるのが適切。read「読む」の過去形は read である。

問6 直前にbe動詞 was があり「～している」の意味になるので〈be動詞＋—ing〉の進行形にするのが適切。

問7 but は逆接を示す接続詞で，「～だが…」の意味を表す。

基本 問8 Does ~? と質問しているから，does を用いて答えるのが適切。

問9 過去の一時点を示す yesterday「昨日」が用いられているので過去形 was とするのが適切。

問10 please を使った丁寧な命令文「どうか～してください」は〈please ＋動詞の原形〉で表す。

問11 主語が3人称単数の my sister で，every morning「毎朝」と習慣を表しているから，現在形の takes とする。

問12 一般動詞の過去形 had を用いて答えているから，did を使って尋ねたのだと判断できる。

問13 so は因果関係を示す接続詞で，〈原因＋ ,so ＋結果〉の形となる。

問14 主語が3人称単数の he で，一般動詞 drink を用いた現在の文なので，否定文を作るときは doesn't を使う。

問15 助動詞 can は「～することができる」の意味。助動詞がある英文では主語に関係なく動詞は原形になる。

問16 主語が3人称単数の he で，Does ~? と質問している現在時制なので likes と3単現の s をつけるのが適切。

問17 〈want to ＋動詞の原形〉で「～したい」の意味。

基本 問18　Can ～? と尋ねられたら can を使って答えるのが適切。

問19　if 以下は条件を示す副詞節なので，未来の内容でも中の動詞は現在時制を使う。ただし，主節には未来形を用いるから will not の短縮形 won't とするのが適切。

問20　〈主語A＋動詞B～＋ because ＋主語C＋動詞D…〉の形で「Cが…DだからAが～B」という意味になる。

Ⅱ．（会話文：語句補充）

問1 「X：あなたの春休みの計画は何ですか。／Y：私はまだ決めていません」

問2 「X：この写真を見て。この男性が誰だかあなたは知っていますか。／Y：彼はカズオ・イシグロです」

問3 「X：すみません。博物館への行き方を私に教えてくださいますか。／Y：ごめんなさい。私はこの辺りに住んでいないのです」 get to ～ で「～に着く」の意味。

問4 「X：あなたは良いかばんを持っていますね。あなたはどこでそれを買ったのですか。／Y：私はイオンに買いに行きました」 where は「どこ」と場所を尋ねるのに用いるので，場所を答えるのが適切。

問5 「X：あなたの兄弟は長野の白馬に引っ越した，と私は聞きました。なぜですか。／Y：彼はスノーボードをすることが好きだからです」

問6 「X：これは山の美しい写真ですね。誰がそれを描いたのですか。／Y：それは私のおじによって描かれました」

重要 問7 「X：あなたの家族には何人の人がいますか。／Y：私たちは5人家族です」 a family of ～「～人家族」

問8 「X：あなた方はたくさんリレーの練習をしましたか。／Y：はい，私たちのチームは1位をとりました」

問9 「X：あなたのお気に入りの作家は誰ですか。／Y：私はトニー・モリスンが大好きです」

問10 「X：昨日，あなたはなぜパーティに来なかったのですか。／Y：私は私の兄弟の世話をしなければならなかったのです」

Ⅲ．（会話文：語句補充）

問1 「X：どちら様でしょうか。／Y：こちらはトムです」

問2 「X：食事の準備はできている，お母さん。／Y：私はまだ調理しているのよ。もう10分間待ってくれる」

問3 「X：どの自転車を借りても良いですか。／Y：あなたは茶色のそれに乗っても良いです」

問4 「X：うれしそうだね。どうしたの。／Y：私の父が私をディズニーランドに連れて行ってくれる予定なの」

問5 「X：これは誰のかばんですか。／Y：それはケンの物です。それは彼のお父さんからのプレゼントなのです」 所有を表す Ken's「ケンの物」と答えているだから，whose「誰の」と聞かれたのである。

問6 「X：あなたはどのように学校へ来るのですか。／Y：私はたいていは私の自転車に乗りますが，ときどきバスに乗ります」 how は状態や手段を尋ねる。

問7 「X：あなたはお祭りで楽しみましたか。／Y：はい，私は幽霊屋敷を最も楽しみました」

問8 「X：私はいつあなたに会うことができますか。／Y：私は月曜日に暇です。図書館で会いましょう」

問9 「X：パーティはどうでしたか。／Y：素晴らしいときを過ごしました。私はケンの友達と話すことを楽しみました」

問10 「X：あなたは暇な時間に何をしますか。／Y：私は芸術作品に興味があります。私はよく美術館を訪れます」

Ⅳ．（語句補充：内容吟味）

問1 「マイクはケントよりも忙しい。トムはジャックよりも忙しい。ビルはケントよりも暇だ。トムはマイクとトム，ビルの中で最も暇だ」「質問：誰が最も忙しいか」「答え：マイクである」

問2 「島は湖より危険だ。川は浜辺より安全だ。森は島と同じくらい安全だ。川は森より危険だ」「質問：どれが最も危険か」「答え：浜辺である」

問3 「リュウジはケンジほど速く話さない。マサトはナオキよりも速く話す。リュウジはタロウよりも早く話す。ケンジはナオキほど速く話さない」「質問：誰が最も速く話すか」「答え：マサトである」

問4 「タカコはヨウコよりも短い髪をしている。ノリコはショウコよりも長い髪をしている。キョウコはタカコよりも短い髪をしている。キョウコはキョウコとショウコ，ノリコの中で最も長い髪をしている」「質問：誰が最も長い髪をしているか」「答え：ヨウコである」

問5 「メアリーはナンシーより遅く家へ帰った。ケイトはジェーンより早く家へ帰った。シンディーはシンディーとケイト，メアリーの中で最も遅く家へ帰った。ジェーンはシンディーとジェーン，ナンシーの中で最も早く家へ帰った」「質問：誰が最も早く家へ帰ったか」「答え：ケイトであった」

Ⅴ．（会話文：内容吟味）

（大意） 私は東京で生まれて育った。私の母は日本人で，父はナイジェリア人だ。子ども時代から，私は2つの人種からなる日本人として日本で辛い時を過ごしている。私が幼稚園にいたとき，私たちは両親の絵を描いていた。他の子どもたちは両親の顔に肌色のクレヨンを使い始めたが，私は父の顔の色のために茶色のクレヨンをとった。友だちはこれを見て，私を笑った。私は母に「何かふさわしくないことをしたかな。茶色も肌の色かな」と尋ねた。中学校では，私が野球チームに入ろうとすると，「ようこそ，外人。君は黒人だから筋骨たくましいね」と言う先輩もいた。私が試合でホームランを打ったとき，「なんて力だ。あなたたち黒人は僕たち日本人よりも力が強いな」と言う先輩もいた。私が高校にいたとき，私たちの野球チームは地元の選手権試合に勝ち，甲子園球場でプレーすることになっていた。ソーシャル・メディアでは，「外国人を使うな。甲子園は神聖な場所だ。日本人の高校生野球選手のためのものだ」と言うOBもいた。近頃では，東京や大阪のような大都市では，多くの日本人がデモ行進する。彼らは通りを移動するとき，「人種差別反対」と叫んでいる。アメリカは人種差別問題について何かをしなくてはならないが，日本にも同じ問題がある，と私は思う。

問1 「筆者は日本で生まれた」 第2段落第1文参照。

問2 「筆者は彼の父の顔のために茶色のクレヨンを使った」 第3段落第4文参照。

問3 「筆者は黒人なので野球が得意なのだ，と思う野球チームのメンバーもいた」 第4段落最後から3文目～最終文参照。

問4 「筆者が甲子園球場でプレーしたとき，それを好まなかった人々もいた」 第5段落第2文～第4文参照。

やや難 問5 「人種差別という話になると日本人はまだ先が長い，と筆者は思う」 最終段落最終文参照。

★ワンポイントアドバイス★

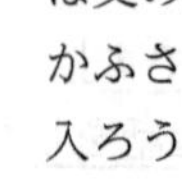

あまり馴染みのない内容の長文を読むときは，厳密な日本語訳をすることよりも正確な内容の把握をすることに努めよう。

＜国語解答＞ 《学校からの正答の発表はありません。》

【一】 問1　A　③　　B　①　　問2　④　　問3　④　　問4　①　　問5　③　　問6　④
問7　②　　問8　④　　問9　①　　問10　②

【二】 問1　A　③　　C　①　　問2　④　　問3　②　　問4 （文節） ②　　（単語） ④
問5　①　　問6　③　　問7　①　　問8　③

【三】 問1　A　②　　B　①　　C　④　　D　③　　問2　A　⑧　　B　②　　C　⑥
D　④　　問3　A　④　　B　③　　C　①　　D　②

○推定配点○

【一】 問1　各2点×2　　他　各4点×9　　【二】 問1　各2点×2　　他　各4点×8

【三】 各2点×12　　計100点

＜国語解説＞

【一】 （論説文―表題・大意・要旨，内容吟味，文脈把握，指示語，接続語，脱語補充，漢字の書き取り，表現技法）

基本 問1　A「過程」は物事が変化し進行して，ある結果に達するまでの道筋。　B「実績」は実際に現れた功績や成績。

問2　傍線部Cのある段落後半で，イタリアの労働者たちの「心理的抵抗」とは「機械が人間の代わりをすることへの嫌悪感，あるいは人間の領域が機械に侵されることに対する反発の感情」と述べているので4が適当。Cのある段落後半の内容を説明していない他の選択肢は不適当。

問3　空欄Dは，直前の内容を言い換えた内容が続いているので④が適当。

重要 問4　傍線部Eは直前の段落で述べているように，日本人はロボットを人間と同じような仕事仲間として受け入れてきたことを指しているので，①が適当。ロボットを仕事仲間として受け入れてきたことを説明していない他の選択肢は不適当。

問5　傍線部Fのある段落で，縫針や筆を心を通わせることのできる仲間として扱うこととして1，2，4は述べているが，「縫針や筆は心を持たない」とある③はふさわしくない。

問6　空欄Gはフランス語で「静物」を表す言葉のことで，Gのある段落～最後までで，道具は「心の友であり，仕事仲間でもある」とする「日本人の伝統的な自然観」と比較しながら，西欧では「人間とその他の被創造物とははっきりと区別されており，『死んだ自然』はあくまでも死んだままなのである」と述べていることから，④が適当。

問7　傍線部Hは，「まるで生き物のように」という形で「事物」を「生き物」にたとえているので，②が用いられている。①は人間ではないものを人間に見立てて表現する技法。③は「ように，ような」などを用いずにたとえる技法。④は文の最後を体言(名詞)で終わらせる技法。

重要 問8　傍線部Iの「このような例」は，日本では事物も意志や感情を持った生きた存在だという思想のもと，生き物のように事物が描かれた例のことである。創造主の神によって創り出された世界では人間と区別されるその他の被創造物は死んだままであるとする西欧の絵画の歴史には，日本のように事物を扱う例はないということなので，④が適当。①，②は述べていないので不適当。日本の説明である③も不適当。

やや難 問9　①は「イタリア側の……」から続く2段落で述べている。西欧では，創造主の神によって創り出された世界では人間とその他の被創造物は区別され死んだままであると述べているので，「文明の進歩とともに失われてしまった」とある②，③は合わない。④も日本のこととして述べていないので合わない。

問10　本文は，西欧と比較しながら，道具にも人間と同じような心を持った「有情の存在」と考えてきた日本文化とロボットとの付き合い方を述べているので②が適当。

【二】（論説文―大意・要旨，内容吟味，文脈把握，指示語，脱語補充，漢字の書き取り，ことわざ，文と文節）

基本　問1　A「影響」，①「一興」　②「教養」　③「音響」　④「国境」。　C「印象」，①「気象」　②「愛称」　③「化粧」　④「幼少」。

問2　傍線部Bのある段落でBであるのは，「以前ゴリラが生息していたことがわかっていて現在は絶滅している場所が選ばれた」こと(＝②，③)，「ゴリラは泳げないから，川を渡って他の場所に移動することはない」こと(＝①)を述べているが，④は述べていないので誤り。

問3　傍線部D後でDの理由として，若いゴリラたちは「人間が好きで，人間といっしょにいたい」ということ，このゴリラたちのように，子どものときから人間の手で育てられた野生動物に本来の野生の心をもたせるのはとても難しいことを述べているので，②が適当。D後の内容を踏まえていない他の選択肢は不適当。

問4　傍線部Eを文節に分けると「ゴリラだけでは／ない」となり，単語に分けると「ゴリラ(名詞)／だけ(助詞)／で(助動詞)／は(助詞)／ない(形容詞)」となる。

重要　問5　傍線部Fの「これ」は直前の段落の，人間の世話で育ったゴリラが仲間より人間を好きになってしまったようにその記憶は長い間消えることがない，ということを指しているので①が適当。記憶が長い間消えることがないということを説明していない他の選択肢は不適当。

問6　「三つ子の魂百まで」は，幼い頃の性格は年をとっても変わらないということ。「三つ子」は三才の子どもということから転じて，幼い子ども全般の意味。

問7　空欄Ⅰは，直前の内容とは相反する内容が続いているので①が適当。

やや難　問8　傍線部J前後でJの説明として，「生まれて初めて出会う人間に……何もかも頼って暮らした経験が，人間を信頼して生きる心をつくる」こと，「子どもにとって食べものを与えてくれる人は，世界をあたえてくれる存在であ」り，「その人がいなくなったら子どもの世界は消失してしまう」ことを述べているので，これらの内容を踏まえた③が適当。「侵してはならない」は「食べ物を与える行為」に対するものなので「奇跡」と説明している①は不適当。②の「自立を願っている」も述べていないので不適当。④の「ゴリラとは異なり」も不適当。

【三】（四字熟語，ことわざ・慣用句，文学史）

やや難　問1　Aの「一期」は「生涯，一生」，「一会」は「一度のめぐりあい，出会い」という意味。　Bの「前代」は現在よりも前の時代，過去のこと，「未聞」はまだ聞いたことがないという意味。
Cの「異口」はたくさんの人の口，「同音」は同じ音を発すること。　Dの「言語」は言葉で表現すること，「道断」は言うすべがない，言う道が断たれること。

基本　問2　Aの「寝耳に水」は，思いがけないことが突然起こって驚くことのたとえ。　Bの「青菜に塩」は，元気を失って，うなだれているさま。青菜に塩をかけるとしおれてしまうことから。
C「弘法にも筆の誤り」は，すぐれた人物でも時にはまちがえることがあるということのたとえ。弘法大師のような書道の名人でも文字を書き誤ることもあるということから。　Dの「情けは人のためならず」は，人に親切にしておけば，めぐりめぐって自分にかえってくること。情けはその人のためにならない，という意味は誤り。

重要　問3　他の作品の作者は，Aの①は森鷗外，②は与謝野晶子，③は石川啄木。　Bの①は夏目漱石，②は三島由紀夫，④は宮沢賢治。　Cの②は作者未詳で，在原業平と思われる男の生涯を恋愛を中心として描いた歌物語。③は清少納言，④は作者未詳で，鎌倉時代の軍記物語。　Dの①は吉田兼好，③は松尾芭蕉，④は紫式部。

★ワンポイントアドバイス★

論説文では，何をテーマに論を進めているかをしっかり確認して読み進めていこう。

MEMO

大切なことはメモしておこうネ！

2020年度

入　試　問　題

2020
年
度

2020年度

享栄高等学校入試問題

【数　学】 （45分）　　＜満点：100点＞

解答の際は，１つの $\boxed{}$ に対して１けたの数字をマークしなさい。

1. 次の計算をし，①～⑤の中から正答を選びなさい。

⑴ $15-(-6)\times 3=\boxed{1}$

① -3　② 10　③ 27　④ 33　⑤ 63

⑵ $\frac{2}{3}+\frac{1}{4}-\frac{1}{6}=\boxed{2}$

① $\frac{1}{2}$　② $\frac{7}{12}$　③ $\frac{3}{4}$　④ $\frac{29}{30}$　⑤ $\frac{13}{12}$

⑶ $\frac{5}{12}\div\left(-\frac{1}{9}\right)\times\frac{2}{3}=\boxed{3}$

① $-\frac{45}{8}$　② $-\frac{5}{2}$　③ $-\frac{5}{162}$　④ $\frac{5}{14}$　⑤ $\frac{45}{8}$

⑷ $(-2ab)^2\times 3a\div 6b=\boxed{4}$

① a^3b　② $-3a^2b$　③ $2a^3b$　④ $-36a^3b^3$　⑤ $72a^3b^3$

⑸ $16^2-14^2=\boxed{5}$

① 4　② 60　③ 90　④ 155　⑤ 452

⑹ $\sqrt{14}\times\sqrt{7}-\sqrt{18}\times 2=\boxed{6}$

① $\sqrt{2}$　② $-\sqrt{7}$　③ $2\sqrt{2}$　④ $2\sqrt{3}$　⑤ $5\sqrt{7}$

2. 次の問いに答えなさい。

⑴ 次の方程式を解きなさい。

㋐ $2(x+1)=5x+8$　　$x=-\boxed{7}$

㋑ $x^2-2x-8=0$　　$x=\boxed{8}$，$-\boxed{9}$

⑵ 大小２つのさいころを振って，大きいさいころの出た目を x 座標，小さいさいころの出た目を y 座標とする点 P を考える。右の図の曲線Cが $y=x^2$ を表わすとき，点 P が図の斜線部または曲線上にある確率は $\dfrac{\boxed{10}}{\boxed{11}}$ である。

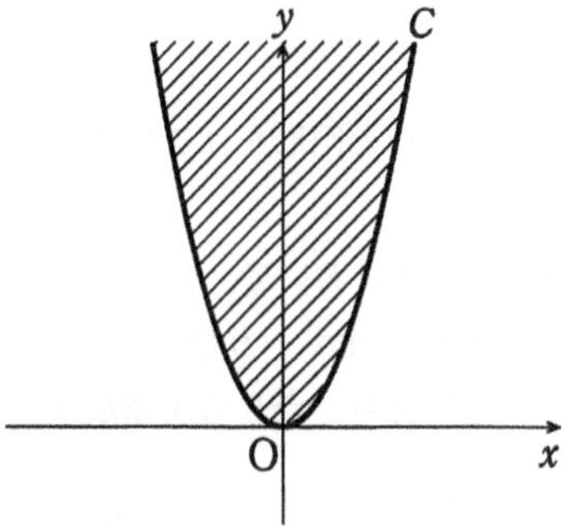

⑶ あるクラスの10人で，10点満点の数学の小テストを行ったところ結果は以下のようになった。

10　8　6　5　8　4　8　7　7　2　（点）

このとき最頻値は $\boxed{12}$ 点であり，平均値は $\boxed{13}$．$\boxed{14}$ 点である。

その後，２人が追加で小テストを受け，12人で再度平均値を求めると６点であった。後から受けた２人の点差が３点であるならば，２人の内高い方の点数は[15]点である。

⑷　次の図１，2において$\angle x$，$\angle y$の大きさを答えなさい。

図１　$m /\!/ n$

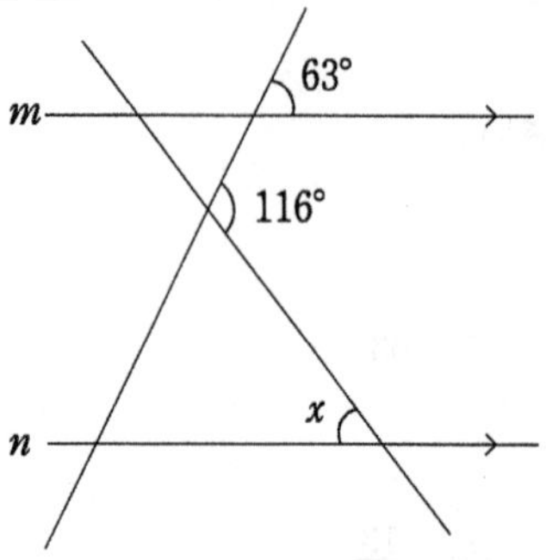

$\angle x =$ [16][17]°

図２　直線PA，PBは円Oの接線

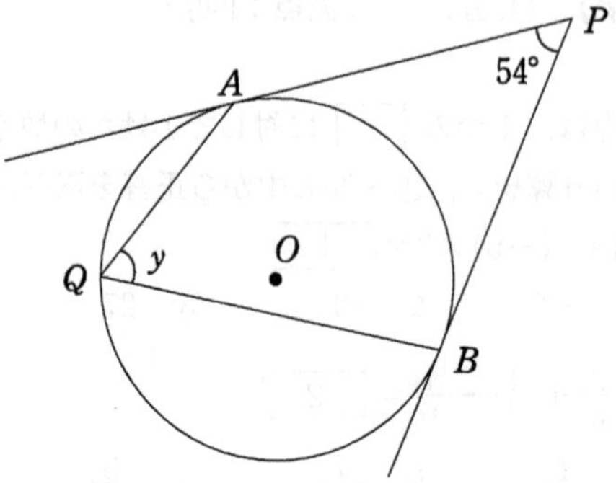

$\angle y =$ [18][19]°

⑸　右の図は，底面の半径が３，高さが４，母線の長さが５の円錐である。この円錐の表面積は[20][21]πであり，体積は[22][23]πである。

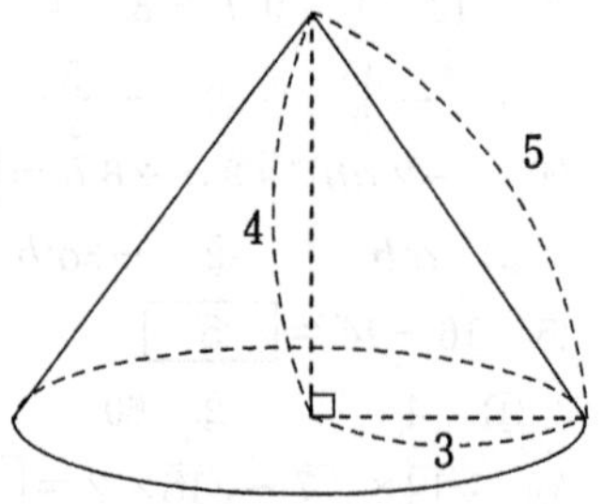

⑹　図のように棒を一定の規則に従って並べていく。

1番目　　2番目　　3番目

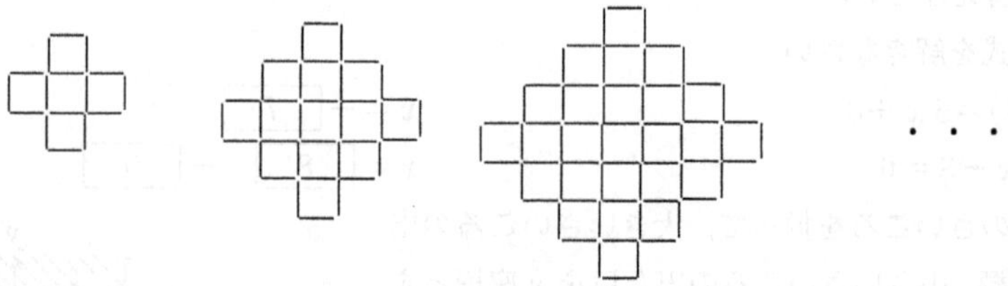

５番目の図形を作るには，棒は[24][25][26]本必要である。

3. 右の図において，四角形$ABCD$は正方形である。

また，点A，Bはそれぞれ曲線 $y=ax^2$，$y=\frac{1}{2}x^2$ 上の点であり，点Bの座標が（2，[27]），点Cの座標が（−1，6）であるとき，$a=-\frac{[\ 28\ ]}{[\ 29\ ]}$ である。

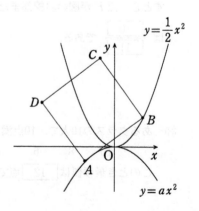

4. 右の図のように$\square ABCD$の対角線の交点Oを通る直線を引き，辺AB，CDとの交点をそれぞれP，Qとするとき，四角形$APCQ$が平行四辺形になることを証明したい。

次の［　］にあてはまるものとして正しい選択肢を①～⑧から選びなさい。

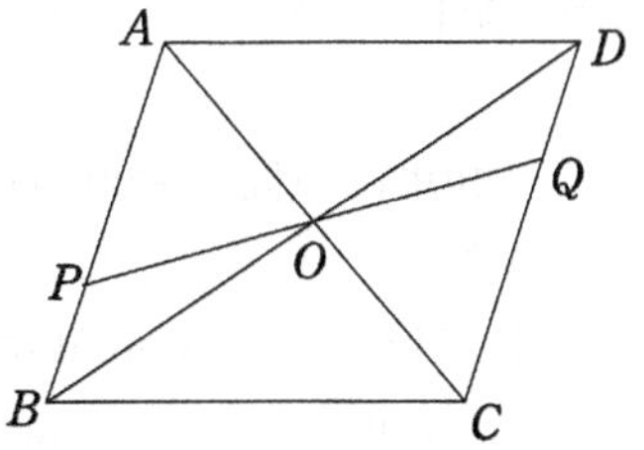

【証明】

$\triangle APO$と$\triangle CQO$において，四角形$ABCD$は平行四辺形であるから，

$AO = CO$ ……Ⅰ

$\angle OAP = \angle OCQ$ ……Ⅱ

また，対頂角は等しいから，$\angle AOP = \angle COQ$ ……Ⅲ

Ⅰ，Ⅱ，Ⅲから，［30］ので $\triangle APO \equiv \triangle CQO$

合同な図形では，対応する辺の長さは等しいので $PO = QO$……Ⅳ

Ⅰ，Ⅳから，［31］ので四角形$APCQ$は平行四辺形である。終

選択肢

① 3組の辺がそれぞれ等しい
② 2組の辺とその間の角がそれぞれ等しい
③ 3組の辺の比がすべて等しい
④ 1組の辺とその両端の角がそれぞれ等しい
⑤ 2組の向かい合う角がそれぞれ等しい
⑥ 2組の辺の比とその間の角がそれぞれ等しい
⑦ 対角線がそれぞれの中点で交わる
⑧ 1組向かい合う辺が平行で等しい

【英　語】（45分）　＜満点：100点＞

Ⅰ．次の問い（問１～20）の [1] ～ [20] に入れるのに最も適切なものを①～④の中から一つ選びなさい。

問１　He [1] not at home when I called him yesterday.
　① is　② are　③ was　④ were

問２　These days my sister [2] up at 4:30 in the morning.
　① gets　② gotten　③ getting　④ to get

問３　It is raining very hard, [3] I will not take the dog for a walk.
　① when　② after　③ but　④ so

問４　Mr. Green has never [4] of a gorilla named Shabani in the zoo.
　① hears　② heard　③ hearing　④ to hear

問５　“Did you wash your car last week?” — “Yes, I [5].”
　① am　② do　③ was　④ did

問６　[6] you are free tomorrow, will you help me with my homework?
　① Since　② If　③ Though　④ Before

問７　The students are [7] about Toni Morrison’s books such as *Beloved*.
　① talks　② talked　③ talking　④ to talk

問８　This is a bus [8] goes to the station.
　① and　② so　③ when　④ that

問９　Takeo is good at foreign languages. He [9] keep a diary in French.
　① can　② is　③ has　④ was

問10　“Does the school year start in April in Japan?” — “Yes, it [10].”
　① is　② was　③ does　④ did

問11　My brother likes snowboarding and he hopes [11] to Nagano.
　① moves　② moved　③ moving　④ to move

問12　I was cleaning the living room [12] my father came home.
　① that　② when　③ so　④ if

問13　“Do they have any computer rooms at school?” — “Yes, they [13].”
　① do　② will　③ are　④ have

問14　When my mother was in high school, she [14] to school every day.
　① walks　② walked　③ walking　④ to walk

問15　Now I am fifteen years old. Next month I will [15] sixteen.
　① am　② is　③ was　④ be

問16　He went to the library, [16] he was not able to find *Song of Solomon*.
　① after　② but　③ if　④ since

問17　The movie has started. You should stop [17] your cellphone.
　① uses　② used　③ using　④ to use

問18 The train [18] at 13:00. We must arrive at the station by 12:30.

① leaves　② left　③ leaving　④ to leave

問19 “Does your father play golf?” — “Yes, he [19].”

① is　② was　③ does　④ did

問20 I was late for school today [20] I got up late this morning.

① because　② and　③ before　④ but

Ⅱ．次の問い（問1～10）において，質問に対する応答として最も適切なものを①～④の中から一つ選びなさい。

問1 X: Did you study for tomorrow’s science test?

Y: [21]

① Yes, it is.　② Yes, I did.

③ It is the science test.　④ I will study tomorrow.

問2 X: Whose keys are these?

Y: [22]

① They are hers.　② You can eat these.

③ He keeps my keys.　④ She wants a new key.

問3 X: Would you like a cup of coffee?

Y: [23]

① You like a cup.　② You drink coffee.

③ Yes, please.　③ Yes, I am.

問4 X: By the way, when will you buy shoes?

Y: [24]

① I will be on the way.　② I like new shoes.

③ At ABC Mart.　④ On Saturday.

問5 X: Are you doing your math homework now?

Y: [25]

① Yes, I do.　② No, I have already done it.

③ I like my homework.　④ I won’t study math.

問6 X: What did you eat for lunch?

Y: [26]

① We went out for lunch.　② We will eat lunch.

③ We often eat at Denny’s.　④ We had hamburgers.

問7 X: Are you ready to order?

Y: [27]

① I may take your order.　② I will have pizza, please.

③ Yes, you are ready.　④ No, you don’t like it.

問8 X: How does your father go to work?

Y: [28]

① He goes to the office. ② He works very hard.
③ He rides a bike. ④ He likes his job.

問9 X: Has she finished dinner yet?
Y: [29]
① She likes dinner. ② Yes, she does.
③ Dinner is ready. ④ No, she is still eating it.

問10 X: Where did you go during summer vacation?
Y: [30]
① I went to Hokkaido. ② The vacation was fun.
③ I will go during summer. ④ I like summer best.

Ⅲ. 次の問い（問1～10）において，応答を導き出す質問として最も適切なものを①～④の中から一つ選びなさい。

問1 X: [31]
Y: No, thank you. I'm just looking.
① May I help you? ② Can I look?
③ Will you thank me? ④ Are you looking at me?

問2 X: [32]
Y: I speak English, French and Spanish.
① Are you speaking English? ② Why don't you speak French?
③ Can you speak Spanish well? ④ What languages do you speak?

問3 X: [33]
Y: The blue one under the table.
① Where is the table? ② Which bag is yours?
③ Do you like the blue one? ④ Do you want the table?

問4 X: [34]
Y: He is our music teacher.
① Who is that man over there? ② What does that man study?
③ Do we have a new teacher? ④ Do you like music?

問5 X: [35]
Y: It is May 2.
① Who is it? ② What is it like?
③ When is her birthday? ④ Which month do you like best?

問6 X: [36]
Y: He is a bus driver.
① Which man is your father? ② What does your father do?
③ Does he want to be a driver? ④ Does he take a bus to work?

問7 X: [37]
Y: I heard it from my friend.

① Did you know my friend? ② Did you hear from my friend?
③ How did you know that? ④ When did you hear about it?

問8 X: We are going to hold a party tomorrow. [38]
Y: I'd love to, but I have a lot of homework to do.
① Will you hold a meeting? ② Do you have a lot of homework?
③ Are you busy with the party? ④ Would you like to come?

問9 X: Excuse me. [39]
Y: I'm going that way. I'll show you.
① Where is the library? ② Which way will I go?
③ Do you know that way? ④ Will I show you around?

問10 X: Good afternoon. [40]
Y: I am not very well. I feel sick now. I couldn't sleep last night.
① Am I very well now? ② Did I sleep last night?
③ How are you today? ④ Why did you feel sick?

Ⅳ. 次の問い（問1～5）において，英文を読んで，質問に対する答えとして最も適切なものを①～⑤の中から一つ選びなさい。

問1 John is shorter than Paul. Tim is taller than Kent. George is shorter than John. George is the tallest of Kent, Tim and George.
Q: Who is the shortest? A: [41] is.
① George ② John ③ Kent ④ Paul ⑤ Tim

問2 Takeo is richer than Masao. Yoshio is richer than Akio. Norio is as rich as Takeo. Akio is richer than Norio.
Q: Who is the richest? A: [42] is.
① Akio ② Masao ③ Norio ④ Takeo ⑤ Yoshio

問3 Kaoru's cat is larger than Naomi's. Ami's cat is not as large as Yuka's. Mari's cat is smaller than Naomi's. Yuka's cat is the smallest of Kaoru's, Mari's and Yuka's.
Q: Whose cat is the largest? A: [43] cat is.
① Ami's ② Kaoru's ③ Mari's ④ Naomi's ⑤ Yuka's

問4 Meg is busier than Susie. Ellen is not as busy as Beth. Ellen is busier than Jane. Beth is not as busy as Susie.
Q: Who is the busiest? A: [44] does.
① Beth ② Ellen ③ Jane ④ Meg ⑤ Susie

問5 Yoko's bag is older than Eriko's. Naoko's bag is newer than Toshiko's. Junko's bag is the oldest of Eriko's, Toshiko's and Junko's. Yoko's bag is the newest of Junko's, Naoko's and Yoko's.
Q: Whose bag is the newest? A: [45] bag is.
① Eriko's ② Junko's ③ Naoko's ④ Toshiko's ⑤ Yoko's

V．高校生の真希は長野県の白馬村へ家族旅行に行き，スキー場でリフトに乗っているとき，ニュージーランド人と出会いました。その時の会話を読んで，問い（問１～５）の英文の空欄に入れるのに最も適切なものを①～④の中から一つ選びなさい。

On the chair lift "Line E"

Bill: Hi, how's it going?

Maki: Good. The weather is nice, isn't it?

Bill: Yes. It's a beautiful day. Are you enjoying skiing?

Maki: Yes. A clear sky and beautiful mountains. Skiing in such a nice day is exciting, isn't it? By the way, my name is Maki.

Bill: I'm Bill. Nice to meet you, Maki.

Maki: Nice to meet you, Bill. Look! There's an animal in the snow. What's that? Is it a bear?

Bill: No, it's not a bear. It's a *kamoshika*, a Japanese antelope.

Maki: *Kamoshika*? Is it a deer? It looks like a dog.

Bill: No. Antelopes are a kind of cows.

Maki: I see. Oh, it's eating a tree.

Bill: Yes. It's eating tree shoots. Antelopes are plant-eating animals.

Maki: Wow, you know a lot, Bill. Do you live in Hakuba?

Bill: I'm from New Zealand. I'm a ski instructor. I work for Hakuba Snow Sports School.

Maki: So you teach skiing in Hakuba as well as in New Zealand. How many days do you ski in a year?

Bill: 150 days from June to October in New Zealand, and 100 days from December to March in Hakuba. 250 days in total.

Maki: Wow, that's great. Since when have you been to Hakuba during the Christmas season?

Bill: I started coming here three years ago. This is the fourth time I've spent the holiday season in Hakuba. I've been a fan of Hakuba. The powder snow here is excellent. In New Zealand, the slopes are very hard. They're like an ice. Also, in Hakuba, the ski pass prices are reasonable. In New Zealand, the ski lift tickets are quite expensive.

Maki: That's interesting.

Bill: By the way, there're not many people here in Hakuba47 today. It's not so crowded. In Japan, many people come skiing during national holidays. I've heard today is the emperor's birthday and it is a national holiday.

Maki: No. Emperor Heisei stepped down on April 30. On May 1, the crown prince came to the throne and the new era called "Reiwa" began. So December 23 is no longer a national holiday. The new emperor's birthday is February 23, and February 23 *is* a national holiday.

Bill: I didn't know that. Now it's time to get off. Nice talking to you, Maki.
Maki: Nice talking to you, Bill. Have a nice day.

問1 When she was riding on the chair lift, Maki saw [46] in the snow.
① a bear ② an antelope ③ a deer ④ a dog

問2 In New Zealand, Bill teaches skiing in [47].
① February ② November ③ January ④ August

問3 In Hakuba, Bill has worked as a ski instructor since [48].
① 2016 ② 2017 ③ 2018 ④ 2019

問4 Bill loves Hakuba because [49].
① of its longer ski season
② of its powder snow
③ the slopes are very hard and icy
④ the ski lift tickets are expensive

問5 In Hakuba47, Maki met Bill on [50].
① April 30 ② May 1 ③ December 23 ④ February 23

①五里霧中　②五理霧中　③五里夢中　④五理夢中

C　追い詰められた状況からきしかいせいの策を講じる。……25

意味…絶望的な状態にある物事を立て直すこと。

①帰死回生　②起死回生　③帰死会生　④起死会生

D　友情はいっちょういっせきでは成立しない。……26

意味…わずかな時間。

①一鳥一石　②一朝一石　③一鳥一夕　④一朝一夕

問2　次のA～Dのことわざ・慣用句の□にあてはまるものを次の①～⑨から一つ選び、それぞれ答えなさい。解答番号は27～30。

A　□の耳に念仏……27

B　□の甲より年の功…28

C　類は□を呼ぶ……29

D　□は急げ……30

①友　②仏　③帯　④善　⑤蜂

⑥亀　⑦猿　⑧馬　⑨犬

問3　次のA～Dの著作者の作品でないものを、それぞれ次の①～④の中から一つ選びなさい。解答番号は31～34。

A　芥川龍之介…31

①舞姫　②羅生門　③蜘蛛《くも》の糸　④鼻

B　宮沢賢治…32

①銀河鉄道の夜　②星の王子さま

③雨ニモマケズ　④注文の多い料理店

C　夏目漱石…33

①坊っちゃん　②吾輩は猫である

③三四郎　④伊豆の踊子

D　太宰治…34

①走れメロス　②斜陽

③山椒魚《さんしょううお》　④人間失格

④自分以外の人々と一緒になって考え、協力して生きて行くことが大切なのだと気付くことで存在意義を知ることができる。

問6　傍線部G「アリも大きなサイクルの中で生きている」とあるが、「アリ」にとって「大きなサイクル」とは何か。次の①～④の中から最も適当なものを一つ選びなさい。解答番号は19。

①他の虫たちと協力して、人間に立ち向かって行くこと。

②強い自意識を持ったまま生き続けることで個体としての命を完結すること。

③後世に生き残る集団になるように、アリだけの社会を作り出すこと。

④命ある限り生き続け、遺伝子を次の世代に残すこと。

問7　傍線部H「不毛感のようなものを感じること」とはどのようなことか。次の①～④の中から最も適当なものを一つ選びなさい。
解答番号は20。

①何かを成し遂げたという実感をもてず、生きていることに価値を見つけ出せないでいること。

②自分の人生に目標があっても、何から手を付けていいかわからず困惑していること。

③一生懸命に夢を追いかけてもなかなか達成できず、誰かに助けて欲しい気持ちになること。

④目的に向かって努力しているのに、周囲の人に邪魔《じゃま》をされてやりきれない気持ちでいること。

問8　空欄［I］に当てはまる語句として最も適当なものを次の①～④の中から一つ選びなさい。解答番号は21。

①「この論文を仕上げれば君自身が大きく飛躍できると信じて書いてみては？」

②「自分にはこの論文を仕上げる才能があると思って書いてみては？」

③「君に期待している多くの人たちのためにと思って書いてみては？」

④「未来の子どもたちのためにと思って書いてみては？」

問9　次に示す文は、本文中から抜き出した一つの段落である。本文中に戻すとすると、1～5のどの段落の前がよいか。1～5の段落番号で答えなさい。解答番号は22。

歴史上の偉人だってそうです。アインシュタインは偉大なことをなしましたが、その半面で原爆に関係しています。また、ナポレオンも英雄と言ってよいものの、どれだけの人を殺したかわかりません。

【三】　次の問1～問3の設問に答えなさい。

問1　次のA～Dの傍線部は四字熟語をひらがなにしたものである。熟語の意味を参考にして、正しく漢字に直したものをそれぞれ次の①～④の中から一つ選びなさい。解答番号は23～26。

A　警報装置によりききいっぱつのところで避難できた。……23
意味…一つ間違えれば重要な危険におちいるというせとぎわ。
①危機一発　②機危一発　③危機一髪　④機危一髪

B　入社したての頃はごりむちゅうで大変だった。……24
意味…どうすべきかの判断に迷い、方針や見込みがまったく立たないこと。

自分の子どもでなくてもいい。「論文を書かなきゃいけないのに、書けなくて……」と悩んでいる若手研究者に、「　Ⅰ　」とアドバイスしたら、「勇気がわきました」とやる気になってくれたことがあります。
「何かのために」と思ったとき、人間は初めて自分の存在意義を学ぶのだと思います。

（『人はなぜ学ばなければならないのか』齋藤孝より）

※十全……完全であるさま

問1　傍線部A「ウシは使用価値がある」とあるが、「ウシ」が「価値」がある生物であるのはなぜか。次の①～④の中から最も適当なものを一つ選びなさい。解答番号は13。

①大きな体を持つ立派な生命体であるから。
②人間には役に立つ都合のいい存在であるから。
③ゴキブリとは違って人に嫌われる存在ではないから。
④人間に親しい存在なので子供が疑問に思わないから。

問2　傍線部B「人間こそが一番の害虫かもしれません」とあるが、「人間」がなぜ「害虫」なのか。次の①～④の中から最も適当なものを一つ選びなさい。解答番号は14。

①人間にとって都合のよい装置をどんどん開発しているから。
②大量に食物を消費し、使用価値のあるウシでも食べてしまうから。
③生態系をくずすなど、地球にとって有害なことをしているから。
④ミミズのような小さな虫でも人間の判断で益虫だと決めつけているから。

問3　傍線部C「『負』の側面」、D「肯定」と反対の意味になるものを、それぞれ次の①～④の中から一つ選びなさい。解答番号は15、16。

C　「『負』の側面」…15　①正の側面　②善の側面　③勝の側面　④優の側面

D　「肯定」…16　①仮定　②断定　③否定　④未定

問4　傍線部E「信じられないような曲芸技までやってのける」のはなぜか。次の①～④の中から最も適当なものを一つ選びなさい。解答番号は17。

①空中にある木の枝の葉に産み付けることによって、水中の外敵から卵を守るため。
②外敵をどうしても退治したいので、難しい態勢になってでも捕まえようとするため。
③親が曲芸技を見せることで外敵の注意をそらせ、卵の存在を気付かせないようにするため。
④葉の陰なら外敵から卵を隠すことができるので、木の枝の葉を水中に引き込もうとするため。

問5　傍線部F「自分だけで存在意義を考えてしまいがち」とあるが、どうすれば存在意義を正しく知ることができるか。次の①～④の中から最も適当なものを一つ選びなさい。解答番号は18。

①自分が孤独であることを自覚し、周囲の人々に頼らないで生きる気持ちになることで存在意義を知ることができる。
②何かのために生きていこうと考えることで生きるための充実感を得て、自分の本当の存在意義を知ることができる。
③小さなアリでさえ悩みながら一生懸命生きていることに気づくことで自分の存在意義を知ることができる。

存在意義は「何にとって」という観点次第で、「ある」か「ない」かが変わります。

[1] この世において、そうした分類をするのは人間だけです。そのため、人間の都合によって、「これは害虫」、「これは益虫」と決定されます。しかし、人間が害虫と判断した昆虫でも、生態系のバランス維持に役立っていることは珍しくありません。

たとえば、たいていの人が気持ち悪がるミミズは、実は非常に大切な存在で、「生物の中で一番重要な存在である」という説もあるくらいです。地球にとってはこのミミズが益虫で、B人間こそが一番の害虫かもしれません。

このように使用価値の点から吟味《ぎんみ》していくと、実はすべての人間の存在意義が怪しいといってよいのかもしれません。

[2] こんなC「負」の側面に目を向ければ、アインシュタインもナポレオンも、彼らの存在意義を一〇〇％D肯定できるとは言えないでしょう。

アリのケースに話を戻します。私はアリからもいろいろ学べると思います。

この世に生を受けたら、それを※十全《じゅうぜん》に生き切り、子孫に遺伝子を伝えていく。それがすべての生物に課せられたミッション（使命）であると感じられます。

[3] どの生物も懸命になって子孫に遺伝子を伝えていこうとしています。

たとえば、外敵から卵《たまご》を守るために、水辺に垂れ下がっている木の枝の葉に雌《めす》が飛びついて卵を産み、続いて雄《おす》が飛び上がって精子を振りかける魚がいます。

生物は卵を外敵から守るために、そうしたE信じられないような曲芸技までやってのけるのです。

そんなふうに遺伝子を後世に伝えることがすべての生物の存在意義だとすると、アリだって一匹ずつ単独で生きていないことがわかります。ある規模の集団で生を営み、自分たちの遺伝子を残すというミッションのために働き続け、生きられるところまで生き続けるわけです。

[4] アリが自殺することはありません。すべてがとにかく生き切る。

この存在意義は、自分だけのことではありません。それは集団とともにあると同時に、後世にも伝わるのです。

かつての世なら、人間も子どもを七～八人産むのが当たり前でした。現代は子どもをどんどん産んで後世につなげていくことが途絶えがちなので、ついF自分だけで存在意義を考えてしまいがちです。しかし、そうではないのです。

幕末の人々は「次の日本をつくるのだ」と後世を見据《みす》え、そこに自分を位置づけて充実感を得ていました。このような大きなサイクルの中に自分を位置づけられると、存在意義は得やすいのです。

[5] そう考えると、Gアリも大きなサイクルの中で生きているわけで、その存在意義は無駄《むだ》とは言えないでしょう。もっとも、アリは自意識が発達していないという点で私たち人間と異なるわけですが……。

そうはいっても、人間誰しも自分の存在意義にH不毛感のようなものを感じることがあると思います。

そんなときには、自分に子どもができて、その子どものために何かしようと思う状態を想像してみてください。「自分のために」とか「～しなくては」という思いでいるときよりも、不毛感が解消されるはずです。

③聞いているほうがひどく疲れるから。

④バトンが返ってきたら、また話すから。

問6　傍線部E「返すひまもなく新しいボールを投げる」とはどういうことのたとえか。次の①～④の中から最も適当なものを一つ選びなさい。解答番号は8。

①こちらが考えている間にすぐに次の質問をされること。

②相手が前の言葉に返事をする時間も無いのにすぐに次の言葉を発すること。

③相手が返事に困っていることをわかっているのにすぐに次の質問をすること。

④こちらが返事を迷っているのに同じ質問を繰り返してさいそくされること。

問7　傍線部G「時間を忘れます」とあるが、なぜ時間を忘れるのか。次の①～④の中から最も適当なものを一つ選びなさい。解答番号は9。

①話の内容がたのしいことだから。

②お互いに気心が知れているから。

③キャッチャーとピッチャーが決まっているから。

④投げたり受け取ったり話のやりとりがおもしろいから。

問8　傍線部K「うわの空」とはどういう意味か。次の①～④の中から最も適当なものを一つ選びなさい。解答番号は10。

①物の表面や見かけのようすしか見ないこと。

②よく考えずによくばった考えでいっぱいになること。

③他のことに心が奪われて、目の前のことに注意が向かないこと。

④ふらふらと宙に浮いたようになり意識が失われてしまうこと。

問9　空欄［H］・［J］に入る語句の組み合わせとして最も適当なものを次の①～④の中から一つ選びなさい。解答番号は11。

①H　話し上手・J　話し上手

②H　話し上手・J　聞き上手

③H　聞き上手・J　聞き上手

④H　聞き上手・J　話し上手

問10　この文章の題として最も適当なものを次の①～④の中から一つ選びなさい。解答番号は12。

①会話がけんかになる時

②会話はキャッチ・ボール

③ハルちゃんナッちゃんの会話

④ハルちゃんナッちゃんの人形

【二】　次の文章を読んで、後の設問に答えなさい。

学ぶということは存在する意味、意義を見つけるということでもあります。たとえば、アリなどの昆虫も立派な生命体ですが、「アリにはどんな存在意義があるのか」、つまり「アリはなぜ存在しているのか」と、疑問に思う子どももいます。

存在意義があるというのは、誰かにとって「使用価値」があるということです。すると、ゴキブリは人間にとって使用価値がないから存在意義もないことになり、Aウシは使用価値があるから存在意義もあることになります。

ただし、この使用価値の有無によって存在意義を判断することは、人間にとって都合のいい存在であるかどうかを見るにすぎません。

「あの人の話、おもしろいわネ」

と言われる人は、たいてい、［　H　］な人です。いつまでも、ボールを自分のところにとめておかないで、さっさと相手に渡します。I相手の言いぶんを聞きます。話したいことを話してもらいます。なるべく、相手に花をもたせようとします――そういう心がけの人は、［　J　］です。たとえ、話し方の技巧がさほどでなくとも……。

かりに、どんなに※弁舌《べんぜつ》さわやかでも、ひとりで、えんえんと話していると、聞いているほうは退屈します。疲れてKうわの空になり、頭によく入らないでしょう。

（『聡明な女は話がうまい』外山滋比古より）

※没我の境……物事に熱中して自我を忘れるような心の状態になること

※弁舌さわやか……ものの言い方がすがすがしいようす

問1　傍線部C「独セン」、F「終シ」のカタカナ部分と同じ漢字を用いているものを、それぞれ次の①～④の中から選びなさい。

解答番号は[1]、[2]。

C「独セン」…[1]

①感**セン**病にかかる。

②**セン**門家に話を聞く。

③**セン**金の価値がある。

④広い地域を**セン**領する。

F「終シ」…[2]

①試合の開**シ**が遅れる。

②若者たちの**シ**気があがる。

③災害地に物**シ**を運ぶ。

④通行が禁**シ**される。

問2　傍線部I「相手の言いぶんを聞きます」はいくつの文節があるか。また、いくつの単語があるか。それぞれ次の①～④の中から一つ選びなさい。解答番号は[3]、[4]。

文節…[3]　①1文節　②2文節　③3文節　④4文節

単語…[4]　①5単語　②6単語　③7単語　④8単語

問3　傍線部A「人間の悲劇が生まれます」とあるが、この場合「悲劇」とはどういうことが起こることか。次の①～④の中から最も適当なものを一つ選びなさい。解答番号は[5]。

①二人で長い時間話し合わなければならなくなること。

②二人のうちどちらかが人形をあきらめること。

③二人で人形を共有するしかなくなること。

④二人のうち一人が我慢できずに争いになること。

問4　傍線部B「話をしているときでも同じこと」とあるが、「同じこと」とはどういうことか。次の①～④の中から最も適当なものを一つ選びなさい。解答番号は[6]。

①もっと早く相手の気持ちに気づいてやること。

②相手に渡さず意地悪したくなること。

③独りじめしたくなってしまうこと。

④相手に気をつかい過ぎること。

問5　傍線部D「相手に口をはさむ余地を与えないというのは乱暴です」とあるが、なぜ「乱暴」なのか。次の①～④の中から最も適当なものを一つ選びなさい。解答番号は[7]。

①相手にバトンを渡すから。

②投げたボールを返してくれないから。

【国語】（四五分）〈満点：一〇〇点〉

【一】 次の文章を読んで、後の設問に答えなさい。

小さな姉妹が、一つの人形で遊んでいるとします。

姉のハルちゃんが、先に人形をだきます。妹のナッちゃんは待っています。「早くだかして……」と言います。

しかし、ハルちゃんにしてみれば、そんなに早く渡すことはできません。ナッちゃんも、しばらくは我慢しています。

待つ時間は長い。待たせるのはすこしも長いとは思いません。そこにA人間の悲劇が生まれます。しばらくするとナッちゃんはもう待てなくなってしまいます。

「早くってば……いつまでひとりでだいているの」

それを聞いてハルちゃん、

「いいじゃないの、もうすこしだかせてくれたって……」

とやり返します。ナッちゃん、

「もういや、ズルイわ、そんなにひとりじめしていては……」

こうなると、ケンカです。ハルちゃんがもっと早く、お人形を妹に渡していれば問題にならないのです。B話をしているときでも同じことです。

二人のあいだには共有の一つの時間があります。一方がそれをふさいでいると、相手はもう使うことができません。空くのを待つほかはないのです。おしゃべりにしろ、会話にしろ、この一つの時間を適当に二人で順番に使うことです。

いくら、雄弁な人と無口な人とが話をしていても、一方だけがその共有時間をC独センしてしまって、D相手に口をはさむ余地を与えないというのは乱暴です。

ひとしきりしゃべったら、相手にバトンを渡す。たとえ、「そうね」ひとことでもいいのです。ものを言わせます。

それでバトンが返ってきたら、また、話します。ずっとしゃべりっぱなしというのは、聞いているほうがひどく疲れるのです。

これが会話、対話の基本的ルールです。キャッチ・ボールのようなものだと言ってもよいでしょう。投げたボールはキャッチャーから返してもらわなくてはいけません。E返すひまもなく新しいボールを投げるのは身勝手です。

多くの場合、ピッチャーとキャッチャーが、おのずからきまって、ピッチャーが話の主導権をにぎります。キャッチャーは受け身にF終シするようになりがちです。

本当にたのしい語らいは、どちらもピッチャーとしてのボールを投げるキャッチ・ボールでしょう。相手がボールを投げるときは、こちらがキャッチャー、こちらが投げるときには向こうがキャッチャーとなるのです。そういうおしゃべりは互いにG時間を忘れます。何を話すからたのしいというのではありません。そういう話のやりとりがおもしろいのです。

長電話というのは第三者からみると、ずいぶんおかしいようですが、当事者にしてみるとけっして〝長〟電話ではありません。むしろあっというまに終わってしまうように感じられます。やりとりがうまく運んでいるからたのしくなるのです。たのしいから、時間を忘れて、※没我《ぼつが》の境《きょう》に遊ぶ、というわけです。

2020年度

解　答　と　解　説

《2020年度の配点は解答欄に掲載してあります。》

＜数学解答＞ 《学校からの正答の発表はありません。》

1 (1) $\boxed{1}$ ④　(2) $\boxed{2}$ ③　(3) $\boxed{3}$ ②　(4) $\boxed{4}$ ③　(5) $\boxed{5}$ ②
(6) $\boxed{6}$ ①

2 (1) (ア) $\boxed{7}$ 2　(イ) $\boxed{8}$ 4　$\boxed{9}$ 2　(2) $\boxed{10}$ 1　$\boxed{11}$ 4
(3) $\boxed{12}$ 8　$\boxed{13}$ 6　$\boxed{14}$ 5　$\boxed{15}$ 5　(4) $\boxed{16}$ 5　$\boxed{17}$ 3　$\boxed{18}$ 6　$\boxed{19}$ 3
(5) $\boxed{20}$ 2　$\boxed{21}$ 4　$\boxed{22}$ 1　$\boxed{23}$ 2　(6) $\boxed{24}$ 1　$\boxed{25}$ 4　$\boxed{26}$ 4

3 $\boxed{27}$ 2　$\boxed{28}$ 1　$\boxed{29}$ 4

4 $\boxed{30}$ ④　$\boxed{31}$ ⑦

○推定配点○
1 各5点×6　2 (3) 各3点×3　(6) 6点　他 各5点×7　3 各5点×2
4 各5点×2　計100点

＜数学解説＞

1 (数・式の計算，平方根)

(1) $15-(-6)\times3=15-(-18)=15+18=33$

(2) $\frac{2}{3}+\frac{1}{4}-\frac{1}{6}=\frac{8}{12}+\frac{3}{12}-\frac{2}{12}=\frac{9}{12}=\frac{3}{4}$

(3) $\frac{5}{12}\div\left(-\frac{1}{9}\right)\times\frac{2}{3}=\frac{5}{12}\times\left(-\frac{9}{1}\right)\times\frac{2}{3}=-\frac{5\times9\times2}{12\times1\times3}=-\frac{5}{2}$

(4) $(-2ab)^2\times3a\div6b=4a^2b^2\times3a\times\frac{1}{6b}=\frac{4a^2b^2\times3a}{6b}=2a^3b$

(5) $16^2-14^2=(16+14)(16-14)=30\times2=60$

(6) $\sqrt{14}\times\sqrt{7}-\sqrt{18}\times2=\sqrt{2\times7\times7}-3\sqrt{2}\times2=7\sqrt{2}-6\sqrt{2}=\sqrt{2}$

2 (一次方程式，二次方程式，関数・グラフと確率，統計・標本調査，角度，円錐の表面積と体積，規則性)

基本 (1) (ア) $2(x+1)=5x+8$より，$2x+2=5x+8$　$2x-5x=8-2$　$-3x=6$　$x=-2$
(イ) $x^2-2x-8=0$　$(x-4)(x+2)=0$　$x=4,\ -2$

重要 (2) 大小2つのさいころを振って，大きいさいころの出た目をx座標，小さいさいころの出た目をy座標とする点Pは，x座標が1～6のそれぞれに，y座標が1～6の点があるから，全部で$6\times6=36$(個)の点がある。ここで，$y=x^2$上の点でx座標が1，2，3，4，5，6である点のy座標はそれぞれ，$y=1^2=1$，$y=2^2=4$，$y=3^2=9$，$y=4^2=16$，$y=5^2=25$，$y=6^2=36$だから，36個の点のうち，問題の図の斜線部または曲線上にある点は，$(x,\ y)=(1,\ 1)$，$(1,\ 2)$，$(1,\ 3)$，$(1,\ 4)$，$(1,\ 5)$，$(1,\ 6)$，$(2,\ 4)$，$(2,\ 5)$，$(2,\ 6)$の9個。よって，求める確率は$\frac{9}{36}=\frac{1}{4}$

(3) 10人の点数を低い順に並べると，2，4，5，6，7，7，8，8，8，10(点)。最頻値は資料の値の中で最も頻繁に現れる値だから，～～を付けた最も多い3人の8点が最頻値。また，10人の点数の平均値は，$\dfrac{2+4+5+6+7\times2+8\times3+10}{10}=6.5$(点)　また，後から受けた2人の点数の合計は，$6\times12-6.5\times10=7$(点)だから，後から受けた2人の点差が3点のとき，2人のうち高い方の点数は，$(7+3)\div2=5$(点)である。

(4)　右図1より，平行線の錯角は等しいから，∠DEF＝∠ABC＝63°　△DEFの内角と外角の関係から，$\angle x$＝∠BDF－∠DEF＝116°－63°＝53°　右図2より，接線と接点を通る半径は垂直に交わるので，∠OAP＝∠OBP＝90°　四角形AOBPの内角の和は360°だから，∠AOB＝360°－(54°＋90°＋90°)＝126°　弧ABに対する中心角と円周角の関係から，$\angle y=\dfrac{1}{2}\times126°=63°$

図1

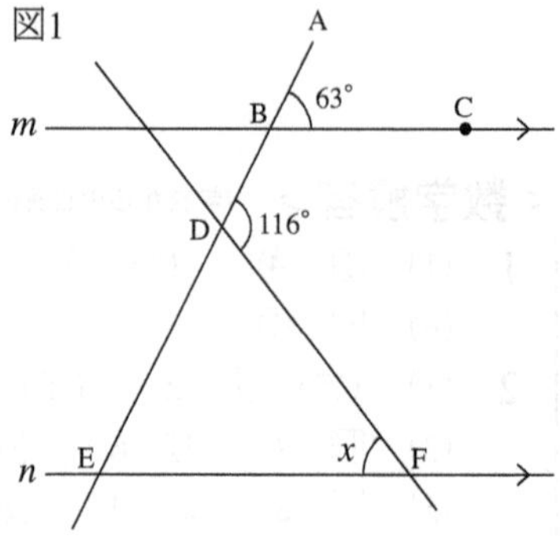

基本　(5)　問題の円錐を展開したときの側面のおうぎ形の中心角を$a°$とすると，中心角の大きさは弧の長さに比例するから，$\dfrac{a°}{360°}=\dfrac{2\pi\times3}{2\pi\times5}=\dfrac{3}{5}$　よって，(円錐の表面積)＝$\pi\times5^2\times\dfrac{3}{5}+\pi\times3^2=24\pi$　(円錐の体積)＝$\dfrac{1}{3}\times\pi\times3^2\times4=12\pi$

図2

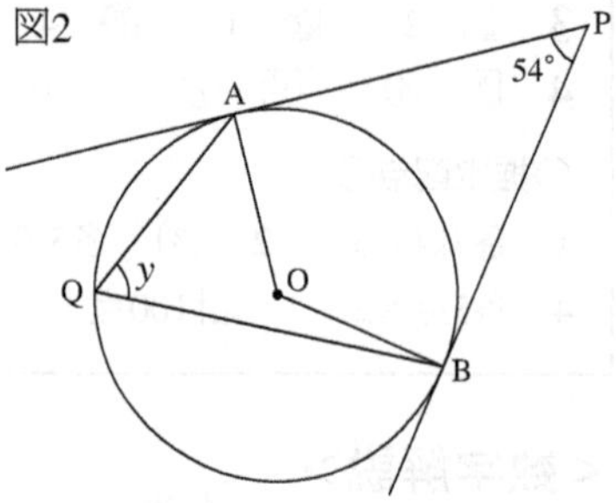

やや難　(6)　各図形に関して，下図のように，㋐と㋑に分けて考える。1番目の図形では，㋐が4個，㋑が4個ある。2番目の図形では，㋐が8個，㋑が4個ある。3番目の図形では，㋐が12個，㋑が4個ある。これより，次の図形になるごとに，㋐は4個ずつ増え，㋑は4個で一定である。また，1つの㋐で2本ずつ棒が増えて次の図形になり，1つの㋑で3本ずつ棒が増え次の図形になる。以上の規則性と，1番目の図形の棒の本数が16本であることから，2番目の図形を作るには，棒は$16+2\times4+3\times4=36$(本)必要であり，3番目の図形を作るには，棒は$36+2\times8+3\times4=64$(本)必要であり，4番目の図形を作るには，棒は$64+2\times12+3\times4=100$(本)必要であり，5番目の図形を作るには，棒は$100+2\times16+3\times4=144$(本)必要である。

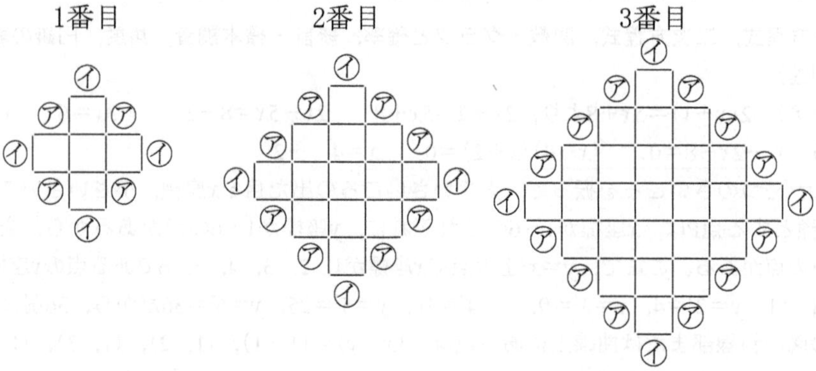

難 3 （図形と関数・グラフ）

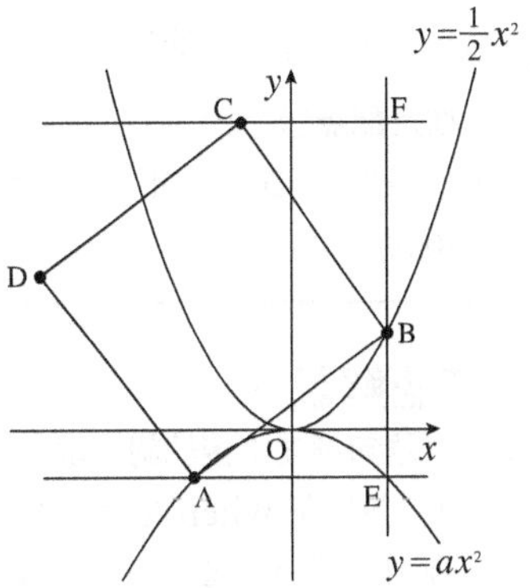

点Bのy座標は$y=\frac{1}{2}\times 2^2=2$　よって，B(2，2)　右図のように，点A，Cを通りx軸に平行な直線と，点Bを通りy軸に平行な直線との交点をE，Fとする。△ABEと△BCFで，∠AEB＝∠BFC＝90°…①　四角形ABCDは正方形だから，AB＝BC…②　∠BAE＝180°－∠AEB－∠ABE＝90°－∠ABE…③　∠CBF＝180°－∠ABC－∠ABE＝90°－∠ABE…④　③，④より，∠BAE＝∠CBF…⑤　①，②，⑤より，直角三角形の斜辺と1つの鋭角がそれぞれ等しいので，△ABE≡△BCF　また，BF＝6－2＝4，CF＝2－(－1)＝3だから，点Aのx座標＝点Bのx座標－BF＝2－4＝－2，点Aのy座標＝点Bのy座標－CF＝2－3＝－1　よって，A(－2，－1)　$y=ax^2$は点Aを通るから，$-1=a\times(-2)^2=4a$　$a=-\frac{1}{4}$

重要 4 （図形の証明）

平行四辺形とは，「2組の向かいあう辺がそれぞれ平行である」，「2組の向かいあう辺がそれぞれ等しい」，「2組の向かいあう角がそれぞれ等しい」，「対角線がそれぞれの中点で交わる」，「1組の向かいあう辺が等しくて平行である」のいずれかがいえるときである。本問は，「対角線がそれぞれの中点で交わる」ことをいうことで証明する。四角形APCQの対角線のうち，AO＝CO…Ⅰであることは，四角形ABCDが平行四辺形であることからいえる。PO＝QO…Ⅳであることは，△APO≡△CQOを示すことでいう。四角形ABCDが平行四辺形であることから，AB//DCで平行線の錯角は等しいから，∠OAP＝∠OCQ…Ⅱ　対頂角は等しいから，∠AOP＝∠COQ…Ⅲ　Ⅰ，Ⅱ，Ⅲから，1組の辺とその両端の角がそれぞれ等しいので△APO≡△CQO　よって，Ⅳがいえる。Ⅰ，Ⅳより，「対角線がそれぞれの中点で交わる」ことがいえる。

★ワンポイントアドバイス★

3では，点A，Cを通りx軸に平行な直線と，点Bを通りy軸に平行な直線からできる辺ABと辺BCをそれぞれ斜辺とする2つの直角三角形の関係から，点Aの座標を求めることがポイントである。

＜英語解答＞ 《学校からの正答の発表はありません。》

Ⅰ．問1 ③　問2 ①　問3 ④　問4 ②　問5 ④　問6 ②　問7 ③
問8 ④　問9 ①　問10 ③　問11 ④　問12 ②　問13 ①　問14 ②
問15 ④　問16 ②　問17 ③　問18 ①　問19 ③　問20 ①

Ⅱ．問1 ②　問2 ①　問3 ③　問4 ④　問5 ②　問6 ④　問7 ②
問8 ③　問9 ④　問10 ①

Ⅲ．問1 ①　問2 ④　問3 ②　問4 ①　問5 ③　問6 ②　問7 ③
問8 ④　問9 ①　問10 ③

Ⅳ．問1 ③　問2 ⑤　問3 ②　問4 ④　問5 ①

Ⅴ. 問1 ② 問2 ④ 問3 ① 問4 ② 問5 ③

○推定配点○

Ⅰ. 各2点×20 Ⅱ. 各2点×10 Ⅲ. 各2点×10 Ⅳ. 各2点×5 Ⅴ. 各2点×5

計100点

＜英語解説＞

Ⅰ.（語句補充：接続詞，現在完了，進行形，関係代名詞，助動詞，不定詞，動名詞）

問1 接続詞 when を使った文〈主語A＋動詞B＋ when ＋主語C＋動詞D〉では，動詞Bと動詞Dの時制は一致させる。ここでは動詞Dが過去形 called なので動詞Bも過去形にする。主語が3人称単数の he なので were を使うのが適切。

重要 問2 these days「このごろ」は現在時制・現在進行形時制と共に使う。主語が3人称単数の my sister で現在時制なので gets と3単現の s をつけるのが適切。

問3 so は因果関係を示す接続詞で，〈原因＋ , so ＋結果〉の形となる。

問4 直前に has があることから現在完了の文であるとわかる。現在完了の文は〈have[has]＋動詞の過去分詞形〉の形をとる。hear の過去分詞形は heard である。

基本 問5 Did ～? と質問しているから，did を用いて答えるのが適切。

問6 接続詞 if を使った文。〈If ＋主語A＋動詞B，主語C＋動詞D〉で「もしAがBならば，CがD」という意味。

問7 直前にbe動詞 is があり「～している」の意味になるので，〈be動詞＋—ing〉の進行形にするのが適切。

やや難 問8 「駅へ行く」が bus を修飾する，関係代名詞使った文。選択肢の中では関係代名詞は that だけである。

問9 助動詞 can は「～することができる」の意味。助動詞がある英文では主語に関係なく動詞は原形になる。

基本 問10 Does ～? と質問しているから，does を用いて答えるのが適切。

問11 hope to ～ で「～したい」という名詞的用法の不定詞。

問12 接続詞 when を使った文は，〈主語A＋動詞B＋ when ＋主語C＋動詞D〉で「CがDのときAがB」という意味。

基本 問13 Do ～? と質問しているから，do を用いて答えるのが適切。

問14 接続詞 when を使った文。〈When ＋主語A＋動詞B，主語C＋動詞D〉で「AがBのとき，CがD」という意味。ここでは動詞Bが過去形 was なので動詞Dも過去形にする。walk の過去形は walked である。

問15 助動詞 will は未来を表す助動詞。助動詞がある英文では，主語に関係なく動詞は原形になる。be動詞の原形は be である。

問16 but は逆接を示す接続詞で，「～だが…」の意味を表す。

問17 stop —ing で「～するのをやめる」の意味。

問18 「電車が13時に出発する」という，ごく近い将来の確定的な予定について述べた文なので，現在の時制を使う。

基本 問19 Does ～? と質問しているから，does を用いて答えるのが適切。

問20 〈主語A＋動詞B～＋ because ＋主語C＋動詞D…〉の形で「Cが…DだからAが～B」という意味になる。

Ⅱ．（会話文：語句補充）

問1 「X：あなたは明日の理科のテストのために勉強しましたか。／Y：はい，しました」 Did ～? と質問しているから，did を用いて答えるのが適切。

問2 「X：これらは誰の鍵ですか。／Y：それらは彼女のものです」 whose「誰の」という問いに対する答えなので，所有代名詞 hers「彼女のもの」を用いる。

問3 「X：コーヒーを1杯いかがですか。／Y：はい，ください」 Would you like ～?「～はいかがですか」と勧められたときは，Yes, please.「はい，お願いします」または，No, thank you.「いいえ，結構です」と答える。

問4 「X：ところで，あなたはいつ靴を買うつもりですか。／Y：土曜日にです」 when は「いつ」と時を尋ねるのに用いるので，時を答えるのが適切。

問5 「X：あなたは今，あなたの数学の宿題をしているところですか。／Y：いいえ，私はそれをもうしてしまいました」

問6 「X：あなた方は昼食に何を食べましたか。／Y：私たちはハンバーガーを食べました」

問7 「X：あなたは注文の準備ができましたか。／Y：私にピザをいただけますか」

問8 「X：あなたのお父さんはどのように仕事に行きますか。／Y：彼は自転車に乗ります」 how は状態や手段を尋ねる。

問9 「X：彼女はもう夕食を終えてしまいましたか。／Y：いいえ，彼女はまだそれを食べています」

問10 「X：あなたは夏休みの間にどこへ行きましたか。／Y：私は北海道へ行きました」 where は「どこ」と場所を尋ねるのに用いるので，場所を答えるのが適切。

Ⅲ．（会話文：語句補充）

問1 「X：何かお手伝いしましょうか。／Y：いいえ，結構です。私は見ているだけです」

問2 「X：あなたは何語を話しますか。／Y：私は英語とフランス語，スペイン語を話します」

問3 「X：どのかばんがあなたのものですか。／Y：テーブルの下の青いのです」

問4 「X：向こうのあの男性は誰ですか。／Y：彼は私たちの音楽の先生です」

問5 「X：彼女の誕生日はいつですか。／Y：5月2日です」

問6 「X：あなたのお父さんは何をしますか。／Y：彼はバスの運転手です」 what は職業を尋ねるときに使う。

問7 「X：あなたはそれをどのように知ったのですか。／Y：私はそれを私の友達から聞きました」

問8 「X：私たちは明日，パーティを開催する予定です。あなたは来たいですか。／Y：とても行きたいですが，私にはするべき宿題がたくさんあります」

問9 「X：すみません。図書館はどこですか。／Y：私はその方向へ行きます。私が案内しましょう」

問10 「X：こんにちは。今日はお元気ですか。／Y：私はあまり良くないのです。私は今，具合が悪いです。昨夜，眠ることができませんでした」

Ⅳ．（語句補充：内容吟味）

問1 「ジョンはポールよりも背が低い。ティムはケントよりも背が高い。ジョージはジョンよりも背が低い。ジョージはケントとティム，ジョージの中で最も背が高い」「質問：誰が最も背が低いか」「答え：ケントである」

問2 「タケオはマサオより裕福だ。ヨシオはアキオより裕福だ。ノリオはタケオと同じくらい裕福だ。アキオはノリオより裕福だ」「質問：誰が最も裕福か」「答え：ヨシオである」

問3 「カオルのネコはナオミのよりも大きい。アミのネコはユカのほど大きくない。マリのネコはナオミのよりも小さい。ユカのネコはカオル，マリ，ユカのものの中で最も小さい」「質問：誰のネコが最も大きいか」「答え：カオルのネコである」

問4 「メグはスージーよりも忙しい。エレンはベスほど忙しくない。エレンはジェーンよりも忙しい。ベスはスージーほど忙しくない」「質問：誰が最も忙しいか」「答え：メグである」

問5 「ヨウコのかばんはエリコのより古い。ナオコのかばんはトシコのより新しい。ジュンコのかばんはエリコ，トシコ，ジュンコのものの中で最も古い。ヨウコのかばんはジュンコ，ナオコ，ヨウコのものの中で最も新しい」「質問：誰のかばんが最も新しいか」「答え：エリコのかばんである」

Ⅴ．（会話文：内容吟味）

（大意） リフトに乗っている

ビル：やあ。

真希：お天気が良いですよね。

ビル：ああ。スキーを楽しんでいるかい。

真希：はい。ところで私の名前は真希です。

ビル：僕はビルだ。

真希：見て。雪の中に動物がいます。あれは何ですか。クマですか。

ビル：いいえ，クマではないよ。日本のレイヨウ，カモシカだよ。

真希：カモシカ。シカですか。イヌのように見えます。

ビル：いいえ，レイヨウはウシの仲間だ。

真希：うわあ，よく知っていますね，ビル。あなたは白馬に住んでいるのですか。

ビル：僕はニュージーランド出身だよ。スキーの指導者なんだ。白馬スキー・スポーツ学校で働いている。

真希：それではあなたはニュージーランドだけではなく白馬でもスキーを教えるのですね。あなたは1年に何日スキーをするのですか。

ビル：ニュージーランドでは6月から10月までの150日で，白馬では12月から3月の100日。合計で250日だよ。

真希：うわあ，それは素晴らしい。あなたはいつからクリスマスの時期の間，白馬にいるのですか。

ビル：僕はここに3年前に来はじめたんだ。白馬で休日期を過ごすのは4回目だよ。僕は白馬のファンなんだ。ここの粉雪は素晴らしいよ。ニュージーランドでは斜面がとても固いんだ。氷みたいだよ。それに，白馬ではリフト券の価格が手頃だ。ニュージーランドではリフト券はとても高価なんだよ。ところで，今日はここ白馬47にはあまりたくさんの人がいないね。それほど混んでいない。今日は天皇誕生日で国民の祝日だと聞いたことがある。

真希：いいえ。平成の天皇は4月30日に退位しました。5月1日に皇太子が即位して，「令和」と呼ばれる新しい時代が始まりました。だから，12月23日はもう祝日ではないのです。新しい天皇の誕生日は2月23日で，2月23日が国民の祝日です。

ビル：それを知らなかったよ。君と話せて良かったよ，真希。

真希：楽しい1日を。

問1 「リフトに乗っていたとき，真希は雪の中にレイヨウを見た」 真希の3番目の発言第4文・第5文と，ビルの4番目の発言参照。

問2 「ニュージーランドでは，ビルは8月にスキーを教える」 ビルの8番目の発言第1文参照。

問3 「白馬では，ビルは2016年からスキーの指導者として働いている」 ビルの9番目の発言第1文参照。

問4 「ビルは粉雪のために白馬が大好きだ」 ビルの9番目の発言第3文・第4文参照。

問5 「白馬47で，真希とビルは12月23日に会った」 ビルの10番目の発言最終文と，真希の10番目の発言第1文・第2文・第4文参照。

★ワンポイントアドバイス★

疑問詞の用法や，疑問詞を使った重要表現を確認しよう。紛らわしいものはまとめて覚えよう。疑問詞に対する答え方もおさえておこう。

＜国語解答＞ 《学校からの正答の発表はありません。》

【一】 問1 C ④ D ① 問2 （文節） ③ （単語） ② 問3 ④ 問4 ①
問5 ③ 問6 ② 問7 ④ 問8 ③ 問9 ④ 問10 ②

【二】 問1 ② 問2 ③ 問3 C ① D ③ 問4 ① 問5 ② 問6 ④
問7 ① 問8 ④ 問9 ②

【三】 問1 A ③ B ① C ② D ④ 問2 A ⑧ B ⑥ C ①
D ④ 問3 A ① B ② C ④ D ③

○推定配点○

【一】 問1 各2点×2 他 各3点×10 【二】 各3点×10 【三】 各3点×12
計100点

＜国語解説＞

【一】 （論説文―主題・表題，内容吟味，脱文・脱語補充，漢字の読み書き，語句の意味，文と文節）

基本 問1 C 傍線部Cは「独占」。①「感染病」，②「専門家」，③「千金」，④「占領」。

D 傍線部Dは「終始」。①「開始」，②「士気」または「志気」，③「物資」，④「禁止」。

問2 （文節） 「相手の／言いぶんを／聞きます」で3文節。 （単語） 「相手／の／言いぶん／を／聞き／ます」で6単語。

問3 「悲劇」は，ナッちゃんが「待てなくなって」しまうことから起こる「ケンカ」であるから，④が正解。①の長時間の話し合いや②の「あきらめる」は，文脈に合わない。③の「共有」は，この例の前提であり，共有そのものが「悲劇」とはいえないので，不適当である。

問4 もし，姉が妹の気持ちをくみとって共有している人形を渡していれば，ケンカにはならなかったはずである。同様に，「話をしているとき」は，話をしている人が相手の話したいという気持ちに気づいて，共有している「時間」を譲れば問題は起こらないと筆者は考えている。正解は①。「話をしているときにどうすれば問題にならないか」という文脈なので，②と③は不適当。④は話す側に問題が生じる可能性があり，本文に根拠がないので不適当である。

問5 この場合の「乱暴」は，話す人の聞く人に対する乱暴である。一方的にしゃべることがしゃべれない相手にどのような害を与えるのかを見ると，少し後に「ずっとしゃべりっぱなしというのは，聞いているほうがひどく疲れる」とあるので，このことを指摘した③が正解。①・②・④は聞いている人に対する「乱暴」の説明になっていないので，不適当である。

重要 問6 筆者は，対話をキャッチボールにたとえている。「ボールを投げる」は言葉を発することを表し，一つのボールが行ったり来たりするように交互に言葉を発するのが望ましい対話のあり方である。これに対し，傍線部Eの「新しいボールを投げる」は，相手の言葉を待たずに次の言葉を発することを表しているので，正解は②。①と④は言葉を受ける側の説明になっているので誤り。③は，「返事に困っている」が本文にない内容であり，不適当である。

問7　傍線部Gの文の「そういうおしゃべり」は，交代でピッチャーになったりキャッチャーになったりするたのしい語らいを指している。二つ後の文の「話のやりとりがおもしろい」と合致する④が正解。①は「何を話すからたのしいというのではありません」と合わないので誤り。②は本文にない内容。③は，「どちらもピッチャーとしてのボールを投げる」と矛盾する。

問8　「うわの空」は，心がそこにない状態を表しており，③が正解となる。

やや難　問9　Hは，ボールをさっさと相手に渡す人，すなわち「相手の言いぶんを聞く人」を指しているので，「聞き上手」が入る。Jは，「聞き上手」が入りそうだが，後の「話し方の技巧がさほどでなくとも」に続く言葉としてふさわしいのは「話し上手」である。筆者は，「聞き上手＝話し上手」と考えている。したがって，④が正解である。

重要　問10　この文章は，「会話，対話の基本ルール」を「キャッチボール」に例えて説明しているので，②が正解。①は本文にない内容。③と④は，冒頭の例の内容を表しており，本論の内容を示すものではないので，この文章の題としては不適当である。

【二】（論説文一内容吟味，脱文・脱語補充，同義語・対義語）

問1　この場合の「価値」は，「人間にとって」の使用価値である。牛は，人間に乳製品や肉などの食料や労働力を供給してくれるから，「価値」があるということである。したがって，②が正解。他の選択肢は，人間による「使用」という要素が欠けているので，不適当である。

問2　この場合の「害虫」は虫を指しているのではなく，「地球にとって有害なもの」という意味である。「地球の生態系のバランス維持」という観点から見ると，生物の乱獲や自然破壊などによって生態系のバランスをくずす人間は有害であるから，「害虫」ということになる。このことを説明した③が正解。①と④は，「地球にとって」という観点が欠けているので不適当。②は，地球にとっての価値と人間にとっての価値が混乱した説明になっている。

基本　問3　C「負」はマイナス。プラスの意味をもつのは「正」なので，①が正解。　D「肯定」は，正しいと判断したりよいと認めたりすること。反対の意味になるのは，そうではないと打ち消したり強く反対したりするという意味の③「否定」である。

問4　水中で生活する魚がわざわざ木の葉に卵を産むのは，水中の外敵から卵を守るためと考えられるので，①が正解。外敵の「退治」や捕獲までは意図していないので，②は不適当。外敵から卵を隠すのが目的であり，卵を産むところを見せようとはしていないので，③は不適当。④は，「木の枝の葉を水中に引き込もうとする」が不適当である。

重要　問5　筆者は，存在意義を「自分だけで」考えることについて「そうではない」と否定し，「『何かのために』と思ったとき，人間は初めて自分の存在意義を学ぶ」と述べている。このことを説明する②が正解。①は「自分だけで」考えることなので誤り。③は普遍的な方法ではないので不適当。④の「自分以外の人々と……協力して生きて行く」は，本文にない内容である。

問6　傍線部Eの直後に「遺伝子を後世に伝えることがすべての生物の存在意義」とあるので，これと一致する④が正解である。①の「人間に立ち向かっていく」は，本文にない内容。②は，傍線部Gの後の「アリは自意識が発達していない」と矛盾するので誤り。③は「アリだけの社会を作り出す」が不適当である。

問7　「不毛」は，何の進歩も実りもないことをたとえた表現である。「不毛感」は，自分が意義のあることを何もしていないという気持ちを表しているので，①が正解。何かを始めた後でも生じる可能性がある気持ちなので，②は不適当。③は「誰かに助けてほしい」，④は「周囲の人に邪魔されて」が本文に根拠がない内容である。

やや難 問8　前後に「自分の子どもでなくてもいい」「何かのため」とある。「未来の子どもたちのため」とする④が正解。①と②は「自分のため」「自分だけで」考えることなので，解決にならない。③は漠然とした内容なので充実感が得られにくく，動機づけとしては弱くなってしまう。

問9　示された段落は，「歴史上の人物だってそうです」として，「アインシュタイン」と「ナポレオン」が「害」を与えたことを説明している。「そう」は[2]の前の「すべての人間の存在意義が怪しい」ことを指し，「アインシュタイン」と「ナポレオン」の説明は[2]で「こんな負の側面」とまとめられているので，この段落は[2]の直前に入れるのが適当である。

【三】（知識一熟語，ことわざ・慣用句，文学史）

重要 問1　A「危機一髪」は，髪の毛1本ほどの違いで助かるかどうかのせとぎわ。　B「五里霧中」は，元は深い霧の中で方角がわからなくなってしまうこと。　C「起死回生」は，元は今にも死にそうな病人を生き返らせること。　D「一朝一夕」を「一石二鳥」と混同しないよう注意。

基本 問2　それぞれのことわざ・慣用句の意味は次の通り。A「馬の耳に念仏」＝いくら言って聞かせても効き目がない。B「亀の甲より年の功」＝長い経験が大事だ。C「類は友を呼ぶ」＝似た者同士はしぜんに集まるものだ。D「善は急げ」＝よいことはなるべく早く実行するのがよい。

やや難 問3　A　①『舞姫』は，森鷗外の作品。　B　②『星の王子さま』は，サン=テグジュベリの作品。　C　④『伊豆の踊子』は，川端康成の作品。　D　③『山椒魚』は，井伏鱒二の作品。

★ワンポイントアドバイス★

「なぜか」などの形で理由を問う問題の答えは，本文の内容と合致するだけでは不十分。論理的なつながりに気をつけて答えを考えよう。

MEMO

大切なことはメモしておこうネ！

解答用紙集

○月×日　△曜日　天気（合格日和）

◆ご利用のみなさまへ

＊解答用紙の公表を行っていない学校につきましては、弊社の責任において、解答用紙を制作いたしました。

＊編集上の理由により一部縮小掲載した解答用紙がございます。

＊編集上の理由により一部実物と異なる形式の解答用紙がございます。

人間の最も偉大な力とは、その一番の弱点を克服したところから生まれてくるものである。――カール・ヒルティ――

東京学参株式会社

享栄高等学校　2024年度

◇数学◇

鉛筆はＨＢを使用すること

【記入例】

良い例　悪い例

1	①	②	③	④	⑤	⑥	⑦	⑧	⑨	⓪
2	①	②	③	④	⑤	⑥	⑦	⑧	⑨	⓪
3	①	②	③	④	⑤	⑥	⑦	⑧	⑨	⓪
4	①	②	③	④	⑤	⑥	⑦	⑧	⑨	⓪
5	①	②	③	④	⑤	⑥	⑦	⑧	⑨	⓪
6	①	②	③	④	⑤	⑥	⑦	⑧	⑨	⓪
7	①	②	③	④	⑤	⑥	⑦	⑧	⑨	⓪
8	①	②	③	④	⑤	⑥	⑦	⑧	⑨	⓪
9	①	②	③	④	⑤	⑥	⑦	⑧	⑨	⓪
10	①	②	③	④	⑤	⑥	⑦	⑧	⑨	⓪
11	①	②	③	④	⑤	⑥	⑦	⑧	⑨	⓪
12	①	②	③	④	⑤	⑥	⑦	⑧	⑨	⓪
13	①	②	③	④	⑤	⑥	⑦	⑧	⑨	⓪
14	①	②	③	④	⑤	⑥	⑦	⑧	⑨	⓪
15	①	②	③	④	⑤	⑥	⑦	⑧	⑨	⓪
16	①	②	③	④	⑤	⑥	⑦	⑧	⑨	⓪
17	①	②	③	④	⑤	⑥	⑦	⑧	⑨	⓪
18	①	②	③	④	⑤	⑥	⑦	⑧	⑨	⓪
19	①	②	③	④	⑤	⑥	⑦	⑧	⑨	⓪
20	①	②	③	④	⑤	⑥	⑦	⑧	⑨	⓪
21	①	②	③	④	⑤	⑥	⑦	⑧	⑨	⓪
22	①	②	③	④	⑤	⑥	⑦	⑧	⑨	⓪
23	①	②	③	④	⑤	⑥	⑦	⑧	⑨	⓪
24	①	②	③	④	⑤	⑥	⑦	⑧	⑨	⓪
25	①	②	③	④	⑤	⑥	⑦	⑧	⑨	⓪
26	①	②	③	④	⑤	⑥	⑦	⑧	⑨	⓪
27	①	②	③	④	⑤	⑥	⑦	⑧	⑨	⓪
28	①	②	③	④	⑤	⑥	⑦	⑧	⑨	⓪
29	①	②	③	④	⑤	⑥	⑦	⑧	⑨	⓪
30	①	②	③	④	⑤	⑥	⑦	⑧	⑨	⓪
31	①	②	③	④	⑤	⑥	⑦	⑧	⑨	⓪
32	①	②	③	④	⑤	⑥	⑦	⑧	⑨	⓪
33	①	②	③	④	⑤	⑥	⑦	⑧	⑨	⓪
34	①	②	③	④	⑤	⑥	⑦	⑧	⑨	⓪
35	①	②	③	④	⑤	⑥	⑦	⑧	⑨	⓪
36	①	②	③	④	⑤	⑥	⑦	⑧	⑨	⓪
37	①	②	③	④	⑤	⑥	⑦	⑧	⑨	⓪
38	①	②	③	④	⑤	⑥	⑦	⑧	⑨	⓪
39	①	②	③	④	⑤	⑥	⑦	⑧	⑨	⓪
40	①	②	③	④	⑤	⑥	⑦	⑧	⑨	⓪
41	①	②	③	④	⑤	⑥	⑦	⑧	⑨	⓪
42	①	②	③	④	⑤	⑥	⑦	⑧	⑨	⓪
43	①	②	③	④	⑤	⑥	⑦	⑧	⑨	⓪
44	①	②	③	④	⑤	⑥	⑦	⑧	⑨	⓪
45	①	②	③	④	⑤	⑥	⑦	⑧	⑨	⓪
46	①	②	③	④	⑤	⑥	⑦	⑧	⑨	⓪
47	①	②	③	④	⑤	⑥	⑦	⑧	⑨	⓪
48	①	②	③	④	⑤	⑥	⑦	⑧	⑨	⓪
49	①	②	③	④	⑤	⑥	⑦	⑧	⑨	⓪
50	①	②	③	④	⑤	⑥	⑦	⑧	⑨	⓪
51	①	②	③	④	⑤	⑥	⑦	⑧	⑨	⓪
52	①	②	③	④	⑤	⑥	⑦	⑧	⑨	⓪
53	①	②	③	④	⑤	⑥	⑦	⑧	⑨	⓪
54	①	②	③	④	⑤	⑥	⑦	⑧	⑨	⓪
55	①	②	③	④	⑤	⑥	⑦	⑧	⑨	⓪
56	①	②	③	④	⑤	⑥	⑦	⑧	⑨	⓪
57	①	②	③	④	⑤	⑥	⑦	⑧	⑨	⓪
58	①	②	③	④	⑤	⑥	⑦	⑧	⑨	⓪
59	①	②	③	④	⑤	⑥	⑦	⑧	⑨	⓪
60	①	②	③	④	⑤	⑥	⑦	⑧	⑨	⓪

享栄高等学校　2024年度

◇英語◇

鉛筆はＨＢを使用すること

【記入例】

良い例　悪い例

1	①	②	③	④	⑤	⑥	⑦	⑧	⑨	⓪
2	①	②	③	④	⑤	⑥	⑦	⑧	⑨	⓪
3	①	②	③	④	⑤	⑥	⑦	⑧	⑨	⓪
4	①	②	③	④	⑤	⑥	⑦	⑧	⑨	⓪
5	①	②	③	④	⑤	⑥	⑦	⑧	⑨	⓪
6	①	②	③	④	⑤	⑥	⑦	⑧	⑨	⓪
7	①	②	③	④	⑤	⑥	⑦	⑧	⑨	⓪
8	①	②	③	④	⑤	⑥	⑦	⑧	⑨	⓪
9	①	②	③	④	⑤	⑥	⑦	⑧	⑨	⓪
10	①	②	③	④	⑤	⑥	⑦	⑧	⑨	⓪
11	①	②	③	④	⑤	⑥	⑦	⑧	⑨	⓪
12	①	②	③	④	⑤	⑥	⑦	⑧	⑨	⓪
13	①	②	③	④	⑤	⑥	⑦	⑧	⑨	⓪
14	①	②	③	④	⑤	⑥	⑦	⑧	⑨	⓪
15	①	②	③	④	⑤	⑥	⑦	⑧	⑨	⓪
16	①	②	③	④	⑤	⑥	⑦	⑧	⑨	⓪
17	①	②	③	④	⑤	⑥	⑦	⑧	⑨	⓪
18	①	②	③	④	⑤	⑥	⑦	⑧	⑨	⓪
19	①	②	③	④	⑤	⑥	⑦	⑧	⑨	⓪
20	①	②	③	④	⑤	⑥	⑦	⑧	⑨	⓪
21	①	②	③	④	⑤	⑥	⑦	⑧	⑨	⓪
22	①	②	③	④	⑤	⑥	⑦	⑧	⑨	⓪
23	①	②	③	④	⑤	⑥	⑦	⑧	⑨	⓪
24	①	②	③	④	⑤	⑥	⑦	⑧	⑨	⓪
25	①	②	③	④	⑤	⑥	⑦	⑧	⑨	⓪
26	①	②	③	④	⑤	⑥	⑦	⑧	⑨	⓪
27	①	②	③	④	⑤	⑥	⑦	⑧	⑨	⓪
28	①	②	③	④	⑤	⑥	⑦	⑧	⑨	⓪
29	①	②	③	④	⑤	⑥	⑦	⑧	⑨	⓪
30	①	②	③	④	⑤	⑥	⑦	⑧	⑨	⓪
31	①	②	③	④	⑤	⑥	⑦	⑧	⑨	⓪
32	①	②	③	④	⑤	⑥	⑦	⑧	⑨	⓪
33	①	②	③	④	⑤	⑥	⑦	⑧	⑨	⓪
34	①	②	③	④	⑤	⑥	⑦	⑧	⑨	⓪
35	①	②	③	④	⑤	⑥	⑦	⑧	⑨	⓪
36	①	②	③	④	⑤	⑥	⑦	⑧	⑨	⓪
37	①	②	③	④	⑤	⑥	⑦	⑧	⑨	⓪
38	①	②	③	④	⑤	⑥	⑦	⑧	⑨	⓪
39	①	②	③	④	⑤	⑥	⑦	⑧	⑨	⓪
40	①	②	③	④	⑤	⑥	⑦	⑧	⑨	⓪
41	①	②	③	④	⑤	⑥	⑦	⑧	⑨	⓪
42	①	②	③	④	⑤	⑥	⑦	⑧	⑨	⓪
43	①	②	③	④	⑤	⑥	⑦	⑧	⑨	⓪
44	①	②	③	④	⑤	⑥	⑦	⑧	⑨	⓪
45	①	②	③	④	⑤	⑥	⑦	⑧	⑨	⓪
46	①	②	③	④	⑤	⑥	⑦	⑧	⑨	⓪
47	①	②	③	④	⑤	⑥	⑦	⑧	⑨	⓪
48	①	②	③	④	⑤	⑥	⑦	⑧	⑨	⓪
49	①	②	③	④	⑤	⑥	⑦	⑧	⑨	⓪
50	①	②	③	④	⑤	⑥	⑦	⑧	⑨	⓪
51	①	②	③	④	⑤	⑥	⑦	⑧	⑨	⓪
52	①	②	③	④	⑤	⑥	⑦	⑧	⑨	⓪
53	①	②	③	④	⑤	⑥	⑦	⑧	⑨	⓪
54	①	②	③	④	⑤	⑥	⑦	⑧	⑨	⓪
55	①	②	③	④	⑤	⑥	⑦	⑧	⑨	⓪
56	①	②	③	④	⑤	⑥	⑦	⑧	⑨	⓪
57	①	②	③	④	⑤	⑥	⑦	⑧	⑨	⓪
58	①	②	③	④	⑤	⑥	⑦	⑧	⑨	⓪
59	①	②	③	④	⑤	⑥	⑦	⑧	⑨	⓪
60	①	②	③	④	⑤	⑥	⑦	⑧	⑨	⓪

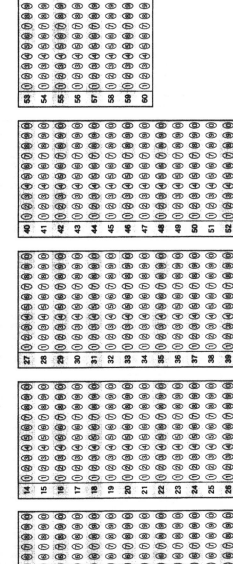

享栄高等学校　2024年度

◇国語◇

鉛筆はHBを使用すること

【記入例】

良い例　悪い例

1	1	2	3	4	5	6	7	8	9	0
2	1	2	3	4	5	6	7	8	9	0
3	1	2	3	4	5	6	7	8	9	0
4	1	2	3	4	5	6	7	8	9	0
5	1	2	3	4	5	6	7	8	9	0
6	1	2	3	4	5	6	7	8	9	0
7	1	2	3	4	5	6	7	8	9	0
8	1	2	3	4	5	6	7	8	9	0
9	1	2	3	4	5	6	7	8	9	0
10	1	2	3	4	5	6	7	8	9	0
11	1	2	3	4	5	6	7	8	9	0
12	1	2	3	4	5	6	7	8	9	0
13	1	2	3	4	5	6	7	8	9	0

14	1	2	3	4	5	6	7	8	9	0
15	1	2	3	4	5	6	7	8	9	0
16	1	2	3	4	5	6	7	8	9	0
17	1	2	3	4	5	6	7	8	9	0
18	1	2	3	4	5	6	7	8	9	0
19	1	2	3	4	5	6	7	8	9	0
20	1	2	3	4	5	6	7	8	9	0
21	1	2	3	4	5	6	7	8	9	0
22	1	2	3	4	5	6	7	8	9	0
23	1	2	3	4	5	6	7	8	9	0
24	1	2	3	4	5	6	7	8	9	0
25	1	2	3	4	5	6	7	8	9	0
26	1	2	3	4	5	6	7	8	9	0

27	1	2	3	4	5	6	7	8	9	0
28	1	2	3	4	5	6	7	8	9	0
29	1	2	3	4	5	6	7	8	9	0
30	1	2	3	4	5	6	7	8	9	0
31	1	2	3	4	5	6	7	8	9	0
32	1	2	3	4	5	6	7	8	9	0
33	1	2	3	4	5	6	7	8	9	0
34	1	2	3	4	5	6	7	8	9	0
35	1	2	3	4	5	6	7	8	9	0
36	1	2	3	4	5	6	7	8	9	0
37	1	2	3	4	5	6	7	8	9	0
38	1	2	3	4	5	6	7	8	9	0
39	1	2	3	4	5	6	7	8	9	0

40	1	2	3	4	5	6	7	8	9	0
41	1	2	3	4	5	6	7	8	9	0
42	1	2	3	4	5	6	7	8	9	0
43	1	2	3	4	5	6	7	8	9	0
44	1	2	3	4	5	6	7	8	9	0
45	1	2	3	4	5	6	7	8	9	0
46	1	2	3	4	5	6	7	8	9	0
47	1	2	3	4	5	6	7	8	9	0
48	1	2	3	4	5	6	7	8	9	0
49	1	2	3	4	5	6	7	8	9	0
50	1	2	3	4	5	6	7	8	9	0
51	1	2	3	4	5	6	7	8	9	0
52	1	2	3	4	5	6	7	8	9	0

53	1	2	3	4	5	6	7	8	9	0
54	1	2	3	4	5	6	7	8	9	0
55	1	2	3	4	5	6	7	8	9	0
56	1	2	3	4	5	6	7	8	9	0
57	1	2	3	4	5	6	7	8	9	0
58	1	2	3	4	5	6	7	8	9	0
59	1	2	3	4	5	6	7	8	9	0
60	1	2	3	4	5	6	7	8	9	0

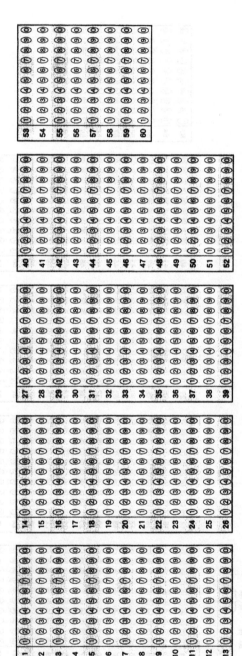

享栄高等学校　2023年度

◇数学◇

鉛筆はHBを使用すること

【記入例】

良い例　悪い例

1	①	②	③	④	⑤	⑥	⑦	⑧	⑨	⓪
2	①	②	③	④	⑤	⑥	⑦	⑧	⑨	⓪
3	①	②	③	④	⑤	⑥	⑦	⑧	⑨	⓪
4	①	②	③	④	⑤	⑥	⑦	⑧	⑨	⓪
5	①	②	③	④	⑤	⑥	⑦	⑧	⑨	⓪
6	①	②	③	④	⑤	⑥	⑦	⑧	⑨	⓪
7	①	②	③	④	⑤	⑥	⑦	⑧	⑨	⓪
8	①	②	③	④	⑤	⑥	⑦	⑧	⑨	⓪
9	①	②	③	④	⑤	⑥	⑦	⑧	⑨	⓪
10	①	②	③	④	⑤	⑥	⑦	⑧	⑨	⓪
11	①	②	③	④	⑤	⑥	⑦	⑧	⑨	⓪
12	①	②	③	④	⑤	⑥	⑦	⑧	⑨	⓪
13	①	②	③	④	⑤	⑥	⑦	⑧	⑨	⓪

14	①	②	③	④	⑤	⑥	⑦	⑧	⑨	⓪
15	①	②	③	④	⑤	⑥	⑦	⑧	⑨	⓪
16	①	②	③	④	⑤	⑥	⑦	⑧	⑨	⓪
17	①	②	③	④	⑤	⑥	⑦	⑧	⑨	⓪
18	①	②	③	④	⑤	⑥	⑦	⑧	⑨	⓪
19	①	②	③	④	⑤	⑥	⑦	⑧	⑨	⓪
20	①	②	③	④	⑤	⑥	⑦	⑧	⑨	⓪
21	①	②	③	④	⑤	⑥	⑦	⑧	⑨	⓪
22	①	②	③	④	⑤	⑥	⑦	⑧	⑨	⓪
23	①	②	③	④	⑤	⑥	⑦	⑧	⑨	⓪
24	①	②	③	④	⑤	⑥	⑦	⑧	⑨	⓪
25	①	②	③	④	⑤	⑥	⑦	⑧	⑨	⓪
26	①	②	③	④	⑤	⑥	⑦	⑧	⑨	⓪

27	①	②	③	④	⑤	⑥	⑦	⑧	⑨	⓪
28	①	②	③	④	⑤	⑥	⑦	⑧	⑨	⓪
29	①	②	③	④	⑤	⑥	⑦	⑧	⑨	⓪
30	①	②	③	④	⑤	⑥	⑦	⑧	⑨	⓪
31	①	②	③	④	⑤	⑥	⑦	⑧	⑨	⓪
32	①	②	③	④	⑤	⑥	⑦	⑧	⑨	⓪
33	①	②	③	④	⑤	⑥	⑦	⑧	⑨	⓪
34	①	②	③	④	⑤	⑥	⑦	⑧	⑨	⓪
35	①	②	③	④	⑤	⑥	⑦	⑧	⑨	⓪
36	①	②	③	④	⑤	⑥	⑦	⑧	⑨	⓪
37	①	②	③	④	⑤	⑥	⑦	⑧	⑨	⓪
38	①	②	③	④	⑤	⑥	⑦	⑧	⑨	⓪
39	①	②	③	④	⑤	⑥	⑦	⑧	⑨	⓪

40	①	②	③	④	⑤	⑥	⑦	⑧	⑨	⓪
41	①	②	③	④	⑤	⑥	⑦	⑧	⑨	⓪
42	①	②	③	④	⑤	⑥	⑦	⑧	⑨	⓪
43	①	②	③	④	⑤	⑥	⑦	⑧	⑨	⓪
44	①	②	③	④	⑤	⑥	⑦	⑧	⑨	⓪
45	①	②	③	④	⑤	⑥	⑦	⑧	⑨	⓪
46	①	②	③	④	⑤	⑥	⑦	⑧	⑨	⓪
47	①	②	③	④	⑤	⑥	⑦	⑧	⑨	⓪
48	①	②	③	④	⑤	⑥	⑦	⑧	⑨	⓪
49	①	②	③	④	⑤	⑥	⑦	⑧	⑨	⓪
50	①	②	③	④	⑤	⑥	⑦	⑧	⑨	⓪
51	①	②	③	④	⑤	⑥	⑦	⑧	⑨	⓪
52	①	②	③	④	⑤	⑥	⑦	⑧	⑨	⓪

53	①	②	③	④	⑤	⑥	⑦	⑧	⑨	⓪
54	①	②	③	④	⑤	⑥	⑦	⑧	⑨	⓪
55	①	②	③	④	⑤	⑥	⑦	⑧	⑨	⓪
56	①	②	③	④	⑤	⑥	⑦	⑧	⑨	⓪
57	①	②	③	④	⑤	⑥	⑦	⑧	⑨	⓪
58	①	②	③	④	⑤	⑥	⑦	⑧	⑨	⓪
59	①	②	③	④	⑤	⑥	⑦	⑧	⑨	⓪
60	①	②	③	④	⑤	⑥	⑦	⑧	⑨	⓪

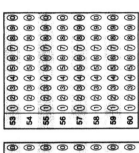

享栄高等学校　2023年度

◇英語◇

鉛筆はHBを使用すること

【記入例】

良い例　悪い例

1	①	②	③	④	⑤	⑥	⑦	⑧	⑨	⓪
2	①	②	③	④	⑤	⑥	⑦	⑧	⑨	⓪
3	①	②	③	④	⑤	⑥	⑦	⑧	⑨	⓪
4	①	②	③	④	⑤	⑥	⑦	⑧	⑨	⓪
5	①	②	③	④	⑤	⑥	⑦	⑧	⑨	⓪
6	①	②	③	④	⑤	⑥	⑦	⑧	⑨	⓪
7	①	②	③	④	⑤	⑥	⑦	⑧	⑨	⓪
8	①	②	③	④	⑤	⑥	⑦	⑧	⑨	⓪
9	①	②	③	④	⑤	⑥	⑦	⑧	⑨	⓪
10	①	②	③	④	⑤	⑥	⑦	⑧	⑨	⓪
11	①	②	③	④	⑤	⑥	⑦	⑧	⑨	⓪
12	①	②	③	④	⑤	⑥	⑦	⑧	⑨	⓪
13	①	②	③	④	⑤	⑥	⑦	⑧	⑨	⓪
14	①	②	③	④	⑤	⑥	⑦	⑧	⑨	⓪
15	①	②	③	④	⑤	⑥	⑦	⑧	⑨	⓪
16	①	②	③	④	⑤	⑥	⑦	⑧	⑨	⓪
17	①	②	③	④	⑤	⑥	⑦	⑧	⑨	⓪
18	①	②	③	④	⑤	⑥	⑦	⑧	⑨	⓪
19	①	②	③	④	⑤	⑥	⑦	⑧	⑨	⓪
20	①	②	③	④	⑤	⑥	⑦	⑧	⑨	⓪
21	①	②	③	④	⑤	⑥	⑦	⑧	⑨	⓪
22	①	②	③	④	⑤	⑥	⑦	⑧	⑨	⓪
23	①	②	③	④	⑤	⑥	⑦	⑧	⑨	⓪
24	①	②	③	④	⑤	⑥	⑦	⑧	⑨	⓪
25	①	②	③	④	⑤	⑥	⑦	⑧	⑨	⓪
26	①	②	③	④	⑤	⑥	⑦	⑧	⑨	⓪
27	①	②	③	④	⑤	⑥	⑦	⑧	⑨	⓪
28	①	②	③	④	⑤	⑥	⑦	⑧	⑨	⓪
29	①	②	③	④	⑤	⑥	⑦	⑧	⑨	⓪
30	①	②	③	④	⑤	⑥	⑦	⑧	⑨	⓪
31	①	②	③	④	⑤	⑥	⑦	⑧	⑨	⓪
32	①	②	③	④	⑤	⑥	⑦	⑧	⑨	⓪
33	①	②	③	④	⑤	⑥	⑦	⑧	⑨	⓪
34	①	②	③	④	⑤	⑥	⑦	⑧	⑨	⓪
35	①	②	③	④	⑤	⑥	⑦	⑧	⑨	⓪
36	①	②	③	④	⑤	⑥	⑦	⑧	⑨	⓪
37	①	②	③	④	⑤	⑥	⑦	⑧	⑨	⓪
38	①	②	③	④	⑤	⑥	⑦	⑧	⑨	⓪
39	①	②	③	④	⑤	⑥	⑦	⑧	⑨	⓪
40	①	②	③	④	⑤	⑥	⑦	⑧	⑨	⓪
41	①	②	③	④	⑤	⑥	⑦	⑧	⑨	⓪
42	①	②	③	④	⑤	⑥	⑦	⑧	⑨	⓪
43	①	②	③	④	⑤	⑥	⑦	⑧	⑨	⓪
44	①	②	③	④	⑤	⑥	⑦	⑧	⑨	⓪
45	①	②	③	④	⑤	⑥	⑦	⑧	⑨	⓪
46	①	②	③	④	⑤	⑥	⑦	⑧	⑨	⓪
47	①	②	③	④	⑤	⑥	⑦	⑧	⑨	⓪
48	①	②	③	④	⑤	⑥	⑦	⑧	⑨	⓪
49	①	②	③	④	⑤	⑥	⑦	⑧	⑨	⓪
50	①	②	③	④	⑤	⑥	⑦	⑧	⑨	⓪
51	①	②	③	④	⑤	⑥	⑦	⑧	⑨	⓪
52	①	②	③	④	⑤	⑥	⑦	⑧	⑨	⓪
53	①	②	③	④	⑤	⑥	⑦	⑧	⑨	⓪
54	①	②	③	④	⑤	⑥	⑦	⑧	⑨	⓪
55	①	②	③	④	⑤	⑥	⑦	⑧	⑨	⓪
56	①	②	③	④	⑤	⑥	⑦	⑧	⑨	⓪
57	①	②	③	④	⑤	⑥	⑦	⑧	⑨	⓪
58	①	②	③	④	⑤	⑥	⑦	⑧	⑨	⓪
59	①	②	③	④	⑤	⑥	⑦	⑧	⑨	⓪
60	①	②	③	④	⑤	⑥	⑦	⑧	⑨	⓪

享栄高等学校　2023年度

◇国語◇

鉛筆はＨＢを使用すること

【記入例】

良い例　悪い例

1	1	2	3	4	5	6	7	8	9	0
2	1	2	3	4	5	6	7	8	9	0
3	1	2	3	4	5	6	7	8	9	0
4	1	2	3	4	5	6	7	8	9	0
5	1	2	3	4	5	6	7	8	9	0
6	1	2	3	4	5	6	7	8	9	0
7	1	2	3	4	5	6	7	8	9	0
8	1	2	3	4	5	6	7	8	9	0
9	1	2	3	4	5	6	7	8	9	0
10	1	2	3	4	5	6	7	8	9	0
11	1	2	3	4	5	6	7	8	9	0
12	1	2	3	4	5	6	7	8	9	0
13	1	2	3	4	5	6	7	8	9	0

14	1	2	3	4	5	6	7	8	9	0
15	1	2	3	4	5	6	7	8	9	0
16	1	2	3	4	5	6	7	8	9	0
17	1	2	3	4	5	6	7	8	9	0
18	1	2	3	4	5	6	7	8	9	0
19	1	2	3	4	5	6	7	8	9	0
20	1	2	3	4	5	6	7	8	9	0
21	1	2	3	4	5	6	7	8	9	0
22	1	2	3	4	5	6	7	8	9	0
23	1	2	3	4	5	6	7	8	9	0
24	1	2	3	4	5	6	7	8	9	0
25	1	2	3	4	5	6	7	8	9	0
26	1	2	3	4	5	6	7	8	9	0

27	1	2	3	4	5	6	7	8	9	0
28	1	2	3	4	5	6	7	8	9	0
29	1	2	3	4	5	6	7	8	9	0
30	1	2	3	4	5	6	7	8	9	0
31	1	2	3	4	5	6	7	8	9	0
32	1	2	3	4	5	6	7	8	9	0
33	1	2	3	4	5	6	7	8	9	0
34	1	2	3	4	5	6	7	8	9	0
35	1	2	3	4	5	6	7	8	9	0
36	1	2	3	4	5	6	7	8	9	0
37	1	2	3	4	5	6	7	8	9	0
38	1	2	3	4	5	6	7	8	9	0
39	1	2	3	4	5	6	7	8	9	0

40	1	2	3	4	5	6	7	8	9	0
41	1	2	3	4	5	6	7	8	9	0
42	1	2	3	4	5	6	7	8	9	0
43	1	2	3	4	5	6	7	8	9	0
44	1	2	3	4	5	6	7	8	9	0
45	1	2	3	4	5	6	7	8	9	0
46	1	2	3	4	5	6	7	8	9	0
47	1	2	3	4	5	6	7	8	9	0
48	1	2	3	4	5	6	7	8	9	0
49	1	2	3	4	5	6	7	8	9	0
50	1	2	3	4	5	6	7	8	9	0
51	1	2	3	4	5	6	7	8	9	0
52	1	2	3	4	5	6	7	8	9	0

53	1	2	3	4	5	6	7	8	9	0
54	1	2	3	4	5	6	7	8	9	0
55	1	2	3	4	5	6	7	8	9	0
56	1	2	3	4	5	6	7	8	9	0
57	1	2	3	4	5	6	7	8	9	0
58	1	2	3	4	5	6	7	8	9	0
59	1	2	3	4	5	6	7	8	9	0
60	1	2	3	4	5	6	7	8	9	0

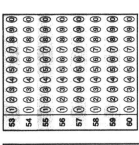

享栄高等学校　2022年度

◇数学◇

鉛筆はＨＢを使用すること

【記入例】

良い例　悪い例

1	1	2	3	4	5	6	7	8	9	0
2	1	2	3	4	5	6	7	8	9	0
3	1	2	3	4	5	6	7	8	9	0
4	1	2	3	4	5	6	7	8	9	0
5	1	2	3	4	5	6	7	8	9	0
6	1	2	3	4	5	6	7	8	9	0
7	1	2	3	4	5	6	7	8	9	0
8	1	2	3	4	5	6	7	8	9	0
9	1	2	3	4	5	6	7	8	9	0
10	1	2	3	4	5	6	7	8	9	0
11	1	2	3	4	5	6	7	8	9	0
12	1	2	3	4	5	6	7	8	9	0
13	1	2	3	4	5	6	7	8	9	0
14	1	2	3	4	5	6	7	8	9	0
15	1	2	3	4	5	6	7	8	9	0
16	1	2	3	4	5	6	7	8	9	0
17	1	2	3	4	5	6	7	8	9	0
18	1	2	3	4	5	6	7	8	9	0
19	1	2	3	4	5	6	7	8	9	0
20	1	2	3	4	5	6	7	8	9	0
21	1	2	3	4	5	6	7	8	9	0
22	1	2	3	4	5	6	7	8	9	0
23	1	2	3	4	5	6	7	8	9	0
24	1	2	3	4	5	6	7	8	9	0
25	1	2	3	4	5	6	7	8	9	0
26	1	2	3	4	5	6	7	8	9	0
27	1	2	3	4	5	6	7	8	9	0
28	1	2	3	4	5	6	7	8	9	0
29	1	2	3	4	5	6	7	8	9	0
30	1	2	3	4	5	6	7	8	9	0
31	1	2	3	4	5	6	7	8	9	0
32	1	2	3	4	5	6	7	8	9	0
33	1	2	3	4	5	6	7	8	9	0
34	1	2	3	4	5	6	7	8	9	0
35	1	2	3	4	5	6	7	8	9	0
36	1	2	3	4	5	6	7	8	9	0
37	1	2	3	4	5	6	7	8	9	0
38	1	2	3	4	5	6	7	8	9	0
39	1	2	3	4	5	6	7	8	9	0
40	1	2	3	4	5	6	7	8	9	0
41	1	2	3	4	5	6	7	8	9	0
42	1	2	3	4	5	6	7	8	9	0
43	1	2	3	4	5	6	7	8	9	0
44	1	2	3	4	5	6	7	8	9	0
45	1	2	3	4	5	6	7	8	9	0
46	1	2	3	4	5	6	7	8	9	0
47	1	2	3	4	5	6	7	8	9	0
48	1	2	3	4	5	6	7	8	9	0
49	1	2	3	4	5	6	7	8	9	0
50	1	2	3	4	5	6	7	8	9	0
51	1	2	3	4	5	6	7	8	9	0
52	1	2	3	4	5	6	7	8	9	0
53	1	2	3	4	5	6	7	8	9	0
54	1	2	3	4	5	6	7	8	9	0
55	1	2	3	4	5	6	7	8	9	0
56	1	2	3	4	5	6	7	8	9	0
57	1	2	3	4	5	6	7	8	9	0
58	1	2	3	4	5	6	7	8	9	0
59	1	2	3	4	5	6	7	8	9	0
60	1	2	3	4	5	6	7	8	9	0

享栄高等学校　2022年度

◇英語◇

鉛筆はＨＢを使用すること

【記入例】

良い例　悪い例

1	1	2	3	4	5	6	7	8	9	0
2	1	2	3	4	5	6	7	8	9	0
3	1	2	3	4	5	6	7	8	9	0
4	1	2	3	4	5	6	7	8	9	0
5	1	2	3	4	5	6	7	8	9	0
6	1	2	3	4	5	6	7	8	9	0
7	1	2	3	4	5	6	7	8	9	0
8	1	2	3	4	5	6	7	8	9	0
9	1	2	3	4	5	6	7	8	9	0
10	1	2	3	4	5	6	7	8	9	0
11	1	2	3	4	5	6	7	8	9	0
12	1	2	3	4	5	6	7	8	9	0
13	1	2	3	4	5	6	7	8	9	0

14	1	2	3	4	5	6	7	8	9	0
15	1	2	3	4	5	6	7	8	9	0
16	1	2	3	4	5	6	7	8	9	0
17	1	2	3	4	5	6	7	8	9	0
18	1	2	3	4	5	6	7	8	9	0
19	1	2	3	4	5	6	7	8	9	0
20	1	2	3	4	5	6	7	8	9	0
21	1	2	3	4	5	6	7	8	9	0
22	1	2	3	4	5	6	7	8	9	0
23	1	2	3	4	5	6	7	8	9	0
24	1	2	3	4	5	6	7	8	9	0
25	1	2	3	4	5	6	7	8	9	0
26	1	2	3	4	5	6	7	8	9	0

27	1	2	3	4	5	6	7	8	9	0
28	1	2	3	4	5	6	7	8	9	0
29	1	2	3	4	5	6	7	8	9	0
30	1	2	3	4	5	6	7	8	9	0
31	1	2	3	4	5	6	7	8	9	0
32	1	2	3	4	5	6	7	8	9	0
33	1	2	3	4	5	6	7	8	9	0
34	1	2	3	4	5	6	7	8	9	0
35	1	2	3	4	5	6	7	8	9	0
36	1	2	3	4	5	6	7	8	9	0
37	1	2	3	4	5	6	7	8	9	0
38	1	2	3	4	5	6	7	8	9	0
39	1	2	3	4	5	6	7	8	9	0

40	1	2	3	4	5	6	7	8	9	0
41	1	2	3	4	5	6	7	8	9	0
42	1	2	3	4	5	6	7	8	9	0
43	1	2	3	4	5	6	7	8	9	0
44	1	2	3	4	5	6	7	8	9	0
45	1	2	3	4	5	6	7	8	9	0
46	1	2	3	4	5	6	7	8	9	0
47	1	2	3	4	5	6	7	8	9	0
48	1	2	3	4	5	6	7	8	9	0
49	1	2	3	4	5	6	7	8	9	0
50	1	2	3	4	5	6	7	8	9	0
51	1	2	3	4	5	6	7	8	9	0
52	1	2	3	4	5	6	7	8	9	0

53	1	2	3	4	5	6	7	8	9	0
54	1	2	3	4	5	6	7	8	9	0
55	1	2	3	4	5	6	7	8	9	0
56	1	2	3	4	5	6	7	8	9	0
57	1	2	3	4	5	6	7	8	9	0
58	1	2	3	4	5	6	7	8	9	0
59	1	2	3	4	5	6	7	8	9	0
60	1	2	3	4	5	6	7	8	9	0

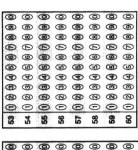

享栄高等学校　2022年度

◇国語◇

鉛筆はＨＢを使用すること

【記入例】

良い例　悪い例

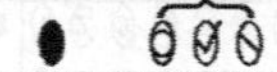

1	①	②	③	④	⑤	⑥	⑦	⑧	⑨	⓪
2	①	②	③	④	⑤	⑥	⑦	⑧	⑨	⓪
3	①	②	③	④	⑤	⑥	⑦	⑧	⑨	⓪
4	①	②	③	④	⑤	⑥	⑦	⑧	⑨	⓪
5	①	②	③	④	⑤	⑥	⑦	⑧	⑨	⓪
6	①	②	③	④	⑤	⑥	⑦	⑧	⑨	⓪
7	①	②	③	④	⑤	⑥	⑦	⑧	⑨	⓪
8	①	②	③	④	⑤	⑥	⑦	⑧	⑨	⓪
9	①	②	③	④	⑤	⑥	⑦	⑧	⑨	⓪
10	①	②	③	④	⑤	⑥	⑦	⑧	⑨	⓪
11	①	②	③	④	⑤	⑥	⑦	⑧	⑨	⓪
12	①	②	③	④	⑤	⑥	⑦	⑧	⑨	⓪
13	①	②	③	④	⑤	⑥	⑦	⑧	⑨	⓪
14	①	②	③	④	⑤	⑥	⑦	⑧	⑨	⓪
15	①	②	③	④	⑤	⑥	⑦	⑧	⑨	⓪
16	①	②	③	④	⑤	⑥	⑦	⑧	⑨	⓪
17	①	②	③	④	⑤	⑥	⑦	⑧	⑨	⓪
18	①	②	③	④	⑤	⑥	⑦	⑧	⑨	⓪
19	①	②	③	④	⑤	⑥	⑦	⑧	⑨	⓪
20	①	②	③	④	⑤	⑥	⑦	⑧	⑨	⓪
21	①	②	③	④	⑤	⑥	⑦	⑧	⑨	⓪
22	①	②	③	④	⑤	⑥	⑦	⑧	⑨	⓪
23	①	②	③	④	⑤	⑥	⑦	⑧	⑨	⓪
24	①	②	③	④	⑤	⑥	⑦	⑧	⑨	⓪
25	①	②	③	④	⑤	⑥	⑦	⑧	⑨	⓪
26	①	②	③	④	⑤	⑥	⑦	⑧	⑨	⓪
27	①	②	③	④	⑤	⑥	⑦	⑧	⑨	⓪
28	①	②	③	④	⑤	⑥	⑦	⑧	⑨	⓪
29	①	②	③	④	⑤	⑥	⑦	⑧	⑨	⓪
30	①	②	③	④	⑤	⑥	⑦	⑧	⑨	⓪
31	①	②	③	④	⑤	⑥	⑦	⑧	⑨	⓪
32	①	②	③	④	⑤	⑥	⑦	⑧	⑨	⓪
33	①	②	③	④	⑤	⑥	⑦	⑧	⑨	⓪
34	①	②	③	④	⑤	⑥	⑦	⑧	⑨	⓪
35	①	②	③	④	⑤	⑥	⑦	⑧	⑨	⓪
36	①	②	③	④	⑤	⑥	⑦	⑧	⑨	⓪
37	①	②	③	④	⑤	⑥	⑦	⑧	⑨	⓪
38	①	②	③	④	⑤	⑥	⑦	⑧	⑨	⓪
39	①	②	③	④	⑤	⑥	⑦	⑧	⑨	⓪
40	①	②	③	④	⑤	⑥	⑦	⑧	⑨	⓪
41	①	②	③	④	⑤	⑥	⑦	⑧	⑨	⓪
42	①	②	③	④	⑤	⑥	⑦	⑧	⑨	⓪
43	①	②	③	④	⑤	⑥	⑦	⑧	⑨	⓪
44	①	②	③	④	⑤	⑥	⑦	⑧	⑨	⓪
45	①	②	③	④	⑤	⑥	⑦	⑧	⑨	⓪
46	①	②	③	④	⑤	⑥	⑦	⑧	⑨	⓪
47	①	②	③	④	⑤	⑥	⑦	⑧	⑨	⓪
48	①	②	③	④	⑤	⑥	⑦	⑧	⑨	⓪
49	①	②	③	④	⑤	⑥	⑦	⑧	⑨	⓪
50	①	②	③	④	⑤	⑥	⑦	⑧	⑨	⓪
51	①	②	③	④	⑤	⑥	⑦	⑧	⑨	⓪
52	①	②	③	④	⑤	⑥	⑦	⑧	⑨	⓪
53	①	②	③	④	⑤	⑥	⑦	⑧	⑨	⓪
54	①	②	③	④	⑤	⑥	⑦	⑧	⑨	⓪
55	①	②	③	④	⑤	⑥	⑦	⑧	⑨	⓪
56	①	②	③	④	⑤	⑥	⑦	⑧	⑨	⓪
57	①	②	③	④	⑤	⑥	⑦	⑧	⑨	⓪
58	①	②	③	④	⑤	⑥	⑦	⑧	⑨	⓪
59	①	②	③	④	⑤	⑥	⑦	⑧	⑨	⓪
60	①	②	③	④	⑤	⑥	⑦	⑧	⑨	⓪

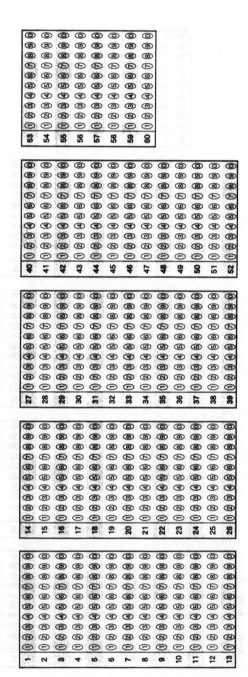

享栄高等学校　2021年度

◇数学◇

鉛筆はＨＢを使用すること

【記入例】

良い例　悪い例

1	①	②	③	④	⑤	⑥	⑦	⑧	⑨	⓪
2	①	②	③	④	⑤	⑥	⑦	⑧	⑨	⓪
3	①	②	③	④	⑤	⑥	⑦	⑧	⑨	⓪
4	①	②	③	④	⑤	⑥	⑦	⑧	⑨	⓪
5	①	②	③	④	⑤	⑥	⑦	⑧	⑨	⓪
6	①	②	③	④	⑤	⑥	⑦	⑧	⑨	⓪
7	①	②	③	④	⑤	⑥	⑦	⑧	⑨	⓪
8	①	②	③	④	⑤	⑥	⑦	⑧	⑨	⓪
9	①	②	③	④	⑤	⑥	⑦	⑧	⑨	⓪
10	①	②	③	④	⑤	⑥	⑦	⑧	⑨	⓪
11	①	②	③	④	⑤	⑥	⑦	⑧	⑨	⓪
12	①	②	③	④	⑤	⑥	⑦	⑧	⑨	⓪
13	①	②	③	④	⑤	⑥	⑦	⑧	⑨	⓪
14	①	②	③	④	⑤	⑥	⑦	⑧	⑨	⓪
15	①	②	③	④	⑤	⑥	⑦	⑧	⑨	⓪
16	①	②	③	④	⑤	⑥	⑦	⑧	⑨	⓪
17	①	②	③	④	⑤	⑥	⑦	⑧	⑨	⓪
18	①	②	③	④	⑤	⑥	⑦	⑧	⑨	⓪
19	①	②	③	④	⑤	⑥	⑦	⑧	⑨	⓪
20	①	②	③	④	⑤	⑥	⑦	⑧	⑨	⓪
21	①	②	③	④	⑤	⑥	⑦	⑧	⑨	⓪
22	①	②	③	④	⑤	⑥	⑦	⑧	⑨	⓪
23	①	②	③	④	⑤	⑥	⑦	⑧	⑨	⓪
24	①	②	③	④	⑤	⑥	⑦	⑧	⑨	⓪
25	①	②	③	④	⑤	⑥	⑦	⑧	⑨	⓪
26	①	②	③	④	⑤	⑥	⑦	⑧	⑨	⓪
27	①	②	③	④	⑤	⑥	⑦	⑧	⑨	⓪
28	①	②	③	④	⑤	⑥	⑦	⑧	⑨	⓪
29	①	②	③	④	⑤	⑥	⑦	⑧	⑨	⓪
30	①	②	③	④	⑤	⑥	⑦	⑧	⑨	⓪
31	①	②	③	④	⑤	⑥	⑦	⑧	⑨	⓪
32	①	②	③	④	⑤	⑥	⑦	⑧	⑨	⓪
33	①	②	③	④	⑤	⑥	⑦	⑧	⑨	⓪
34	①	②	③	④	⑤	⑥	⑦	⑧	⑨	⓪
35	①	②	③	④	⑤	⑥	⑦	⑧	⑨	⓪
36	①	②	③	④	⑤	⑥	⑦	⑧	⑨	⓪
37	①	②	③	④	⑤	⑥	⑦	⑧	⑨	⓪
38	①	②	③	④	⑤	⑥	⑦	⑧	⑨	⓪
39	①	②	③	④	⑤	⑥	⑦	⑧	⑨	⓪
40	①	②	③	④	⑤	⑥	⑦	⑧	⑨	⓪
41	①	②	③	④	⑤	⑥	⑦	⑧	⑨	⓪
42	①	②	③	④	⑤	⑥	⑦	⑧	⑨	⓪
43	①	②	③	④	⑤	⑥	⑦	⑧	⑨	⓪
44	①	②	③	④	⑤	⑥	⑦	⑧	⑨	⓪
45	①	②	③	④	⑤	⑥	⑦	⑧	⑨	⓪
46	①	②	③	④	⑤	⑥	⑦	⑧	⑨	⓪
47	①	②	③	④	⑤	⑥	⑦	⑧	⑨	⓪
48	①	②	③	④	⑤	⑥	⑦	⑧	⑨	⓪
49	①	②	③	④	⑤	⑥	⑦	⑧	⑨	⓪
50	①	②	③	④	⑤	⑥	⑦	⑧	⑨	⓪
51	①	②	③	④	⑤	⑥	⑦	⑧	⑨	⓪
52	①	②	③	④	⑤	⑥	⑦	⑧	⑨	⓪
53	①	②	③	④	⑤	⑥	⑦	⑧	⑨	⓪
54	①	②	③	④	⑤	⑥	⑦	⑧	⑨	⓪
55	①	②	③	④	⑤	⑥	⑦	⑧	⑨	⓪
56	①	②	③	④	⑤	⑥	⑦	⑧	⑨	⓪
57	①	②	③	④	⑤	⑥	⑦	⑧	⑨	⓪
58	①	②	③	④	⑤	⑥	⑦	⑧	⑨	⓪
59	①	②	③	④	⑤	⑥	⑦	⑧	⑨	⓪
60	①	②	③	④	⑤	⑥	⑦	⑧	⑨	⓪

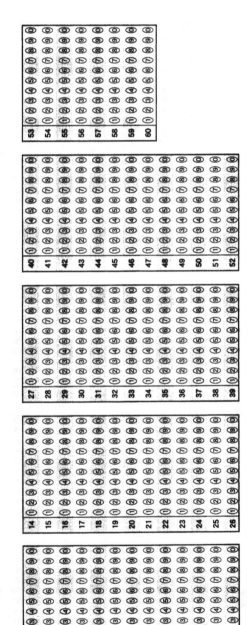

享栄高等学校　　2021年度

◇英語◇

鉛筆はHBを使用すること

【記入例】

良い例　悪い例

1	1	2	3	4	5	6	7	8	9	0
2	1	2	3	4	5	6	7	8	9	0
3	1	2	3	4	5	6	7	8	9	0
4	1	2	3	4	5	6	7	8	9	0
5	1	2	3	4	5	6	7	8	9	0
6	1	2	3	4	5	6	7	8	9	0
7	1	2	3	4	5	6	7	8	9	0
8	1	2	3	4	5	6	7	8	9	0
9	1	2	3	4	5	6	7	8	9	0
10	1	2	3	4	5	6	7	8	9	0
11	1	2	3	4	5	6	7	8	9	0
12	1	2	3	4	5	6	7	8	9	0
13	1	2	3	4	5	6	7	8	9	0
14	1	2	3	4	5	6	7	8	9	0
15	1	2	3	4	5	6	7	8	9	0
16	1	2	3	4	5	6	7	8	9	0
17	1	2	3	4	5	6	7	8	9	0
18	1	2	3	4	5	6	7	8	9	0
19	1	2	3	4	5	6	7	8	9	0
20	1	2	3	4	5	6	7	8	9	0
21	1	2	3	4	5	6	7	8	9	0
22	1	2	3	4	5	6	7	8	9	0
23	1	2	3	4	5	6	7	8	9	0
24	1	2	3	4	5	6	7	8	9	0
25	1	2	3	4	5	6	7	8	9	0
26	1	2	3	4	5	6	7	8	9	0
27	1	2	3	4	5	6	7	8	9	0
28	1	2	3	4	5	6	7	8	9	0
29	1	2	3	4	5	6	7	8	9	0
30	1	2	3	4	5	6	7	8	9	0
31	1	2	3	4	5	6	7	8	9	0
32	1	2	3	4	5	6	7	8	9	0
33	1	2	3	4	5	6	7	8	9	0
34	1	2	3	4	5	6	7	8	9	0
35	1	2	3	4	5	6	7	8	9	0
36	1	2	3	4	5	6	7	8	9	0
37	1	2	3	4	5	6	7	8	9	0
38	1	2	3	4	5	6	7	8	9	0
39	1	2	3	4	5	6	7	8	9	0
40	1	2	3	4	5	6	7	8	9	0
41	1	2	3	4	5	6	7	8	9	0
42	1	2	3	4	5	6	7	8	9	0
43	1	2	3	4	5	6	7	8	9	0
44	1	2	3	4	5	6	7	8	9	0
45	1	2	3	4	5	6	7	8	9	0
46	1	2	3	4	5	6	7	8	9	0
47	1	2	3	4	5	6	7	8	9	0
48	1	2	3	4	5	6	7	8	9	0
49	1	2	3	4	5	6	7	8	9	0
50	1	2	3	4	5	6	7	8	9	0
51	1	2	3	4	5	6	7	8	9	0
52	1	2	3	4	5	6	7	8	9	0
53	1	2	3	4	5	6	7	8	9	0
54	1	2	3	4	5	6	7	8	9	0
55	1	2	3	4	5	6	7	8	9	0
56	1	2	3	4	5	6	7	8	9	0
57	1	2	3	4	5	6	7	8	9	0
58	1	2	3	4	5	6	7	8	9	0
59	1	2	3	4	5	6	7	8	9	0
60	1	2	3	4	5	6	7	8	9	0

享栄高等学校　2021年度

◇国語◇

鉛筆はHBを使用すること

【記入例】

良い例　悪い例

1	1	2	3	4	5	6	7	8	9	0
2	1	2	3	4	5	6	7	8	9	0
3	1	2	3	4	5	6	7	8	9	0
4	1	2	3	4	5	6	7	8	9	0
5	1	2	3	4	5	6	7	8	9	0
6	1	2	3	4	5	6	7	8	9	0
7	1	2	3	4	5	6	7	8	9	0
8	1	2	3	4	5	6	7	8	9	0
9	1	2	3	4	5	6	7	8	9	0
10	1	2	3	4	5	6	7	8	9	0
11	1	2	3	4	5	6	7	8	9	0
12	1	2	3	4	5	6	7	8	9	0
13	1	2	3	4	5	6	7	8	9	0

14	1	2	3	4	5	6	7	8	9	0
15	1	2	3	4	5	6	7	8	9	0
16	1	2	3	4	5	6	7	8	9	0
17	1	2	3	4	5	6	7	8	9	0
18	1	2	3	4	5	6	7	8	9	0
19	1	2	3	4	5	6	7	8	9	0
20	1	2	3	4	5	6	7	8	9	0
21	1	2	3	4	5	6	7	8	9	0
22	1	2	3	4	5	6	7	8	9	0
23	1	2	3	4	5	6	7	8	9	0
24	1	2	3	4	5	6	7	8	9	0
25	1	2	3	4	5	6	7	8	9	0
26	1	2	3	4	5	6	7	8	9	0

27	1	2	3	4	5	6	7	8	9	0
28	1	2	3	4	5	6	7	8	9	0
29	1	2	3	4	5	6	7	8	9	0
30	1	2	3	4	5	6	7	8	9	0
31	1	2	3	4	5	6	7	8	9	0
32	1	2	3	4	5	6	7	8	9	0
33	1	2	3	4	5	6	7	8	9	0
34	1	2	3	4	5	6	7	8	9	0
35	1	2	3	4	5	6	7	8	9	0
36	1	2	3	4	5	6	7	8	9	0
37	1	2	3	4	5	6	7	8	9	0
38	1	2	3	4	5	6	7	8	9	0
39	1	2	3	4	5	6	7	8	9	0

40	1	2	3	4	5	6	7	8	9	0
41	1	2	3	4	5	6	7	8	9	0
42	1	2	3	4	5	6	7	8	9	0
43	1	2	3	4	5	6	7	8	9	0
44	1	2	3	4	5	6	7	8	9	0
45	1	2	3	4	5	6	7	8	9	0
46	1	2	3	4	5	6	7	8	9	0
47	1	2	3	4	5	6	7	8	9	0
48	1	2	3	4	5	6	7	8	9	0
49	1	2	3	4	5	6	7	8	9	0
50	1	2	3	4	5	6	7	8	9	0
51	1	2	3	4	5	6	7	8	9	0
52	1	2	3	4	5	6	7	8	9	0

53	1	2	3	4	5	6	7	8	9	0
54	1	2	3	4	5	6	7	8	9	0
55	1	2	3	4	5	6	7	8	9	0
56	1	2	3	4	5	6	7	8	9	0
57	1	2	3	4	5	6	7	8	9	0
58	1	2	3	4	5	6	7	8	9	0
59	1	2	3	4	5	6	7	8	9	0
60	1	2	3	4	5	6	7	8	9	0

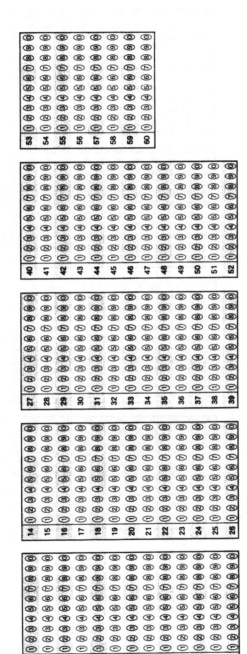

◇数学◇

鉛筆はＨＢを使用すること

【記入例】

良い例　悪い例

1	①	②	③	④	⑤	⑥	⑦	⑧	⑨	⓪
2	①	②	③	④	⑤	⑥	⑦	⑧	⑨	⓪
3	①	②	③	④	⑤	⑥	⑦	⑧	⑨	⓪
4	①	②	③	④	⑤	⑥	⑦	⑧	⑨	⓪
5	①	②	③	④	⑤	⑥	⑦	⑧	⑨	⓪
6	①	②	③	④	⑤	⑥	⑦	⑧	⑨	⓪
7	①	②	③	④	⑤	⑥	⑦	⑧	⑨	⓪
8	①	②	③	④	⑤	⑥	⑦	⑧	⑨	⓪
9	①	②	③	④	⑤	⑥	⑦	⑧	⑨	⓪
10	①	②	③	④	⑤	⑥	⑦	⑧	⑨	⓪
11	①	②	③	④	⑤	⑥	⑦	⑧	⑨	⓪
12	①	②	③	④	⑤	⑥	⑦	⑧	⑨	⓪
13	①	②	③	④	⑤	⑥	⑦	⑧	⑨	⓪

14	①	②	③	④	⑤	⑥	⑦	⑧	⑨	⓪
15	①	②	③	④	⑤	⑥	⑦	⑧	⑨	⓪
16	①	②	③	④	⑤	⑥	⑦	⑧	⑨	⓪
17	①	②	③	④	⑤	⑥	⑦	⑧	⑨	⓪
18	①	②	③	④	⑤	⑥	⑦	⑧	⑨	⓪
19	①	②	③	④	⑤	⑥	⑦	⑧	⑨	⓪
20	①	②	③	④	⑤	⑥	⑦	⑧	⑨	⓪
21	①	②	③	④	⑤	⑥	⑦	⑧	⑨	⓪
22	①	②	③	④	⑤	⑥	⑦	⑧	⑨	⓪
23	①	②	③	④	⑤	⑥	⑦	⑧	⑨	⓪
24	①	②	③	④	⑤	⑥	⑦	⑧	⑨	⓪
25	①	②	③	④	⑤	⑥	⑦	⑧	⑨	⓪
26	①	②	③	④	⑤	⑥	⑦	⑧	⑨	⓪

27	①	②	③	④	⑤	⑥	⑦	⑧	⑨	⓪
28	①	②	③	④	⑤	⑥	⑦	⑧	⑨	⓪
29	①	②	③	④	⑤	⑥	⑦	⑧	⑨	⓪
30	①	②	③	④	⑤	⑥	⑦	⑧	⑨	⓪
31	①	②	③	④	⑤	⑥	⑦	⑧	⑨	⓪
32	①	②	③	④	⑤	⑥	⑦	⑧	⑨	⓪
33	①	②	③	④	⑤	⑥	⑦	⑧	⑨	⓪
34	①	②	③	④	⑤	⑥	⑦	⑧	⑨	⓪
35	①	②	③	④	⑤	⑥	⑦	⑧	⑨	⓪
36	①	②	③	④	⑤	⑥	⑦	⑧	⑨	⓪
37	①	②	③	④	⑤	⑥	⑦	⑧	⑨	⓪
38	①	②	③	④	⑤	⑥	⑦	⑧	⑨	⓪
39	①	②	③	④	⑤	⑥	⑦	⑧	⑨	⓪

40	①	②	③	④	⑤	⑥	⑦	⑧	⑨	⓪
41	①	②	③	④	⑤	⑥	⑦	⑧	⑨	⓪
42	①	②	③	④	⑤	⑥	⑦	⑧	⑨	⓪
43	①	②	③	④	⑤	⑥	⑦	⑧	⑨	⓪
44	①	②	③	④	⑤	⑥	⑦	⑧	⑨	⓪
45	①	②	③	④	⑤	⑥	⑦	⑧	⑨	⓪
46	①	②	③	④	⑤	⑥	⑦	⑧	⑨	⓪
47	①	②	③	④	⑤	⑥	⑦	⑧	⑨	⓪
48	①	②	③	④	⑤	⑥	⑦	⑧	⑨	⓪
49	①	②	③	④	⑤	⑥	⑦	⑧	⑨	⓪
50	①	②	③	④	⑤	⑥	⑦	⑧	⑨	⓪
51	①	②	③	④	⑤	⑥	⑦	⑧	⑨	⓪
52	①	②	③	④	⑤	⑥	⑦	⑧	⑨	⓪

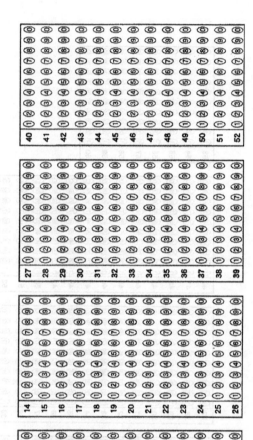

鉛筆はＨＢを使用すること

【記入例】

良い例　悪い例

1	①	②	③	④	⑤	⑥	⑦	⑧	⑨	⓪
2	①	②	③	④	⑤	⑥	⑦	⑧	⑨	⓪
3	①	②	③	④	⑤	⑥	⑦	⑧	⑨	⓪
4	①	②	③	④	⑤	⑥	⑦	⑧	⑨	⓪
5	①	②	③	④	⑤	⑥	⑦	⑧	⑨	⓪
6	①	②	③	④	⑤	⑥	⑦	⑧	⑨	⓪
7	①	②	③	④	⑤	⑥	⑦	⑧	⑨	⓪
8	①	②	③	④	⑤	⑥	⑦	⑧	⑨	⓪
9	①	②	③	④	⑤	⑥	⑦	⑧	⑨	⓪
10	①	②	③	④	⑤	⑥	⑦	⑧	⑨	⓪
11	①	②	③	④	⑤	⑥	⑦	⑧	⑨	⓪
12	①	②	③	④	⑤	⑥	⑦	⑧	⑨	⓪
13	①	②	③	④	⑤	⑥	⑦	⑧	⑨	⓪

14	①	②	③	④	⑤	⑥	⑦	⑧	⑨	⓪
15	①	②	③	④	⑤	⑥	⑦	⑧	⑨	⓪
16	①	②	③	④	⑤	⑥	⑦	⑧	⑨	⓪
17	①	②	③	④	⑤	⑥	⑦	⑧	⑨	⓪
18	①	②	③	④	⑤	⑥	⑦	⑧	⑨	⓪
19	①	②	③	④	⑤	⑥	⑦	⑧	⑨	⓪
20	①	②	③	④	⑤	⑥	⑦	⑧	⑨	⓪
21	①	②	③	④	⑤	⑥	⑦	⑧	⑨	⓪
22	①	②	③	④	⑤	⑥	⑦	⑧	⑨	⓪
23	①	②	③	④	⑤	⑥	⑦	⑧	⑨	⓪
24	①	②	③	④	⑤	⑥	⑦	⑧	⑨	⓪
25	①	②	③	④	⑤	⑥	⑦	⑧	⑨	⓪
26	①	②	③	④	⑤	⑥	⑦	⑧	⑨	⓪

27	①	②	③	④	⑤	⑥	⑦	⑧	⑨	⓪
28	①	②	③	④	⑤	⑥	⑦	⑧	⑨	⓪
29	①	②	③	④	⑤	⑥	⑦	⑧	⑨	⓪
30	①	②	③	④	⑤	⑥	⑦	⑧	⑨	⓪
31	①	②	③	④	⑤	⑥	⑦	⑧	⑨	⓪
32	①	②	③	④	⑤	⑥	⑦	⑧	⑨	⓪
33	①	②	③	④	⑤	⑥	⑦	⑧	⑨	⓪
34	①	②	③	④	⑤	⑥	⑦	⑧	⑨	⓪
35	①	②	③	④	⑤	⑥	⑦	⑧	⑨	⓪
36	①	②	③	④	⑤	⑥	⑦	⑧	⑨	⓪
37	①	②	③	④	⑤	⑥	⑦	⑧	⑨	⓪
38	①	②	③	④	⑤	⑥	⑦	⑧	⑨	⓪
39	①	②	③	④	⑤	⑥	⑦	⑧	⑨	⓪

40	①	②	③	④	⑤	⑥	⑦	⑧	⑨	⓪
41	①	②	③	④	⑤	⑥	⑦	⑧	⑨	⓪
42	①	②	③	④	⑤	⑥	⑦	⑧	⑨	⓪
43	①	②	③	④	⑤	⑥	⑦	⑧	⑨	⓪
44	①	②	③	④	⑤	⑥	⑦	⑧	⑨	⓪
45	①	②	③	④	⑤	⑥	⑦	⑧	⑨	⓪
46	①	②	③	④	⑤	⑥	⑦	⑧	⑨	⓪
47	①	②	③	④	⑤	⑥	⑦	⑧	⑨	⓪
48	①	②	③	④	⑤	⑥	⑦	⑧	⑨	⓪
49	①	②	③	④	⑤	⑥	⑦	⑧	⑨	⓪
50	①	②	③	④	⑤	⑥	⑦	⑧	⑨	⓪
51	①	②	③	④	⑤	⑥	⑦	⑧	⑨	⓪
52	①	②	③	④	⑤	⑥	⑦	⑧	⑨	⓪

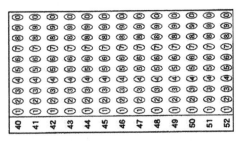

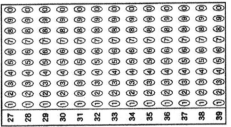

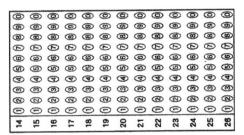

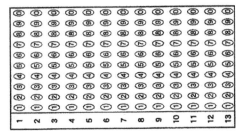

享栄高等学校　2020年度

◇国語◇

鉛筆はＨＢを使用すること

【記入例】

良い例　悪い例

1	①	②	③	④	⑤	⑥	⑦	⑧	⑨	⓪
2	①	②	③	④	⑤	⑥	⑦	⑧	⑨	⓪
3	①	②	③	④	⑤	⑥	⑦	⑧	⑨	⓪
4	①	②	③	④	⑤	⑥	⑦	⑧	⑨	⓪
5	①	②	③	④	⑤	⑥	⑦	⑧	⑨	⓪
6	①	②	③	④	⑤	⑥	⑦	⑧	⑨	⓪
7	①	②	③	④	⑤	⑥	⑦	⑧	⑨	⓪
8	①	②	③	④	⑤	⑥	⑦	⑧	⑨	⓪
9	①	②	③	④	⑤	⑥	⑦	⑧	⑨	⓪
10	①	②	③	④	⑤	⑥	⑦	⑧	⑨	⓪
11	①	②	③	④	⑤	⑥	⑦	⑧	⑨	⓪
12	①	②	③	④	⑤	⑥	⑦	⑧	⑨	⓪
13	①	②	③	④	⑤	⑥	⑦	⑧	⑨	⓪
14	①	②	③	④	⑤	⑥	⑦	⑧	⑨	⓪
15	①	②	③	④	⑤	⑥	⑦	⑧	⑨	⓪
16	①	②	③	④	⑤	⑥	⑦	⑧	⑨	⓪
17	①	②	③	④	⑤	⑥	⑦	⑧	⑨	⓪
18	①	②	③	④	⑤	⑥	⑦	⑧	⑨	⓪
19	①	②	③	④	⑤	⑥	⑦	⑧	⑨	⓪
20	①	②	③	④	⑤	⑥	⑦	⑧	⑨	⓪
21	①	②	③	④	⑤	⑥	⑦	⑧	⑨	⓪
22	①	②	③	④	⑤	⑥	⑦	⑧	⑨	⓪
23	①	②	③	④	⑤	⑥	⑦	⑧	⑨	⓪
24	①	②	③	④	⑤	⑥	⑦	⑧	⑨	⓪
25	①	②	③	④	⑤	⑥	⑦	⑧	⑨	⓪
26	①	②	③	④	⑤	⑥	⑦	⑧	⑨	⓪
27	①	②	③	④	⑤	⑥	⑦	⑧	⑨	⓪
28	①	②	③	④	⑤	⑥	⑦	⑧	⑨	⓪
29	①	②	③	④	⑤	⑥	⑦	⑧	⑨	⓪
30	①	②	③	④	⑤	⑥	⑦	⑧	⑨	⓪
31	①	②	③	④	⑤	⑥	⑦	⑧	⑨	⓪
32	①	②	③	④	⑤	⑥	⑦	⑧	⑨	⓪
33	①	②	③	④	⑤	⑥	⑦	⑧	⑨	⓪
34	①	②	③	④	⑤	⑥	⑦	⑧	⑨	⓪
35	①	②	③	④	⑤	⑥	⑦	⑧	⑨	⓪
36	①	②	③	④	⑤	⑥	⑦	⑧	⑨	⓪
37	①	②	③	④	⑤	⑥	⑦	⑧	⑨	⓪
38	①	②	③	④	⑤	⑥	⑦	⑧	⑨	⓪
39	①	②	③	④	⑤	⑥	⑦	⑧	⑨	⓪
40	①	②	③	④	⑤	⑥	⑦	⑧	⑨	⓪
41	①	②	③	④	⑤	⑥	⑦	⑧	⑨	⓪
42	①	②	③	④	⑤	⑥	⑦	⑧	⑨	⓪
43	①	②	③	④	⑤	⑥	⑦	⑧	⑨	⓪
44	①	②	③	④	⑤	⑥	⑦	⑧	⑨	⓪
45	①	②	③	④	⑤	⑥	⑦	⑧	⑨	⓪
46	①	②	③	④	⑤	⑥	⑦	⑧	⑨	⓪
47	①	②	③	④	⑤	⑥	⑦	⑧	⑨	⓪
48	①	②	③	④	⑤	⑥	⑦	⑧	⑨	⓪
49	①	②	③	④	⑤	⑥	⑦	⑧	⑨	⓪
50	①	②	③	④	⑤	⑥	⑦	⑧	⑨	⓪
51	①	②	③	④	⑤	⑥	⑦	⑧	⑨	⓪
52	①	②	③	④	⑤	⑥	⑦	⑧	⑨	⓪

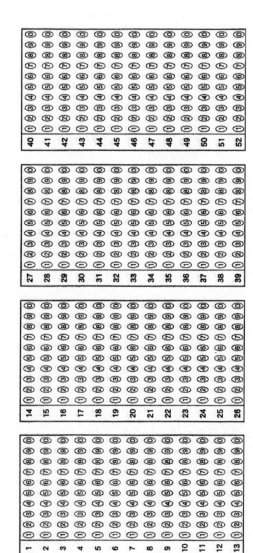

〈ダウンロードコンテンツについて〉

本問題集のダウンロードコンテンツ、弊社ホームページで配信しております。現在ご利用いただけるのは「2025年度受験用」に対応したもので、**2025年3月末日**までダウンロード可能です。弊社ホームページにアクセスの上、ご利用ください。
※配信期間が終了いたしますと、ご利用いただけませんのでご了承ください。

高校別入試過去問題シリーズ

享栄高等学校　2025年度

ISBN978-4-8141-3051-1

[発行所] 東京学参株式会社
〒153-0043　東京都目黒区東山2-6-4

書籍の内容についてのお問い合わせは右のQRコードから ⇒

※書籍の内容についてのお電話でのお問い合わせ、本書の内容を超えたご質問には対応できませんのでご了承ください。

2024年7月26日　初版